U0104491

法藏知津

九　編

杜　潔　祥　主編

第 3 冊

中國禪宗思想遞變研究
——以《六祖壇經》為中心

王　慧　儀　著

花木蘭文化事業有限公司

國家圖書館出版品預行編目資料

中國禪宗思想遞變研究——以《六祖壇經》為中心／王慧儀 著

-- 初版 -- 新北市：花木蘭文化事業有限公司，2023〔民 112〕

序 4+ 目 4+206 面；19×26 公分

（法藏知津九編 第 3 冊）

ISBN 978-626-344-072-2（精裝）

1.CST：六祖壇經 2.CST：研究考訂 3.CST：禪宗

030.8　　　　　　　　　　　　　　　　　　111010212

法藏知津九編
第 三 冊　　　　　　　　　ISBN：978-626-344-072-2

中國禪宗思想遞變研究
——以《六祖壇經》為中心

作　　者　王慧儀
主　　編　杜潔祥
副總編輯　楊嘉樂
編輯主任　許郁翎
編　　輯　張雅淋、潘玟靜　美術編輯　陳逸婷
出　　版　花木蘭文化事業有限公司
發 行 人　高小娟
聯絡地址　235 新北市中和區中安街七二號十三樓
　　　　　電話：02-2923-1455 ／傳真：02-2923-1452
網　　址　http://www.huamulan.tw 信箱 service@huamulans.com
印　　刷　普羅文化出版廣告事業
初　　版　2023 年 9 月
定　　價　九編 52 冊（精裝）新台幣 120,000 元　　版權所有・請勿翻印

中國禪宗思想遞變研究
——以《六祖壇經》為中心

王慧儀　著

作者簡介

王慧儀，籍貫廣東順德，香港樹仁大學中文系畢業，在新亞研究所完成碩士、博士學位。主要研習中國文化及思想史，以禪宗《六祖壇經》作為研究入路，〈敦煌本《六祖壇經》心性思想研究〉、〈中國禪宗思想遞變研究——以《六祖壇經》為中心〉分別為碩、博士論文。

提　要

　　本書內容，主要通過《六祖壇經》的不同版本，探研中國禪宗思想的遞變。因此，本書對《壇經》的「敦煌本」、「惠昕本」、「契嵩本」、「宗寶本」的異同，既有整體遞變的探討，也有各種版本特殊性的比較，同時對中國禪宗思想的定位，也有具體的析論。至於陳寅恪先生（1890～1969）提及禪宗與「三論宗」的關係，書中也有討論，應有助於了解禪宗思想的發展脈絡，切合本書撰作的題旨。書中對《壇經》的整體探討涉及幾方面，如從簡到繁、從出世轉入世、從無相至有相、從唐到宋的過渡；至於各版本異同的析論，有：心性之學（敦煌本）、守護禪宗（惠昕本、宗寶本）、立禪宗正統及會通儒家思想（契嵩本）；而於「敦煌本」觸及中國文化「道樞」的中心點，則作強調說明。

序　言

一

　　自古以來，研究《六祖壇經》的論著很多，到了近現代及當代，這方面的論著，仍然不斷出現，其中有單獨成書的，有發表在學術刊物和宗教刊物上的，而未曾公開發表的學位論文也有不少。由於研治者或討論者的認識各有深淺，取向不同，要求各異，表現不免各有差別。反正讀者從來都是各從所好、各取所需，表現有差別，正好適應各類讀者的不同選擇。本書原是一篇研究所的畢業論文，現稍作修訂，以專書的形式出版，目的大抵是公諸同好，也有意廣邀讀者提供客觀、具體的意見，以便他日作進一步的修訂和改進。

二

　　王慧儀博士原是新亞研究所哲組的學生，她的碩士論文〈敦煌本《六祖壇經》心性思想研究〉，就是一篇以哲思為立足點來探研《六祖壇經》重要思想的學術篇章。畢業以後，她不以自己的研究成果為滿足，繼續要作《六祖壇經》的研究。不過，她的研究取向，轉而為從歷史文化的角度，析論《六祖壇經》的思想邅變，這是思想史方面的探研，與集中在哲思探研的重點不同。為了有助於自己的研究，她選修了一些史學課，特別是學術思想史課程。因為取向不同，撰寫論文的重點也不同，她取得史、哲老師的理解和所方的同意後，申請由哲組轉往史組。她這樣做，並不表示她會放棄自己向來的所好——哲思探研。一直以來，她對佛學特別是禪宗思想都有濃厚的探研興趣，

轉組只是想轉換思路，掌握更多知識和不同研究方法，使自己的學術之途，有較多面、較暢順、較深入的發展。再說，思想史的研究成果，在論文答辯時，評審者須有「史」的觀念和「史」的認識，才會較為公允。我相信研究所「哲組」、「史組」以至教務處的同事，也會認同這個意見，因而同意慧儀同學轉組的申請。

三

據我所知，新亞諸先賢，無論文、史或哲，都一向講求在博通中求專精，其中當然以錢賓四（穆）先生（1895～1990）為代表。他如史學系的牟潤孫先生（1908～1988）、嚴耕望先生（1916～1996），都在講課和論著中不斷提出這樣的要求；文學系的黃華表先生（1897～1977）、潘重規先生（1908～2003），在講文學、國學的同時，都不忽略目錄版本之學；哲學系的唐君毅先生（1909～1978）、徐復觀先生（1903～1982），從他們專詣的學術表現，可以看出都是以博覽、廣知為基礎。可知新亞的傳統學風，是重博通，防偏陋。至於部分新亞後學，以狹而專的表現自詡，忘了先賢之教，那是受了現在國際一般學風所影響，同時限於精力、時間，也是為了適應現代大專院校學術評量的要求，不得不然。五、六十年代的新亞書院，文科課程雖有文、史、哲之分，但學生修讀學科，除了各系有必修科，一般不分文、史、哲，而且不設學分上限，只要系主任同意，上課時間不衝突，學生就可隨意選修或旁聽不同學科。這樣安排，主要是讓學生有擴大識見的機會，打破文、史、哲間的隔閡；到了新亞研究所，才讓研究生各以專題研治，同時也容許他們修讀不同範疇的學科，並在每月的月會中聚合文、史、哲組的師生，共同討論不同的論題，藉以互相交流、擴大認識。我憶述以上情況，主要在指出慧儀同學在研究所哲組修讀碩士、在史組修讀博士，史、哲兼治，並沒有違悖新亞的傳統學風。

四

研治文科的學者，一般不會忽略論著中的思想成分，而研治哲學的學者，更會特別強調思想的重要。例如馮友蘭（1895～1990）在《中國哲學史》第一章緒論第八節《歷史與哲學》中說：

> 敘述一時代一民族之歷史而不及其哲學，則如「畫龍不點睛」。

這是旅美學人何炳棣（1917～2012）引述其師馮氏之說。馮氏文中所謂「歷史」，應包括歷史文化；所謂「哲學」，實指思想或哲思。他的意見，源自英國

作家及哲學家培根（F.Bacon，1561～1626）。馮氏之說，我基本上同意，但認為可稍作補充。補充的意見，可引用何炳棣在《讀史閱世六十年》「卷後語」的說法。何氏提到自己在填寫臺灣中研究院院士「專長調查表」時，列出好幾項專長，並說：

> 上述的「專長」都屬於龍身的若干部分。當代大多數思想史家所關
> 心的，往往僅是對古人哲學觀念的現代詮釋，甚或「出脫」及「美
> 化」，置兩千年政治政度、經濟、社會、深廣意識的「阻力」於不顧。
> 所以我長期內心總有一個默默的疑問：「不畫龍身，龍睛何從點
> 起？」（2005 年香港商務，頁 493～494。）

何氏所指的「思想史家」，我以為也包括研究歷史文化的學者。的確，為龍點睛很重要，但沒有「龍身」，「龍睛」點在哪裏？因此，研治歷史文化特別是研治思想史的人，固然不能忽略思想或哲思，但也不該忽略「龍身」，更不該不要「龍身」。慧儀同學兼修史、哲，並從《六祖壇經》的心性思想探研，進而研治《六祖壇經》的遞變，應該有這方面的認識，同時正把認識付諸實踐。

五

　　本書內容，主要通過《六祖壇經》的不同版本，探研中國禪宗思想的遞變。因此，本書對《壇經》的「敦煌本」、「惠昕本」、「契嵩本」、「宗寶本」的異同，既有整體遞變的探討，也有各種版本特殊性的比較，同時對中國禪宗思想的定位，也有具體的析論。至於陳寅恪先生（1890～1969）提及禪宗與「三論宗」的關係，書中也有討論，應有助於了解禪宗思想的發展脈絡，切合本書撰作的題旨。書中對《壇經》的整體探討涉及幾方面，如從簡到繁、從出世轉入世、從無相至有相、從唐到宋的過渡；至於各版本異同的析論，有：心性之學（敦煌本）、守護禪宗（惠昕本、宗寶本）、立禪宗正統及會通儒家思想（契嵩本）；而於「敦煌本」觸及中國文化「道樞」的中心點，則作強調說明。上述種種，都是慧儀同學長時間研讀《壇經》各種版本的心得，她的心得，雖有前人及時人的研究成果作為參考，但有自己的思考和創發的意見，並能糾正、補充或闡發前輩學人之說，可供今後探研禪宗思想發展史的學者作為參考。

六

　　本書內容充實，行文暢達，辨析有據，參考資料達六百多種，立論能多

用第一手資料及參考不同學者的論見；所附圖表，有助說明禪宗思想的演變。書中有述證，有考論，有折衷，有創見，顯示作者是一位勤奮、用心而又肯思考的思想史研究者。假以時日，她對《六祖壇經》特別是有關禪宗思想各方面的研究，當更有所成。這是我對她的期望。

李學銘

於新亞研究所（香港）

2021 年 12 月

目

次

第一章　緒　論

一、研究動機

　　我們對讀「敦煌本」〔註1〕（亦稱「法海本」、「英博本」、「斯坦因本」、「史坦因本」）與「宗寶本」〔註2〕兩個版本的《六祖壇經》，會看到兩者的內容有些差異。這些差異，涉及禪宗六祖惠能〔註3〕（638～713）的思想與中唐至元代約五百年間中國禪宗史的內涵，是中國思想史的遭變所在。錢穆先生（1895～1990）在〈評胡適與鈴木大拙討論禪〉〔註4〕一文中，對禪宗思想與歷史的

〔註1〕「敦煌本」《六祖壇經》：〔英〕斯坦因在敦煌發現，後來藏於大英博物館。在1922～23年〔日〕矢吹慶輝在大英博物館考察再度發現。此版本收錄在《大正藏》卷48，編號2007，全名為《南宗頓教最上大乘摩訶般若波羅蜜經六祖惠能大師於韶州大梵寺施法壇經》一卷，兼受無相戒弘法弟子法海集記。現存於英國圖書館藏，全本，編號 Or.8210/S.5475，縫績裝，11619 字。這版本被認為現存最古的《六祖壇經》。

〔註2〕「宗寶本」《六祖壇經》：此版本收錄在《大正藏》卷48，編號2008。全名為《六祖大師法寶壇經》，分為十品。這版本是現存的「流通本」。

〔註3〕「惠能」亦稱「慧能」。參閱法海在《六祖大師法寶壇經略序》云：「有二異僧造謁……二僧言專為安兒名而來，可上惠下能也。父曰：「何名惠能？」僧曰：「惠者，以法惠施眾生。能者，能作佛事。」另參閱張火慶：《六祖壇經》（導讀），臺北：金楓出版社，1987 年，頁 3。「這是說『盧惠能』便是他的在俗姓名。但依佛教慣例，『惠能』應是出家後取的法名……。」除引文外，本文行文採用「惠能」。

〔註4〕錢穆先生是從胡適及鈴木大拙在 1953 年的二篇文章作出評述，胡氏及鈴木二人各自爭辯對「中國禪學史」及「禪」的觀點，而最後對二人的觀點，錢先生作出自己的看法，收錄於這篇文章中。按：Hu Shih（胡適）, 'Chan (Zen) Buddhism in China Its History and Method', source: "Philosophy East and West",

關係有一說明：

> 鈴木（大拙）不了解什麼是歷史，只認禪與其他事物關係處有歷史，不知禪本身之內在演變亦是歷史。……鈴木只說歷史框架，此亦是形式的。不知歷史不只是一框架，是一形式。歷史本身有內容，有生命，有主體，有個性。……任何一家之禪，雖是生長於禪學史中而各有生命。絕不如鈴木所想像，把禪放在歷史角落的即非禪本身。〔註5〕

錢先生又說：

> 胡氏（適）說：「禪是中國佛教運動的一部分，而中國佛教是中國思想史的一部分。只有把禪宗放在歷史的確當地位中，才能確當了解。這像其他哲學思想宗派是一樣的。」這話並不錯。只惜胡氏不了解禪，鈴木不了解禪學史乃及中國思想史，所以他們的討論，都嫌不深入，還待繼起學者之努力。〔註6〕

錢先生指出，〔日〕鈴木大拙（1870～1966）和胡適（1891～1962）對禪宗與中國歷史的看法並不深入，原因是前者「不了解什麼是歷史」、「不了解禪學史及及中國思想史」，後者則是「不了解禪」。錢先生提到「禪本身之內在演變亦是歷史」，這觀點正是引發我的「研究動機」。我一直有一個想法：在不同的《六祖壇經》版本中，必有內在的東西聯繫着各個版本，當中包括人為的、時代需求的，或某禪宗內部或佛教本身的思想詮釋的因素，令《六祖壇經》需要被調整或改動來配合，而又要不失禪宗或佛教的宗旨。在每一次調整或改動中，就是歷史的軌道，就是中國禪宗的內在演變，就是值得研究的所在。錢先生認為鈴木大拙及胡適的討論，「都嫌不深入，還待繼起學者之努力」，這正是提示後學從這裡可作進一步研究。

Volume 3, No.1 (April,1953), pp.3-24, published by: University of Hawaii Press. https://www.jstor.org/stable/1397361?seq=1#metadata_info_tab_contents 及 Daisetz Teitaro Suzuki（〔日〕鈴木大拙）, 'Zen: A Reply to Hu Shih", source: "Philosophy East and West", Volume.3, No.1 April,1953, pp. 25-46, published by: University of Hawaii Press. https://www.jstor.org/stable/1397362?seq=1#metadata_info_tab_contents。

〔註5〕 見錢穆：〈評胡適與鈴木大拙討論禪〉，《中國學術思想論叢（四）》，《錢賓四先生全集》（19），臺北：經緯出版社，1998年，頁296。

〔註6〕 見錢穆：〈評胡適與鈴木大拙討論禪〉，《中國學術思想論叢（四）》，《錢賓四先生全集》（19），臺北：經緯出版社，1998年，頁297。

二、研究範圍

　　本論文的研究範圍，是從中唐「敦煌本」到元代「宗寶本」的《六祖壇經》，考察禪宗的思想流變。這個研究選定以敦煌寫本的「敦煌本」作定位，原因它是現存最古版本的《六祖壇經》，現收錄在《大正藏》中第四十八卷NO.2007，全名為《南宗頓教最上大乘摩訶般若波羅蜜經六祖惠能大師於韶州大梵寺施法壇經》，一卷。

　　在《大正大藏題解題》中，對此版本的描述如下：

　　　　No.2007《南宗頓教最上大乘摩訶般若波羅蜜經六祖惠能大師於韶州
　　　　大梵寺施法壇經》一卷，唐法海集，通稱為《六祖壇經》或《壇經》，
　　　　在眾多異本中，此本為現存最古之敦煌本。原本為史坦因所得之大
　　　　英圖書館藏之 S5475，為長 27cm，寬 10.5cm 之長方形袖珍本，標
　　　　題甚長，尾題為「南宗頓教最上乘壇經法一卷」。此為矢吹慶輝氏前
　　　　往倫敦作第二次敦煌文獻調查時所發現，收錄於此《大正藏經》48
　　　　卷之同時，將其影印於《鳴沙餘韻》，其解說於〈鳴沙餘韻解說〉發
　　　　表，因而其內容為人所知。其內容如標題所示，禪宗第六祖惠能大
　　　　師（638～713），因韶州刺史韋璩之請，於大梵寺之戒壇舉行授戒說
　　　　法，由弟子法海將其說法集錄而成，但書中不僅是惠能本身之說法，
　　　　亦含有後人附加之部分。其特色是相對於北宗禪，而主張根據《金
　　　　剛般若經》之〈摩訶般若波羅蜜法〉——頓悟見性，並宣言最上大
　　　　乘之南宗禪的立場，此書為南宗禪之根本資料故被重視。〔註7〕

根據上述解題，可知「此本為現存最古之敦煌本」，它是「宣言最上大乘之南宗禪的立場」，為南宗禪之根本資料，因此本論文決定由此作為研究的起點，沿著它的內容一直伸延至晚唐「惠昕本」、北宋「契嵩本」，直至「宗寶本」的《六祖壇經》為終結點。這方面的研究，時代由中唐、晚唐、北宋至元代的禪宗思想發展為主線。

　　由於採用此現存最古的「敦煌本」《六祖壇經》，不能不考慮經中文字的錯誤和被指為「惡本」的情況，如「敦煌本雖古，但不必佳。現行本或是根據敦煌本而修改者」〔註8〕。敦煌寫本，除「敦煌本」之外，還有其他的四個

〔註7〕見藍吉富主編：《大正大藏經解題》（下），臺北：華宇出版社，1984 年，頁
　　　　145～146。
〔註8〕參閱牟宗三：《佛性與般若》下冊，臺北：臺灣學生書局，2004 年，頁 1064。

版本,即是「敦博本」〔註9〕、「旅博本」〔註10〕、「北圖本」〔註11〕、「北圖殘本」〔註12〕。這些版本,哪種與六祖惠能思想原貌最為接近?是值得留意的。有了這樣的考慮,才能比較正確地畫定研究範圍。最後還要考慮的,就是本研究之前是否已有研究成果,如何在前人的研究成果上作進一步研究,也是不可不留意的。

三、研究目的

　　2009 年我的碩士論文是〈「敦煌本」《六祖壇經》「心性」思想研究〉,當時指導教授陳沛然老師提示以哲學入路來研究《六祖壇經》中六祖惠能的思想原貌,重點在「心性」上。此重點李潤生老師在考核我的碩士論文時,亦說《六祖壇經》的思想不離「心性」。因此,今次我的博士論文〈中國禪宗思想邅變研究──以《六祖壇經》為中心〉,從歷史角度來研究「中國禪宗思想邅變」,雖然仍涉「敦煌本」《六祖壇經》範圍,但只是本文其中一章,在內容主要「敦煌本」五種寫本的譜系及六祖惠能的佛性平等說、心偈的體用說及「禪機」運用的重要性上,與我碩士論文論點並不重疊,反而是一個延續的研究課題。至於我的博士論文指導教授李學銘老師,他在著作中及上課時常提到錢穆先生的治學態度和學問特色是常抱「溫情與敬意」,「長於折衷及

〔註 9〕「敦博本」《六祖壇經》:在 1935 年由任子宜在敦煌千佛山之上寺發現。其後在 1943 年向達在任子宜家中發現,之後此版本曾一度下落不明。此記錄在向達的《西征小說》,後再收入《唐代長安與西域文明》,北京:三聯書店出版,1957 年。在 1983 年周紹良在敦煌縣博物館發現,現存於敦煌博物館,全本,編號為 DB.077 號,11672 字。

〔註10〕「旅博本」《六祖壇經》:在 1911 年日本大谷探險隊在敦煌發現,後來曾組織拍照。1949 後曾一度認為佚失。2009 年,旅順博物館在整理館藏文物時,王振芬等在書畫庫房文獻檔案類中發現之。其後郭富純及王振芬整理,在 2011 年由上海古籍出版社,出版了《旅順博物館藏敦煌本六祖壇經》。此版本的登記目錄,在《大谷光瑞氏寄託經卷目錄》(1914~1916),現存於日本龍谷大學圖書館藏有該本的首尾兩張照片及在旅順博物館藏有全本,縫續裝,編號 LB.395,11729 字。

〔註11〕「北圖本」《六祖壇經》:在 1930 年陳桓在原北京圖書館藏編號為岡 48 號,登記目錄收錄在陳垣的《敦煌劫餘錄》(臺北:中央研究院歷史語言研究所,1991 年),現存於國家圖書館,殘本,卷軸裝,編號 BD.04548 背 1,3983 字。

〔註12〕「北圖殘本」《六祖壇經》:在 1997 年 4 月方廣錩在北京圖書館發現。該殘片原編號為「有 79 號」。登記目錄記於周紹良的《敦煌寫本壇經原本》,北京:文物出版社,1997 年。現存於國家書館藏,殘本,卷軸裝,編號 BD.08958,77 字。

判斷」、「不立門戶，重視博學」、「文化為本位，儒學為宗主」等〔註13〕。因此，我在李老師的薰陶下，漸漸意識到治學態度、「文化為本」、「不立門戶」及具判斷力的重要性及相關性。本論題的選擇和取向，自以為是受了錢先生提示的影響。

　　既然知道《六祖壇經》的內容是以「心性」為主，但《壇經》卻出現了不同的版本，應以哪種版本作為主線來展開研究呢？在選定的《壇經》版本中是否能體現禪宗思想？它又如何具獨立性又能與各版本相連呢？將它們聯繫起來後，能否反映中國禪宗思想史的遷變呢？我的研究目的，希望從研究中，能找出相關答案。

　　梁啟超（1873～1929）曾說「唐以後殆無佛學」，內部原因，在於禪宗特盛，諸宗派漸衰，而禪宗僧侶的學問，則難有測試的標準。至於外部原因是，儒家以滲入佛理來開出另一門學問，而佛教亦缺乏人才來弘法等〔註14〕。雖然中國禪宗大盛於唐朝，但在宋明之後，卻開始盛行理學。在中國思想上，「理學」是一套「心性之學」。牟宗三（1909～1995）、徐復觀（1904～1982）、張君勱（1886～1969）、唐君毅（1909～1978）諸先生說：

> 中國心性之學，乃至宋明而後大盛。宋明思想，亦實係先秦以後，
> 中國思想第二最高階段之發展。……古文尚書所謂堯舜禹十六字相
> 傳之心法……宋明儒之所以深信此為中國道統之傳之來原所在，這
> 正因為他們相信中國之學術文化，當以心性之學為其本原。〔註15〕

諸位先生認為在先秦之後，「宋明理學」是中國思想的第二最高階段的發展。因為宋明儒者都相信古文《尚書》中的〈大禹謨〉中的十六字心法：「人心惟危，道心惟微，惟精惟一，允執厥中」〔註16〕。中國學術文化的本原，就是「心性之學」。在「心性」思想上，中國禪宗《六祖壇經》，在此中國思想的第二最高階段前，它又發揮甚麼影響力呢？這是我即時聯想起的問題。但

〔註13〕參閱李學銘：〈現代國學界的通儒錢賓四先生〉，《貫古通今　融東會西：扎根史學五十年》，香港：三聯書店，2016年，頁24～37。

〔註14〕參閱梁啟超：《梁啟超全集·翻譯文學與佛典》第十三卷，北京：北京出版社，1999年，頁3721～3722。

〔註15〕見牟宗三、徐復觀、張君勱、唐君毅：〈「為中國文化敬告世界人士宣言」——我們對中國學術研究及中國文化與世界文化前途之共同認識〉，香港：《民主評論》第9卷，第1期，1958年，頁8。

〔註16〕參閱〔唐〕孔穎達：〈大禹謨第三〉，《尚書正義》，上海：上海古籍出版社，2007年，頁132。

他們又說：

> 但佛家心性之學，不同於中國儒家心性之學。佛學之言心性，亦特
> 有其觀照冥會而來之詳密之處。故佛學家亦多不了解中國儒家心性
> 之學。由是中國傳統的心性之學，遂為數百年之中國思想界所忽
> 視。〔註17〕

「佛家心性之學」與「儒家心性之學」各不相同的，佛家在「默照」中「識
心見性」，與儒家「天人合一」的「天人」以「心性」來相通的入路不同。但
兩家相同的仍在「心性」。因此，中國禪宗是中國文化的一部分，亦是中國思
想不可缺少的一環。承各前賢所言，「不知不了解中國心性之學，即不了解中
國之文化也」〔註18〕，因此，藉《六祖壇經》的研究來了解中國禪宗思想的
遷變，亦能了解中國心性之學及中國文化的內容，亦是本論文研究的目的。

四、研究方法

　　本論文的研究方法，是先選定「敦煌本」與「宗寶本」《六祖壇經》作為
文獻的基礎，對比「同」、「異」，並採用「心性」與「體用」作為「思想線索」
來貫穿其中的精神及血脈所在的考據法及內證法。錢穆先生在《國史大綱·
引論》中說：

> 凡治史有兩端：一曰求其「異」，二曰求其「同」。何謂求其異？凡
> 某一時代之狀態，有與其先、後時代突然不同者，此即所由劃分一
> 時代之「特性」。從兩「狀態」之相異，即兩個「特性」之啣接，而
> 劃分為兩時代。從兩時代之劃分，而看出歷史之「變」。從「變」之
> 傾向，而看出其整個文化之動態。……何謂求其同？從各不同之時
> 代狀態中，求出其各「基相」。……於諸異中見一同，即於一同中出

〔註17〕見牟宗三、徐復觀、張君勱、唐君毅：〈「為中國文化敬告世界人士宣言」——
　　　　我們對中國學術研究及中國文化與世界文化前途之共同認識〉，香港：《民主
　　　　評論》第9卷，第1期，1958年，頁8。

〔註18〕參閱牟宗三、徐復觀、張君勱、唐君毅：〈「為中國文化敬告世界人士宣言」
　　　　——我們對中國學術研究及中國文化與世界文化前途之共同認識〉，香港：《民
　　　　主評論》第9卷，第1期，1958年，頁9。(Carson Chang（張君勱）、Hsieh Yu-wei
　　　　（謝幼偉 1905～1976）、Hsu Foo-kwan（徐復觀）、Mou Chung-san（牟宗三）
　　　　and Tang Chun-i（唐君毅）："A Manifesto on the Reappraisal of Chinese Culture-
　　　　Our Joint Understanding of the Sinological Study Relating to World Cultural
　　　　Outlook', source:" Chinese Culture"Volume III No.1, October,1960, pp 20-21,
　　　　published by Institute of Chinese Culture.)

諸異。全史之不斷變動，其中宛然有一進程。自其推動向前而言，
是謂其民族之「精神」，為其民族生命之泉源。……是謂民族之「文
化」……此謂求其同。此又一法也。〔註19〕

錢先生在上文中，指出兩種治史的方法：第一，從「求同」與「求異」中而
見「變」與「動」形成一進程，這樣除了能畫分時代先後，又「從『變』之
傾向，而看出其整個文化之動態」，即是既看到其中個別的連續性，又能發現
全面的關係性，此為研究歷史的方法之一。第二，在各「基相」上，綜合而
觀其民族之「精神」及「文化」，這同時是生命的泉源所在，從不斷變化中出
現連續的進程，再「求同」而自見民族的「文化」，這是另一種研究歷史的方
法。

　　錢先生又說：

「變」之所在，即歷史精神之所在，亦即民族文化評價之所繫。而
所謂「變」者，即某種事態在前一時期所未有，而在後一時期中突
然出現。此有明白事證，而我不能一絲一毫容私於其間。故曰：仍
當於客觀中求實證也。〔註20〕

這「變」的出現，錢先生指出這是「歷史精神」，亦是連繫着「民族文化評價」
的關鍵所在。「變」的出現包括了時間、空間、人與事形成互相變動中，前所
未有的突然出現，因此，必須要「客觀中求實證」才能看到真正的「歷史精
神」。

　　參考了錢先生的意見，本論文的研究方法是，以《六祖壇經》作為文獻，
運用「對比法」找出其中的「變動」，作為研究方法之一。錢先生在《莊老通
辨・自序》中說：

考論一書之著作年代，方法不外兩途：一曰求其書之時代背景，一
曰論其書之思想線索。前者為事較易，如見《管子》書有西施，即
知其語之晚出；見《中庸》有「今天下，車同軌，書同文，行同倫」
之語，即知其語當出於秦人一統之後。梁任公辨《老子》書晚出，
亦多從時代背景著眼。余定《老子》書出莊周後，其根據於《老子》

〔註19〕見錢穆：《國史大綱・引論》，《錢賓四先生全集》（27），臺北：經聯出版社，
　　　　1998 年，頁 33。
〔註20〕見錢穆：《國史大綱・引論》，《錢賓四先生全集》（27），臺北：經聯出版社，
　　　　1998 年，頁 33。

> 書之時代背景以為斷者，所舉例證，較梁氏為詳密；然就方法言，
> 則仍是昔人所用之方法也。〔註21〕

錢先生又說：

> 何謂「思想線索」？每一家之思想，則必前有承而後有繼；其所承
> 所繼，即其思想線索也。若使此一思想在當時，乃為前無承而後無
> 繼，則是前無來歷，後無影響。此則決不能歸然顯於世而共尊之為
> 一家之言。故知凡成一家之言者，則必有其思想線索可尋。〔註22〕

他又說：

> 探求一書之思想線索，必先有一已知之線索存在，然後可據以為推。
> 前論思想條貫，即此各家思想前承後繼之一條線索也。就其確然已
> 知者，曰孔、墨、孟、莊、惠、公孫、荀、韓、呂，綜此諸家，會
> 通而觀，思想線索，亦既秩然不可亂。今更就此諸家為基準，而比
> 定老子思想之出世年代，細辨其必在某家之後，必在某家之前。此
> 一方法，即是一種新的考據方法也。〔註23〕

錢先生指出以文獻作為思想考察時，可從「求其書之時代背景」、「論其書之
思想線索」這兩方面入手。第一，在「求其書之時代背景」，他舉《管子》、《中
庸》、《老子》、《莊子》中的成書時代，是從書中的人名、詞語的出現來斷定
此文獻的成書時期。第二，「思想線索」是指「每一家之思想，則必前有承而
後有繼；其所承所繼，即其思想線索也」，有「承而後繼」才能成為一家之思
想，所以一定有可以找出其中的「思想線索」。從其中一已經知道的「思想線
索」有根據地推展作為「會通」，「秩然不可亂」，同時亦要參考其他「諸家」
的資料作為基準。從這方面說的方法，「即是一種新的考據方法也」。因此，
本論文亦會採用「考據法」作為研究方法。

　　總括而言，本論文以「文獻」、「對比」、「內證」與「考據」作為基本研
究方法，再附圖表作輔助說明及梳理資料之用。

〔註21〕見錢穆：《莊老通辨・自序》，《錢賓四先生全集》（7），臺北：經聯出版社，
　　　　1998 年，頁 12～13。
〔註22〕見錢穆：《莊老通辨・自序》，《錢賓四先生全集》（7），臺北：經聯出版社，
　　　　1998 年，頁 13。
〔註23〕見錢穆：《莊老通辨・自序》，《錢賓四先生全集》（7），臺北：經聯出版社，
　　　　1998 年，頁 13～14。

第二章　研究回顧與參考資料的考察

本章的內容，主要為回顧禪宗與《六祖壇經》過往研究的成果，並考察與本研究有密切關係的參考資料，重點在於相關內容對本研究有提示作用及參考價值的論著；又嘗試從回顧及考察中，確立本研究的取向。

一、禪宗與《六祖壇經》過往研究成果的回顧

（一）《現代佛教學術叢刊》中專題討論禪宗及《六祖壇經》的論文〔註1〕

張曼濤（1933～1981）主編的《現代佛教學術叢刊》中，有六本收集了專題研究禪宗的論文。現分別說明如下：

第一本《六祖壇經研究論集》〔註2〕，集中以《六祖壇經》為研究對象，全書共有二十五篇論文，大致分為三部分。第一部分是研究《壇經》的歷史、版本以及神會和尚生平之考辨共十篇。第二部分是集中在六祖惠能思想與《壇經》的真偽辯論合共九篇。第三部分為《壇經》禪宗教義之研究共六篇。

第一部分的十篇，包括：1922 年有大圓（1885～1941）的〈論能秀兩大師〉；胡適分別在 1929 至 1930 年所寫的〈壇經考之一——（跋〈曹溪大師別傳〉）〉、〈壇經考之二——記北宋本的《六祖壇經》〉及〈荷澤大師神會傳〉共三篇。胡適的論著，以不同版本的《壇經》作為考據校勘，掀動了對《壇經》

〔註1〕張曼濤主編：《現代佛教學術叢刊》，臺北：大乘文化出版社，1976 年至 1980年。

〔註2〕參閱張曼濤主編：《六祖壇經研究論集》（1）（禪學專集之一），《現代佛教學術叢刊》，臺北：大乘文化出版社，1976 年。

深入研究的學術思潮。1935 年有李嘉言（1911～1967）的〈《六祖壇經》德異刊本之發現〉；在 1945 年錢穆先生的〈神會與《壇經》〉及 1969 年〈讀《六祖壇經》〉二篇；在 1959 年有乃光（1906～1992）的〈讀六祖《法寶壇經》〉。1961 年有彭楚珩（1908～1983）的〈關於神會和尚生卒年代的改定〉；在 1971 年印順（1906～2005）的〈神會與《壇經》——評胡適禪宗史的一個重要問題〉，這些論文，對本研究提供《壇經》的重要資料。

　　第二部分的九篇，包括：1969 年錢穆先生的〈《六祖壇經》大義——惠能真修真悟的故事〉，此文包含王禮卿（1908～1997）的〈六祖之偈〉來函與錢穆先生對其來函的回應。此部分中以錢先生討論《壇經》的真偽問題最為重要，了解他的看法，可確立本研究的信心。還有，1969 年楊鴻飛（1918～？）的〈關於《六祖壇經》〉、〈「《壇經》之真偽問題」讀後〉、〈再論《壇經》問題」讀後〉三篇；同年亦有澹思〔註 3〕（1933～1981）的〈惠能與《壇經》〉及蔡念生（1901～1992）的〈談《六祖壇經》真偽問題〉和華嚴關主〔註 4〕（1922～1997）的〈禪史禪學與參禪——結束討論禪宗史學的爭論〉，他們的論文在同年發表，並多集中在《壇經》真偽問題上的學術討論，這些論文是當代第一批討論《壇經》的學人，從中有助了解討論的問題所在，有啟發思考的作用。

　　第三部分的六篇，包括：1932 年陳寅恪（1890～1969）的〈禪宗六祖傳法偈之分析〉，直接涉及本論文的「敦煌本」與《六祖壇經》部分，這是非常重要的參考資料；1959 年羅時憲（1914～1993）的〈《六祖壇經》管見〉，對《壇經》中的「自性」有詳細分析，甚具參考價值。其他作者有 1962 年許兆理（1941～？）〈從《六祖壇經》以論禪門人物之人生智慧及其生活境界〉及 1968 年高永霄（1924～？）的〈《六祖壇經》研究略見〉二文，涉及禪宗教義的討論可參考。

　　第二本《禪學論文集》〔註 5〕的第一冊中，有呂澂（1896～1989）在 1954 年所發表的〈唐代禪宗學說略述〉，包含了「禪宗思想的源流」、「幾種禪宗要典的思想」、「禪和生活」三方面，以禪宗歷史扣緊當代歷史背景來考察兩者

〔註 3〕張曼濤的筆名。

〔註 4〕妙然法師的筆名。

〔註 5〕參閱張曼濤主編：《禪學論文集》(2)（禪學專集之二），《現代佛教學術叢刊》，臺北：大乘文化出版社，1976 年。

關連，直接與本研究有相關。1961 年呂澂的〈談談有關初期禪宗思想的幾個問題〉，他討論禪宗思想，思想的變化和神秀（606～706）的「漸法」這些問題，正是禪宗的核心問題，亦是本研究關注的範圍，甚具啟發性。在 1970 年太虛（1889～1947）的〈唐代禪宗與現代思潮〉，則以哲學思想把唐代禪宗與現代的思潮相互比較，有助本研究不停滯於某一思維中。1974 年有太虛講（由光宗、性覺、弘悲記）的〈中國佛學特質在禪〉，並附錄心源的〈中國佛學特質在禪〉，太虛所討論的「禪學」不是單獨指「禪宗」的「禪」，而是全面將中國佛教中的禪學綜合說明，建立太虛「人生佛教」的理想。這篇論文能助本研究全面理解中國佛學的特質在「禪」的原因。除了上述論文，還有 1975 年〔日〕鈴木大拙著、孟祥森（1937～2009）譯的〈禪：答胡適博士〉，這篇是兩位學者研究禪宗的心得，值得參考；1976 年鈴木大拙著、劉大悲（1894～1984）譯的〈存在主義、實用主義與禪〉，這是鈴木大拙以西方的哲學思想來研究禪學，可使本研究從另一角度思考問題。

　　第三本《禪學論文集》〔註6〕第二冊，分為四編。首二編為「達摩禪系」與「惠能禪系」，正是本研究必要的參考資料。第一編為「初期禪宗祖師及其宗風」收錄：1957 年船庵發表了〈中土禪宗五祖略述〉、〈初祖菩提達磨禪師〉、〈二祖慧可禪師〉、〈三祖僧璨禪師〉、〈四祖道信禪師〉、〈五祖弘忍禪師〉在《現代佛學》中及 1959 年慧風的〈牛頭法融與牛頭禪〉亦於《現代佛學》中發表。第二編為「盛期禪宗人物與派別」：有 1958 年陳真如（1889～1965）的〈論慧能六祖禪〉；在 1959、60 年有乃光的〈石頭禪要〉、〈馬祖禪要〉、〈百丈禪要〉、〈溈仰宗禪要〉、〈臨濟禪初探〉、乃光與船庵的〈漫談趙州禪〉。這些論文有助了解從初祖至「五家七宗」的禪宗史。其餘的第三編「禪門人物的風姿」，全部由程兆熊（1906～2001）在 1953 年至 1970 年所撰寫關於禪宗人物的文章；第四編「宋代禪宗血脈考」，收錄了 1950 年至 1951 年曾普信（1902～1977）所發表的文章及附錄了融熙（1888～1959）的〈蘇東坡肚子裏的禪宗骨董〉。

　　第四本《禪宗史實考辨》〔註7〕一書，將論文分為三類。第一類為禪學古

〔註 6〕參閱張曼濤主編：《禪學論文集》（3）（禪學專集之三），《現代佛教學術叢刊》，臺北：大乘文化出版社，1977 年。

〔註 7〕參閱張曼濤主編：《禪宗史實考辨》（4）（禪學專集之四），《現代佛教學術叢刊》，臺北：大乘文化出版社，1977 年。

史，這是達摩初祖（382～535 或 483～540）以前的禪學及禪法的研究；第二類則與達摩初祖有關的禪法研究；第三類則為達摩初祖以後，漸轉入以六祖惠能為中心的禪史問題。全書對研究禪宗史甚為重要，收錄了在 1924 年蒙文通（1894～1968）的〈中國禪學考〉；1935 年何格恩（生卒年不詳）的〈慧能傳質疑〉對慧能生平的研究；忽滑谷快天（1867～1934）在 1935 至 1936 年發表的〈達摩以前中土之禪學〉，亦有 1943 年呂澂的〈禪學考原〉提及初期禪學慧可至惠能，其中有三變。這些「變」「各有本源，各成系統，而悉與印度大乘瑜伽之說相關」〔註8〕。1951 年有許丹（1891～1953）的〈中土禪宗之導源與發展〉；1953 年有胡適的〈禪學古史考〉及 1959 年羅香林（1906～1978）發表在《新亞學報》的〈南朝至唐光孝寺與禪宗之關係〉，提及光孝寺與《涅槃經論》關係，亦是本研究關注的方向。至於巴宙（1918～？）、黃懺華（1890～1977）、湯用彤（1893～1964）、胡適等的菩提達摩研究及印順對達摩禪，亦收入此書中。

第五本《禪宗典籍研究》〔註9〕共有十篇論文，其中最重要的是胡適在 1958 年發表在《中研院歷史語言研究所集刊》的〈新校定的敦煌寫本神會和尚遺書著兩種〉一文，文中胡氏詳細記述關於《南宗定是非論》及《南陽和上頓教解脫禪門直了性壇語》的研究考察，引導讀者關注其他禪宗重要文獻資料。還有印順在 1958 年發表的〈宋譯楞伽與達摩禪〉；1968 年南亭（1900～1982）的〈永嘉禪師證道歌述解〉；錢穆先生在 1969 年刊於《大陸雜誌》的〈讀寶誌十四科頌與少室逸書〉；1970 年王進瑞（1913～？）的〈碧岩錄題解〉等相關禪宗的典籍研究，也有參考的價值。

第六本《禪宗思想與歷史》〔註10〕合共十七篇論文，分為思想類十篇及歷史類和典籍類合共七篇。在思想類中，1976 年牟宗三先生發表於《鵝湖月刊》的〈如來禪與祖師禪〉一文最具哲學思考的進路。在歷史類和典籍類中，合共七篇，包括了 1930 年胡適的〈神會的「顯宗記」及語錄〉及 1935 年的〈「中國禪學之發展」〉及 1936 至 1937 年東初（1908～1977）發表於《海潮

〔註 8〕參閱呂澂：〈禪學考原〉，《禪宗史實考辨》（4）（禪學專集之四），《現代佛教學術叢刊》，臺北：大乘文化出版社，1977 年，頁 23。
〔註 9〕參閱張曼濤主編：《禪宗典籍研究》（12）（禪學專集之五），《現代佛教學術叢刊》，臺北：大乘文化出版社，1977 年。
〔註 10〕參閱張曼濤主編：《禪宗思想與歷史》（52）（禪學專集之六），《現代佛教學術叢刊》，臺北：大乘文化出版社，1978 年。

音》的〈中國禪宗歷史之演變〉，這些論文對研究禪宗的歷史發展，同樣具有參考的價值。

（二）其他學者專題研究禪宗及《六祖壇經》的重要著作

除了以上所列《現代佛教學術叢刊》對《六祖壇經》與禪宗的研究成果之外，還有其他學者們的學術研究成果，現摘要述論如下：

1. 對於《六祖壇經》研究

對《六祖壇經》版本全面整理，在 70～80 年代起，郭朋（1920～2004）是國內最早的學者對《壇經》版本進行研究，他在 1981 年出版《壇經對勘》〔註11〕。在書中，他採用對勘方法，將「敦煌寫本」的「法海本」（中唐時代）、「惠昕本」（晚唐時代）〔註12〕、「契嵩本」（北宋時代）、「宗寶本」（元代）的《壇經》來相互對勘研究，從中考察出各版本的差異。在此，他認為不同版本的《壇經》情況是，「相間相去幾百年，愈是晚出，竄改愈多」〔註13〕。1983 年郭朋的《壇經校釋》〔註14〕將《壇經》內容加以註釋。當經文有不暢通時，便以其他版本進行校讀以通其理。1987 年郭朋的《壇經導讀》〔註15〕，他以之前的《壇經校釋》作為底本，再加上〈導言〉〔註16〕，對佛教及禪宗的理路作出詳細解說，可以視之為他對《壇經》與中國佛教及禪宗的關係作一總結。

除了郭朋之外，潘重規先生（1907～2003）〈敦煌六祖壇經讀後管見〉一文，分別收錄在《中國文化》〔註17〕及《敦煌壇經新書及附冊》的〈緒言〉內〔註18〕。值得注意的是，潘先生對別的學者視敦煌本《壇經》為「惡本」有不同的看法。潘先生指出將敦煌本《壇經》視為「惡本」的學者，是不了

〔註11〕參閱郭朋：《壇經對勘》，濟南：齊魯書社，1981 年。
〔註12〕郭氏註云：「胡適和日本鈴木大拙認為，惠昕改編本《壇經》，係在宋初。」參閱郭朋：《壇經對勘》，濟南：齊魯書社，1981 年，頁 1。
〔註13〕參閱郭朋：《壇經對勘》，濟南：齊魯書社，1981 年，頁 1。
〔註14〕參閱郭朋：《壇經校釋》，北京：中華書局，1983 年。
〔註15〕參閱郭朋：《壇經導讀》，成都：巴蜀書社，1987 年。
〔註16〕參閱郭朋：《壇經導讀》，成都：巴蜀書社，1987 年，頁 1～56。
〔註17〕參閱潘重規：〈敦煌六祖壇經讀後管見〉《中國文化》第 7 期，1992 年，頁 48～55；亦見於《敦煌壇經新書及附冊》，臺北：財團法人佛陀教育基金會，2005 年，頁 11～48。
〔註18〕參閱潘重規：《敦煌壇經新書及附冊》，臺北：財團法人佛陀教育基金會，2005 年，頁 5～44。

解文字的應用法是以「約定俗成」為原則，而敦煌本正是基於此原則下抄寫完成。因此，按他的說法，每個版本都各有研究的價值，更明顯的是它們均具獨立性，並且互具參考性。

　　1993 年楊曾文的《敦煌新本六祖壇經》，對「敦博本」進行考察，其後再版此書時，改名為《新版敦煌新本六祖壇經》〔註 19〕。關於「敦博本」，楊曾文與很多學者一樣認為：「原敦煌寫本字迹混亂，錯訛太多，致使現在各種校本都有缺欠，某些字句仍難以讀通」〔註 20〕。因此，在此書附二〈《壇經》敦博本的學術價值和關於《壇經》諸本演變、禪法思想的探討〉〔註 21〕一文中，強調「敦博本」的特殊價值。

　　1997 年周紹良（1917～2005）的《敦煌寫本壇經原本》〔註 22〕，是以「敦博本」為底本，與其他四個敦煌寫本互相校勘審定《壇經》相關內容，亦同時展示各寫本的相片以作參考。全書最後以〈敦煌寫本《壇經》之考定〉〔註 23〕，說明其他學者如郭朋、楊曾文、潘重規先生對《壇經》的貢獻，亦同時為「敦博本」《壇經》作一全面性定位。2006 年，黃連忠的《敦博本六祖壇經校釋》〔註 24〕一書，則對「敦博本」《壇經》進行較全面研究，但白光指出黃氏的研究中，其中所依據的「斯坦因本」即「英博本」的圖片在裁剪時少了一行，在對比「敦博本」時，認為「英博本」抄漏了此部分，因此我們在參考時要注意〔註 25〕。

　　對《六祖壇經》內容述釋的，有：丁福保（1874～1952）箋註的《六祖壇經箋註》〔註 26〕，楊惠南編撰的《六祖壇經：佛學的革命》〔註 27〕；霍韜晦（1940～2018）講《六祖壇經》〔註 28〕，內容以宗寶本的《六祖壇經》為

〔註 19〕　參閱楊曾文：《新版敦煌新本六祖壇經》，北京：宗教文化出版社，2001 年。

〔註 20〕　語見楊曾文：《新版敦煌新本六祖壇經‧自序》，北京：宗教文化出版社，2001 年，頁 7。

〔註 21〕　參閱楊曾文：《新版敦煌新本六祖壇經‧自序》，北京：宗教文化出版社，2001 年，頁 197～347。

〔註 22〕　參閱周紹良：《敦煌寫本壇經原本》，北京：文化出版社，1997 年。

〔註 23〕　參閱周紹良：《敦煌寫本壇經原本》，北京：文化出版社，1997 年，頁 175～192。

〔註 24〕　參閱黃連忠：《敦博本六祖壇經校釋》，臺北：萬卷樓圖書有限公司，2006 年。

〔註 25〕　參閱白光：《壇經版本譜系及其思想流變研究‧導言》，北京：宗教文化出版社，2013 年，頁 4。

〔註 26〕　參閱法海錄；丁福保箋註：《六祖壇經箋註》，臺北：文津出版社，1993 年。

〔註 27〕　參閱楊惠南：《六祖壇經：佛學的革命》，臺北：時報文化出版公司，1996 年。

〔註 28〕　參閱霍韜晦講（袁尚華記錄）：《六祖壇經》，香港：法住出版社，2003 年。

主幹,並且引用不少敦煌本的《六祖壇經》經文作為相互分析,又以佛教的重要觀念作為資料補充佐證;此外,還有許鶴齡編著的《六祖壇經導讀》〔註29〕;演培(1917～1996)的《六祖壇經講記》〔註30〕等等。

2. 對於禪宗歷史及思想史研究

對禪宗歷史研究方面,有胡適編著《神會和尚遺集/胡適校敦煌唐寫本》〔註31〕,內容是對神會在禪宗重新定位。印順的《中國禪宗史》〔註32〕,在第八章第三節中有討論「南宗頓教的中心問題」〔註33〕,並提及《壇經》(燉煌本)的中心思想所說,可以用「見性成佛」,「無相為體,無住為本,無念為宗」兩句話來說明〔註34〕;同時,也談及《壇經》的組成內容。

1987 年,何國銓的《中國禪學思想研究:宗密禪教一致理論與判攝問題之探討》〔註35〕,以宗密(784～841)的《禪源諸詮集都序》來考察禪宗的荷澤及洪州二系、南禪與北禪等的定位等內容豐富,甚具參考性;1994 年洪修平的《中國禪學思想史》〔註36〕,認為「惠能南宗的禪學思想大致由三個部分組成,一是以空融有、空有相攝的禪學理論基礎,二是即心即佛、自在解脫的解脫論,三是識心見性、頓悟成佛的修行觀」〔註37〕。洪氏又指出:「在惠能的禪法體系中,識心、見性與開悟、解脫具有相同的意義。『識心見性』既是修行法也是解脫境,同時,它又不離現實生活。惠能把心與性的統一落實在人們當下的宗教體悟之中。『識心見性』並不是一個理論問題,而是一個實踐問題。……這樣,修行法與解脫境也就合而為一了」〔註38〕。他還有《禪宗思想的形成與發展》〔註39〕一書,也是其重要著作之一。

〔註29〕 參閱許鶴齡:《六祖壇經導讀》,宜蘭縣礁溪鄉:佛光人文社會學院,2003 年。
〔註30〕 參閱演培:《六祖壇經講記》,臺北:財團法人佛陀教育基金會,2005 年。
〔註31〕 參閱胡適:《神會和尚遺集/胡適校敦煌唐寫本》,臺北:胡適紀念館,1970 年。
〔註32〕 參閱印順:《中國禪宗史》,臺北:正聞出版社,1994 年。
〔註33〕 語見印順:《中國禪宗史》,臺北:正聞出版社,1994 年,頁 351。
〔註34〕 語見印順:《中國禪宗史》,臺北:正聞出版社,1994 年,頁 352。
〔註35〕 參閱何國銓:《中國禪學思想研究:宗密禪教一致理論與判攝問題之探討》,臺北:文津出版社,1987 年。
〔註36〕 參閱洪修平:《中國禪學思想史》,臺北:文津出版社,1994 年。
〔註37〕 語見洪修平:《中國禪學思想史》,臺北:文津出版社,1994 年,頁 161。
〔註38〕 語見洪修平:《中國禪學思想史》,臺北:文津出版社,1994 年,頁 188。
〔註39〕 參閱洪修平:《禪宗思想的形成與發展》,南京:江蘇古籍出版社,2000 年。

　　還有在 1997 年起，董群有一系列《祖師禪》〔註 40〕、《禪宗倫理》〔註 41〕、《慧能與中國文化》〔註 42〕、《禪與創新》〔註 43〕及《佛教倫理與中國禪學》〔註 44〕論著；都是討論禪宗思想與中國文化的相互融合的問題。1999 年有楊曾文的《唐五代禪宗史》〔註 45〕對唐代及五代年間的禪宗史研究；2000 年有蔡日新的《中國禪宗的形成》〔註 46〕，解構中國禪宗形成的經過；2004 年張國一著《唐代禪宗心性思想》〔註 47〕；2007 年麻天祥的《中國禪宗思想史略》〔註 48〕及《禪宗文化大學講稿》〔註 49〕書，皆以述論禪宗思想為主。同年，亦有杜繼文，與魏道儒（1916～2009）合著的《中國禪宗通史》〔註 50〕，則是以通史形式來研究禪宗。

　　其他以禪宗思想為主導作實踐修行研究，1992 年有邢東風的《禪悟之道：南宗禪學研究》〔註 51〕；1993 年有吳汝鈞的《游戲三昧：禪的實踐與終極關懷》〔註 52〕；2002 年有黃連忠的《禪宗公案體相用思想之研究》〔註 53〕等重要著作。

（三）其他學者專題研究禪宗及《六祖壇經》的重要論文

1. 對於《六祖壇經》研究

　　2007 年黃連忠的〈敦博本《六祖壇經》文字校正與白話方法論〉〔註 54〕，

〔註 40〕參閱董群：《祖師禪》，杭州：浙江人民出版社，1997 年。
〔註 41〕參閱董群：《禪宗倫理》，杭州：浙江人民出版社，2000 年。
〔註 42〕參閱董群：《慧能與中國文化》，貴陽：貴州人民出版社，2001 年。
〔註 43〕參閱董群：《禪與創新》，臺北：東大圖書股份有限公司，2007 年。
〔註 44〕參閱董群：《佛教倫理與中國禪學》，北京：宗教文化出版社，2007 年。
〔註 45〕參閱楊曾文：《唐五代禪宗史》，北京：中國社會科學出版社，1999 年。
〔註 46〕參閱蔡日新：《中國禪宗的形成》，臺北：雲龍出版社，2000 年。
〔註 47〕參閱張國一：《唐代禪宗心性思想》，臺北：法鼓文化事業股份有限公司，2004 年。
〔註 48〕參閱麻天祥：《中國禪宗思想史略》，北京：中國人民大學出版社，2007 年。
〔註 49〕參閱麻天祥：《禪宗文化大學講稿》，北京：中國人民大學出版社，2007 年。
〔註 50〕參閱杜繼文，魏道儒：《中國禪宗通史》，南京：江蘇人民出版社，2007 年。
〔註 51〕參閱邢東風：《禪悟之道──南宗禪學研究》，北京：中國人民大學出版社，1992 年。
〔註 52〕參閱吳汝鈞：《游戲三昧：禪的實踐與終極關懷》，臺北：臺灣學生書局，1993 年。
〔註 53〕參閱黃連忠：《禪宗公案體相用思想之研究》，臺北：臺灣學生書局，2002 年。
〔註 54〕參閱黃連忠：〈敦博本《六祖壇經》文字校正與白話方法論〉，蘭州：《敦煌學輯刊》2007 年第 4 期，頁 97～113。

對「敦博本」《壇經》進行研究。2010 年，白光的〈試探敦煌出土五種漢文寫本《壇經》的先後親疏關係〉〔註55〕，考證敦煌出土的五種漢文寫本《壇經》不僅有共同的祖本來源，及形成一種親疏關係，認為「敦煌本」是最早的。至於「北圖本」、「北圖殘本」、「敦博本」和「旅博本」等其他寫本則要晚於「敦煌本」。同時認為「敦博本」與「北圖本」可視為一個系列，而「北圖殘本」和「旅博本」則視為另外的一個系列。2017 年，白光的〈現存法海集記《壇經》的版本譜系研究〉〔註56〕，以「俗講俗記」、「文字俗體轉為正體」、「從多樣變為統一」的分類來得出現存法海集記《壇經》這樣的版本譜系，即「英博本」最接近惠能俗講，是最早的，其次是「旅博本」，再次是「敦博本」，然後是「北圖本」的關係性〔註57〕。

2. 對於禪宗歷史及思想史研究

　　1932 年陳寅恪曾撰寫一篇未完成的〈論禪宗與三論宗之關係〉〔註58〕論文，收入《陳寅恪集講義及雜稿》之中。此文雖未完成，但其中有不少創見，如以「法統史」來說明「三論宗」與「禪宗」的關係。「三論宗」已有「不尚文字之意味」來發揚佛教義理，禪宗亦只是承襲「三論宗」而已；「頓悟說」是「三論宗」的創說等等。此文具有豐富的參考內涵。

　　牟宗三先生在 1976 年發表了〈如來禪及祖師禪〉（上）及（下）〔註59〕一文對研究禪宗為一重要參考論文，其後這兩篇文章輯錄在《佛性與般若》下冊〔註60〕中。

　　《六祖慧能思想研究》〔註61〕一書（「慧能與嶺南文化」國際學術研討會

〔註55〕參閱白光：〈試探敦煌出土五種漢文寫本《壇經》的先後親疏關係〉，高雄：《普門學報》第 59 期，2010 年，頁 1～32。

〔註56〕參閱白光：〈現存法海集記《壇經》的版本譜系研究〉，北京：《中國典籍與文化》，2017 年 01 期，頁 9～13＋2。

〔註57〕參閱白光：〈現存法海集記《壇經》的版本譜系研究〉，北京：《中國典籍與文化》，2017 年 01 期，頁 9。

〔註58〕參閱陳寅恪：《陳寅恪集講義及雜稿・論禪宗與三論宗之關係》，北京：生活・讀書・新知三聯書店，2002 年，頁 431～439。

〔註59〕參閱牟宗三：〈如來禪與祖師禪〉（上），臺北：《鵝湖月刊》，1976 年 2 月第 8 期，頁 3～6 及〈如來禪與祖師禪〉（下），1976 年 3 月第 9 期，頁 3～10。

〔註60〕參閱牟宗三：《佛性與般若》下冊，臺北：臺灣學生書局，2004 年，頁 1039～1070。

〔註61〕參閱《六祖慧能思想研究：「慧能與嶺南文化」國際學術研討會論文集》，廣州：學術研究雜誌社，1997 年。

論文集），在 1997 年出版，合共收錄 40 篇文章，其中多以敦煌本的《六祖壇經》作為研究對象，以「心性」作為專題研究的只有楊曾文的〈論慧能的識心見性思想〉的一篇。其餘的學者以敦煌本《六祖壇經》作為其文章的內容，分別有：劉斯翰的〈頓悟說和六祖〉；蔣述卓的〈略論慧能的「即心即佛」思想〉；業露華的〈六祖慧能的佛性論思想〉；馮煥珍的〈試論傳統禪學與慧能禪學境界思想的差異〉；孫昌武的〈「心鏡」考〉；周紹良的〈原本《壇經》之考定〉；姜伯勤的〈敦煌本《壇經》所見慧能在新州的說法〉；湛如的〈簡論《六祖壇經》的無相懺悔──兼談唐代禪宗懺法體系的形成〉；韓昇的〈《壇經》管窺〉；張勇的〈敦煌寫本《六祖壇經》校讀瑣記〉；〔日〕伊吹敦的〈敦煌本《壇經》是否為傳授本〉；向群的〈敦煌本《壇經》中若干名相試探〉；李玉群的〈壇經與現象學〉……等文章。

2008 年，李潤生先生的〈轉識成智困難的辨解〉〔註62〕一文，糾正以為「轉識成智」屬於經驗界，而出現有「生命主體根源的困難」、「成佛超越功能的困難」、「無漏功能現行的困難」及「經驗界無必然性的困難」的看法，最後以正因「轉識成智」依「唯識種子」來解釋以上誤解，有助了解唯識系統的核心內容。這論文對於了解「宗寶本」《六祖壇經》中的「轉識成智」的相關問題，有學理依據，值得關注。又在 2010 年，李先生的〈唐、牟二師對禪學開顯的處理述異〉〔註63〕，以唐君毅與牟宗三兩先生在宗密《禪源諸詮集都序》中敘述「會通與歸攝」、「如來禪與祖師禪」及「公案撥弄」這三部分，各以不同觀點、文獻作為論證。由此，讓學人更了解唐、牟兩先生的性情及學養等各方面，有助了解他們對禪學的思路，甚具參考價值。

2013 年，李璐的〈論漢語世界思想史視域下的百年禪宗研究〉〔註64〕，對 1912～2013 這一百年內對禪宗研究分為學者、僧人及居士，分時序及分研究立場回顧相關研究。文中提到在 20 世紀，中國學術思想史有以下的構建原素。從 20 世紀「全盤西化」、「中國文化本位」、「馬克思主義」三大思潮對禪宗思想以「以西釋中」、「以馬釋中」及「援佛入儒」作為 20 世紀前半期的研

〔註62〕 參閱李潤生：〈轉識成智困難的辨解〉，香港：《法相學會集刊》第 6 期，2008年，頁 1～46。

〔註63〕 參閱李潤生：〈唐、牟二師對禪學開顯的處理述異〉，香港：《新亞學報》第 28卷，上編，2010 年，頁 67～88。

〔註64〕 參閱李璐：〈論漢語世界思想史視域下的百年禪宗研究〉（博士論文），南京：南京大學，2013 年。

究方法，亦使「禪宗」本來只屬於宗教思想部分，變成了中國哲學（思想）學術研究，影響至今。在對禪宗研究的學術群組中，分為學者、僧人及居士，各以不同的立場對禪宗作出研究，最具參考價值。

2015 年，陸揚的〈陳寅恪的文史之學——從 1932 年清華大學國文入學試題談起〉〔註 65〕，提到陳寅恪對禪宗思想的看法，就是「『禪宗的道理，是採自三論宗』這一看法，這部份是很少被學術界注意的」。另外，此論文認為陳寅恪對文史之學的轉型是受了關於「胡適對佛教史方面的研究」的影響〔註 66〕。

從 2016 年，白光，洪修平〈大陸地區慧能與禪宗及《壇經》研究述評〉〔註 67〕一文所提供的圖表，可了解 1912～2013 年大陸地區惠能（慧能）與《壇經》研究論著五階段的分布情況。在第一階段（1912～1948）合計有 99 篇論文關於惠能與《壇經》研究。其後在第二階段（1949～1965）有 35 篇；第三階段（1966～1977）是 0 篇；第四階段（1978～1990）有 130 篇及至第五階段（1991～2013）有 1963 篇。從這統計中得一個「U」型的圖表，表示在 1912～2013 關於惠能與《壇經》研究，在第一期與第五期最為活躍。如按每期的篇數合計，應為 2227 篇，但在此論文圖表中的合計總數為 2209 篇。不知是每期篇數不對或是總加數出現錯誤，但所顯示的結果誤差相差不遠，仍具參考價值。

二、從文獻回顧中確立研究方向

在回顧及參考近百年對於研究禪宗及《六祖壇經》的較重要文獻後，對確立本論文研究方向，無可否認有提示作用及參考價值。現分述如下：

在《六祖壇經》的版本研究中，學者如潘重規先生、郭朋、周紹良、楊曾文及黃連忠等分別對各《六祖壇經》的整理對各版本都能清晰各版本的分別及重點所在，亦是重要的參考書籍。潘重規先生《敦煌壇經新書及附冊》〔註 68〕

〔註65〕參閱陸揚：〈陳寅恪的文史之學——從 1932 年清華大學國文入學試題談起〉，《文史哲》2015 年第 3 期（總第 348 期），頁 33～49。

〔註66〕參閱陸揚：〈陳寅恪的文史之學——從 1932 年清華大學國文入學試題談起〉，《文史哲》2015 年第 3 期（總第 348 期），頁 33。

〔註67〕參閱白光，洪修平：〈大陸地區慧能與禪宗及《壇經》研究述評〉，石家莊：《河北學刊》第 36 卷第 2 期，2016 年，頁 21～26。

〔註68〕參閱潘重規：《敦煌壇經新書及附冊》，臺北：財團法人佛陀育基金會，2005 年，頁 11～48。

一文，對敦煌本《六祖壇經》被學者評為「惡本」的看法，不以為然，他以「約定俗成」為理由，作出中肯的見解，使敦煌本能顯示其本身的文獻價值和研究價值。又如白光的〈試探敦煌出土五種漢文寫本《壇經》的先後親疏關係〉〔註69〕及〈現存法海集記《壇經》的版本譜系研究〉〔註70〕論文中，對五種出土的敦煌寫本《六祖壇經》進行研究，得出敦煌本《六祖壇經》是現存最古的版本。這研究結果，使本論文能確定研究《六祖壇經》的起點。

關於「禪宗思想」有關資料，張曼濤主編的《現代佛教學術叢刊》〔註71〕，有六本關於禪宗專題研究的論著，可以啟發多方面的思考。其中最為珍貴的就是胡適、錢穆先生等對禪宗與《六祖壇經》的研究，內容各有創見。這些見解正是建構了這近百年的禪宗與《六祖壇經》的學術研究的開端，非常具有參考價值。

白光，洪修平〈大陸地區慧能與禪宗及《壇經》研究述評〉〔註72〕，合計1912至2013百年之間研究禪宗及《壇經》的論著為2209篇。對具有千多年歷史的「禪宗」來說，這數字有助了解某一時間的相關研究提供了一個參考數據。這數據可以讓學人避免落入誤區以為這方面已經有很多研究，其實只是1991～2013的研究最為活躍，多為版本研究及禪宗史的概論，研究仍然未全面。這方面的數據，增強本研究的信心及確立明確方向。

另外，牟宗三在《心體與性體》的〈佛家體用義之衡定〉一文中，指出「佛家言『空』之意義：空與緣生非體用義」及「竺道生慧能亦是孟子靈魂之再現于佛家」〔註73〕吳明老師的〈從佛教體用義之衡定看唐、牟之分判儒佛〉中，指出佛教的基本思想是「緣起性空」，因此佛教的體用觀，非實說體用，而是虛說體用的〔註74〕，但他最後卻肯定禪宗六祖惠能的大悟，達至「開

〔註69〕 參閱白光：〈試探敦煌出土五種漢文寫本《壇經》的先後親疏關係〉，高雄：《普門學報》第59期，2010年，頁1～32。

〔註70〕 參閱白光：〈現存法海集記《壇經》的版本譜系研究〉，北京：《中國典籍與文化》，2017年01期，頁9～13＋2。

〔註71〕 參閱張曼濤主編《現代佛教學術叢刊》，臺北：大乘文化出版社，1976年至1980年。

〔註72〕 參閱白光，洪修平：〈大陸地區慧能與禪宗及《壇經》研究述評〉，石家莊：《河北學刊》2016年第36卷第2期，頁21～26。

〔註73〕 參閱牟宗三：《心體與性體》第一冊，臺北：正中書局，1968年，頁527及579。

〔註74〕 參閱吳明：〈從佛教體用義之衡定看唐、牟之分判儒佛〉，《新亞學報》第28卷，上編，香港：新亞研究所，2010年，頁93。

天門、見天光」的境界，突顯了的一個「奇偉」的中國心靈，全幅開展「即體即相即用」〔註 75〕。又鄧國光先生的〈「體用」：從佛學判教到經學義理〉一文中，他指出「體用」是大乘佛教經典的核心及宗趣，並指出在兩晉至南北朝，「體用」已經成為中土佛學的中心話語。他引用湯用彤（1893～1964）的意見及作為他這篇文章的基本理路，「魏晉以訖南北朝，中華學術異說繁興，爭論雜出，其表面上雖非常複雜，但其所爭論不離體用觀念」〔註 76〕。這些觀點啟發了我，對「體用」與佛教的關係及它的重要性。

還有，陳寅恪在 1932 年曾有一篇未完成的〈論禪宗與三論宗之關係〉〔註 77〕論文，這是前人所忽略的問題，本研究藉此作為研究的思想入路。一方面，可以根據前人的研究理路，啟發自己的思維。另一方面，他所提出的觀點很少學者曾涉及，值得進一步研究探討。

本章小結

本章內容，主要包括了「禪宗與《六祖壇經》過往研究成果的回顧」和「從文獻回顧中確立研究方向」兩個部分。它們看來是兩個部分，其實是一脈貫通的。我從文獻回顧中不斷思考、再考察，確立了本研究的方向。中國思想本原在於「心性之學」，而「心性」就是《六祖壇經》的內容，在「體用」關係中，形成一動態的延續，正是中國禪宗思想的遭變。我從本章的撰寫過程中了解這點的重要性，因此決定在前人辛苦研究成果的基礎上，作進一步的探索研究。參考了眾多的資料後，我決定以「心性」中的「體用」範疇來了解各版本的《六祖壇經》精神面貌，從「相同」與「相異」的歷史精神中銜接成為中國禪宗思想遭變的進程。

〔註 75〕參閱吳明：〈從佛教體用義之衡定看唐、牟之分判儒佛〉，《新亞學報》第 28 卷，上編，香港：新亞研究所，2010 年，頁 109。

〔註 76〕參閱鄧國光：〈「體用」：從佛學判教到經學義理〉，《亞洲禪學研討會論文集》，香港：中國文化研究院，2013 年，頁 407～416。

〔註 77〕參閱陳寅恪：《陳寅恪集講義及雜稿·論禪宗與三論宗之關係》，北京：生活·讀書·新知三聯書店，2002 年，頁 431～439。

第三章 「敦煌本」《六祖壇經》

　　中國禪宗思想實際是由六祖惠能開始，他所說的法被視為佛教的一場革命及「中國文化最高目的之人生藝術化的當前好例子」〔註1〕，因此本文從記載六祖惠能說法的《六祖壇經》來了解禪宗思想，又由於《六祖壇經》在不同的歷史時段出現有不同的版本，因此引伸成為了解中國禪宗思想遷變的橋樑，這就是本文以《六祖壇經》為研究中心的原因。《六祖壇經》是禪宗重要經典，記錄了六祖惠能的開示弟子的語錄。禪宗以「不立文字，教外別傳，直指人心，見性成佛」為宗旨〔註2〕，亦稱為「宗門」，與「教下」對稱。

〔註1〕參閱錢穆：《中國文化史導論》（修訂本），臺北：臺灣商務印書館，2010年，頁167。錢先生云：「禪宗實際的開山祖師第六祖慧能⋯⋯而流落粵南，見稱為南方『獦獠』的。當時的禪宗興起，實在是南方中國人一種新血液新生命，大量灌輸到一向以北方黃河流域為主體的中國舊的傳統文化大流裏來的一番新波瀾新激動。單就宗教立場來看，也已是一番驚天動地的大革命。從此悲觀厭世的印度佛教，一變而為中國的一片天機，活潑自在，全部的日常生活一轉眼間，均已『天堂化』，『佛國化』⋯⋯在中國歷史上，如此的大激動，大轉變，卻很輕鬆很和平的完成了。⋯⋯這豈不已是中國文化最高目的之人生藝術化一個已有成績的當前好例嗎？」

〔註2〕參閱《五燈會元》卷1云：「吾有正法眼藏，涅槃妙心，實相無相，微妙法門，不立文字，教外別傳，付囑摩訶迦葉。」X80n1565_001，卍續藏，第80冊，No.1565；參閱《佛果圜悟禪師碧巖錄卷第一》云：「達磨遙觀此土有大乘根器，遂泛海得得而來，單傳心印，開示迷塗，不立文字，直指人心，見性成佛。」《大正新修大藏經》，第48卷，T48，NO.2003，日本大正一切經刊行會，1922～1934年，頁140上及中。參閱《景德傳燈錄》卷18云：「問如何是教外別傳底事？師曰：喫茶去。」《大正新修大藏經》，第51卷，T51，NO.2076，日本大正一切經刊行會，1922～1934年，頁351中及下。

「宗門」的意思，按《宗鏡錄》引述《楞伽經》云：「佛語心為宗，無門為法門」，就是此宗指「即心即佛」，「自性」是門，此門無相，雖是法門，但亦無門，亦名空門〔註3〕。這說明禪宗思想是以「心性」為主，《六祖壇經》思想亦源出一轍。「教下」是指以經典開示及接引學人的佛教其他宗派，如天台宗、華嚴宗。

太虛（1889～1947）在〈中國佛學的特質在禪〉一文中，所指的「禪」是「禪修」的「禪」，是中國通名的名稱，是「禪那」的簡稱。太虛所說的「禪」非特別指「禪宗」的「禪」，但它又是中國佛教諸宗修行實踐的基礎。天台宗與華嚴宗的學說，就是以修禪為源泉，「所以中國佛法之骨髓，在於禪」〔註4〕。在此文中，禪宗的達摩初祖至六祖惠能的「禪」被假立在「悟心成佛禪」範疇內，與佛教及六祖惠能以下的禪宗分開〔註5〕。

至於禪宗的宗旨，所謂「不立文字」是在悟的境界「明心見性」而言，言詮不能達意，「見性」亦非建立於「文字」上，「文字」只是其中一種工具來知解「見性」相關的名相。在「敦煌本」是說「自用知（智）惠觀照，不假文字」〔註6〕的，這意思最為清楚，「明心見性」不借助「文字」及任何假相，這又與《金剛經》所說「若以色見我，以音聲求我，是人行邪道，不能見如來」的意見相同〔註7〕。

佛教有所謂「教外別傳」，何謂「教外別傳」？羅時憲先生認為可分為三方面看：

一、教外別傳之旨，二、教外別傳之事，三、教外別傳之方法。〔註8〕
簡言之，「教外別傳」是在佛教以內，與其他宗派與別不同的傳法的宗旨、義

〔註3〕參閱《宗鏡錄》卷1，《大正新修大藏經》，第48卷，T48，NO.2016，日本大正一切經刊行會，1922～1934年，頁418。按「在《大正新修大藏經》，第16卷，T16，No.670《楞伽阿跋多羅寶經》，No.671《入楞伽經》及No.672《大乘入楞伽經》，都未見有此相關資料。」

〔註4〕參閱太虛：《佛學入門》，杭州：浙江古籍出版社，2004年，頁3及頁90。

〔註5〕參閱太虛：《佛學入門》，杭州：浙江古籍出版社，2004年，頁18～32。

〔註6〕參閱《南宗頓教最上大乘摩訶般若波羅蜜經六祖惠能大師於韶州大梵寺施法壇經》，《大正新修大藏經》，第48卷，T48，NO.2007，日本大正一切經刊行會，1922～1934年，頁340中。

〔註7〕參閱《金剛般若波羅蜜經》，《大正新修大藏經》，第08卷，T08，NO.236，日本大正一切經刊行會，1922～1934年，頁752上。

〔註8〕見羅時憲：〈《六祖壇經》管見〉，《學術論文集》，香港：佛教志蓮圖書館：羅時憲弘法基金有限公司，1998年，頁94。

理及方式，這種方式稱為「心法」，就是「以心印心」的傳承方法。這傳承方法可以不同的形式或手段，如棒打、大喝、默言，目的只是「直指人心，見性成佛」。因此，六祖惠能的思想就是不離「直指人心，見性成佛」的原則來說法。

六祖惠能「傳承」印度佛教的「道統」外，而且是一脈相承禪宗的「宗脈精神」，融會貫通佛教「大乘教義」的涵義及精神，以「頓法」的最直截了當的「單刀直入」來「直指人心，見性成佛」。因此，錢穆先生曾說「禪宗的精神」是要從現實生活中認取天機，從宗教的規範中解放回到現實人生，是中國史上的一段「宗教革命」及「文藝復興」〔註9〕。

李潤生先生認為禪宗思想具有三大特質，他說：

> 第一，就是凡夫本身具足一切如來法身功德的體與用。第二，在實
> 踐修行上，所有工夫都是全在自身實踐之上而不假外求。第三，就
> 是在實踐修行上沒有任何階漸的分別，目的只在頓悟成佛，並說明
> 此三大特質與如來藏有根本密切的關係。〔註10〕

李先生指出，禪宗思想有三大特質：第一，就是啟發眾生在生命中潛藏的智慧。這種具生命力及創造性的智慧，在佛家來說名「般若智」，凡夫在「迷」時而不知，在悟時「心性」上的「體」與「用」全顯全用，而了悟「如來法身功德」源於「心性」。第二，禪宗所有實踐修行工夫，全在「心性」上，所以任何不限形式來修行而不假外求。第三，在實踐修行上，全部對應「心性」的德性而言，沒有任何的階級次序的分別。最重要的是，禪宗這三大特質是根植於佛教的「如來藏」系統中來說的。

我們了解禪宗思想不離「心性」，而「心性之學」又是中國思想的根源。因此，以各版本的《六祖壇經》來了解中國禪宗思想遭變時，亦同時了解在「宋明理學」大盛前「心性之學」的發展狀況。在禪宗來說，「心性」是從「禪機」中展現出「體用」關係，正是說明「般若」與「成佛」的關鍵問題。在

〔註9〕 參閱錢穆：《中國文化史導論》，（修訂本），臺北：臺灣商務印書館，2010年，頁166及167。錢先生云：「禪宗的精神，完全要在現實人生之日常生活中認取，他們一片天機，自由自在，正是從宗教束縛中解放而重新回到現實人生來的第一聲。……中國此後文學藝術一切活潑自然空靈脫灑的境界，論其意趣理致，幾乎完全與禪宗的精神發生內在而很深微的關係。所以唐代的禪宗，是中國史上的一段『宗教革命』與『文藝復興』。」

〔註10〕 見李潤生：〈禪宗與如來藏〉，《佛學論文集（下）》，Ontario，Canada：加拿大安省佛教法相學會，2001年，頁810。

「體用」關係來說，禪宗以「自性」為體，以「心」為用。在主體上而言，「心」即是「體」具主觀性；在客觀上說，「性」即是「體」具有普遍性及先驗性。禪宗是屬於「如來藏自性清淨心」中「真常唯心」系統的，亦是佛教思想內部推進的必然過程〔註11〕。

一、「敦煌本」《六祖壇經》的由來與學術研究的開展

「敦煌本」《六祖壇經》的由來，源於所謂「敦煌學」的出現。陳寅恪認為中國「敦煌學」是新學潮的開始，亦是「吾國學術之傷心史也」〔註12〕。他說：

> 一時代之學術，必有其新材料與新問題。取用此材料，以研求問題，則為此時代學術之新潮流……燉煌學者，今日世界學術之新潮流也。〔註13〕

「敦煌本」《六祖壇經》的發現，正是所謂「一時代之學術，必有其新材料與新問題」的新材料，以這些新材料進行研究，亦成為「今日世界學術之新潮流」。在 1907 年〔英〕斯坦因（Marc Aurel Stein 1862～1943）在敦煌發現了一部抄寫本的《六祖壇經》，後來把此版本藏於大英博物館，一直未被外間所發現。直至在 1922～23 年間，〔日〕矢吹慶輝（1879～1939）在大英博物館作考察時再度被發現。此版本收錄在《大正藏》第 48 卷，No.2007，全名為《南宗頓教最上大乘摩訶般若波羅蜜經六祖惠能大師於韶州大梵寺施法壇經》一卷，由兼受無相戒弘法弟子法海集記，簡稱「敦煌本」《六祖壇經》，現存於英國圖書館藏，編號 Or.8210/S.5475，縫繢裝，11619 字〔註14〕。這版本被認為現存最古的《六祖壇經》。

〔註11〕參閱牟宗三：《中國哲學十九講》，臺北：臺灣學生書局，1997 年，頁 283～284。牟先生云：「至於大乘起信論所提出之如來藏系統，則是講『如來藏自性清淨心』；自性既是清淨，則非虛妄染污，所以是屬真常心。真是真實不虛，常是恒常不變。依佛教而言，此即是『智心』。而『智心』乃是由『識心』對翻而來的，所以由唯識宗的阿賴耶系統推進至《大乘起信論》的真常心系統，這種推進乃是佛教內部教義的發展中，必然要出現的一種推進。因為順著阿賴耶系統中問題的展現，自然會逼顯出『如來藏自性清淨心』的思想系統。」

〔註12〕語見陳寅恪：〈陳垣燉煌劫餘錄序〉，《陳寅恪集·金明館叢稿二編》北京：生活·讀書·新知三聯書店，2009 年，頁 267。

〔註13〕見陳寅恪：〈陳垣燉煌劫餘錄序〉，《陳寅恪集·金明館叢稿二編》北京：生活·讀書·新知三聯書店，2009 年，頁 266。

〔註14〕見白光：《壇經版本譜系及其思想流變研究》，北京：宗教文化出版社，2013 年，頁 6。

　　從「敦煌本」《六祖壇經》開始研究，目的在於了解中唐至元代的五百年間中國禪宗思想史的遞變。此本成書時間約在唐玄宗至德宗年間（713～801），約在六祖惠能過世後八十年間完成。按印順法師的研究，「敦煌本」《六祖壇經》分成三部分：第一部分是在大梵寺說法；第二部以公案形式接引學人；第三部六祖惠能晚年回新州說法〔註15〕。

　　現存有五種敦煌寫本《六祖壇經》，分別是「敦煌本」、「旅博本」、「北圖殘本」、「敦博本」及「北圖本」。這五種敦煌寫本《六祖壇經》的價值，存着不同的看法。如周紹良認為「敦煌本」為現存最古的《壇經》，是指「敦博本」。他指出其他版本無法與「敦博本」比擬〔註16〕。在《敦煌寫本《壇經》原本》一書中，他「以敦煌博物館藏冊子本為底本」來相互校定其他在敦煌所發現的其他四個版本〔註17〕。可是，饒宗頤（1917～2018）對「敦博本」是《壇經》原本之說，則表示「有很大保留」〔註18〕。我這篇論文以最初在大英博物館（British Museum）所發現的《壇經》作為禪宗思想源頭的開端，而在下文所稱的「敦煌本」都是指大英博物館的版本，不再作交代。關於敦煌寫本各版本的定位，我是以下面所列從思想源頭著眼而不是從發現時的次序〔註19〕，

〔註15〕見印順：《中國禪宗史・壇經之成立及其演變》南昌：江西人民出版社，1999年，頁191～219。

〔註16〕參閱周紹良：〈原本《壇經》之考定〉，《六祖慧能思想研究——「慧能與嶺南文化」國際研討會論文集》，廣州，學術研究雜志社，1997年，頁239。

〔註17〕參閱周紹良：《敦煌寫本壇經原本・整理說明》，北京：文物出版社，1997年，頁3。

〔註18〕參閱饒宗頤：〈慧能及《六祖壇經》的一些問題〉，《六祖慧能思想研究——「慧能與嶺南文化」國際研討會論文集》，廣州，學術研究雜志社，1997年，頁236。

〔註19〕參閱白光：〈試探敦煌出土五種漢文寫本《壇經》的先後親疏關係〉，高雄：《普門學報》第59期，2010年，頁1～32。白光云：「文中考證敦煌出土的五種漢文寫本《壇經》不僅有共同的祖本來源，及形成一種親疏關係，認為『敦煌本』是最早的。至於『北圖本』、『北圖殘本』、『敦博本』和『旅博本』等其他寫本則要晚於『敦煌本』。同時認為『敦博本』與『北圖本』可視為一個系列，而『北圖殘本』和『旅博本』則視為另外的一個系列。」

參閱白光：〈現存法海集記《壇經》的版本譜系研究〉，北京：《中國典籍與文化》，2017年01期，頁9～13＋2。白光又云：「文中以『俗講俗記』、『文字俗體轉為正體』、『從多樣變為統一』的分類來得出現存法海集記《壇經》這樣的版本譜系，即『英博本』最接近惠能俗講，是最早的，其次是『旅博本』，接着是『敦博本』，再次是『北圖本』的關係性。」最後，本論文參考這二篇的結論，將「敦煌寫本」的從思想源頭來排序作本論文的開端。在這二篇的結論，都是以「敦煌本」為最先。

現表列如下：

敦煌寫本——思想源頭排序表

序號	版　本	發現地點	發現時間〔註20〕	發現者	收錄或登錄處
1	敦煌本	大英博物館	1923 年	〔日〕矢吹慶輝	收錄於《大正藏》（第 48 冊，No.2007，1928。
2	旅博本	旅順博物館	1914 年以前	〔日〕吉川小一郎（？）	登錄於〔日〕《大谷光瑞氏寄託經卷目錄》（1914～1916）。
3	北圖殘本	北京圖書館殘本（77 字）	1997 年4 月	方廣錩(1948～)、周紹良	收錄於《敦煌寫本壇經原本》，1997。
4	敦博本	敦煌博物館	1935 年	任子宜（1901～1972）	向達《西征小記》1950，登錄於《唐代長安與西域文明》。
5	北圖本	北京圖書館（卷裝）	1930 年	陳垣（1880～1971）	登錄於《敦煌劫餘錄》，1930。

　　在「敦煌寫本」系列相繼地被發現後，一些學者對「敦煌寫本」是否屬最古的《壇經》產生疑問，他們認為應該有一「古本」《壇經》早於「敦煌本」或「敦煌寫本」系列。至於「古本」《壇經》的存在與否，一些學者開始進行研究，如哈磊在〈古本《壇經》存在的文獻依據〉一文中，認為「敦煌本」《壇經》在眾多版本中的關係及其中的相關問題。他說：

　　　　近代以來，隨著敦煌寫本等《壇經》版本的發現，傳世的《壇經》各本——宗寶本、曹溪原本乃至惠昕本等的價值和可信度遭到了一再的質疑和否定，似乎敦煌本成為代表六祖思想的唯一可信的版本。當學者們深入研究時，發現敦煌本中也存在著諸多不可信的部分。至此，學者們以非宗教化的現代學術立場、「大膽假設」的研究方法、斷章取義的材料分析手法，達到了基本瓦解《壇經》作為宗教經典所具有的神聖性與可信性的結果。〔註21〕

〔註20〕參閱白光：《壇經版本譜系及其思想流變研究》，北京：宗教文化出版社，2013年，頁 5～6。

〔註21〕見哈磊：〈古本《壇經》存在的文獻依據〉，成都：《社會科學研究》，2011 年第 5 期，頁 129。

在未發現「敦煌本」《壇經》之前，流傳的版本如「宗寶本」、「曹溪原本」、「惠昕本」一直被視為可信的版本。但「敦煌本」《壇經》被發現後，與各版本的內容比較，發覺此版本可能保留了六祖惠能思想的原貌，於是就有人認為這是「唯一可信的版本」，其他版本的可信性開始受人質疑。最可關注的是，當學者深入研究時，發現敦煌本中，也存在著諸多不可信的部分。於是有學者以現代的學術立場，運用「大膽假設」或「斷章取義」的手法，試圖瓦解《壇經》作為中國禪宗重要經典的「神聖性」及「可信性」。

哈磊指出，學者如胡適等，以「打鬼」、「捉妖」與「耙糞工作」的惡意心態來研究佛教史或禪宗史，而且他們研究《壇經》所花的精力多在「校勘字句」，出現了「幾乎已無事可做」的情況。原因在於禪宗現存的《燈錄》和《語錄》的資料皆不可靠；至於唐代的歷史文獻與碑帖，亦少涉及《壇經》的內容，使《壇經》在信史中的地位似乎欠缺可信性。就算如唐代王維（701～761）、柳宗元（773～819）、劉禹錫（772～842）曾為六祖惠能作「碑銘」，都是「禪外說禪」，對禪宗核心思想並不十分了解[註22]。

對於「敦煌寫本」的《壇經》在禪宗思想史中，它們是否「最初」的原本呢？拾文（1933～2013）[註23]在〈《敦煌寫本壇經》是「最初」的《壇經》嗎？〉一文中，推斷「文繁」的「古本」《壇經》是有可能存在的。他說：

> 《壇經》的發展演變並不像中外許多學者所指出的是一個由簡到繁的過程，即敦煌本—惠昕本—契嵩本—宗寶本等，而是一個由繁到簡，又由簡復原（繁）的過程。[註24]

拾文認為「文繁」的「古本」《壇經》早於「敦煌寫本」譜系，因此《壇經》的演變應該是「由繁到簡」開始至「敦煌本」。再由「敦煌本」至「宗寶本」的「由簡復原」的過程。他引述惠昕云：「古本文繁，披覽之徒，初忻後厭」；郎簡云：「俗所增損，而文字鄙俚雜，殆不可考」；契嵩（1007～1072）獲得「曹溪古本」後，發覺「燦然皆六祖之言」，這些資料說明惠昕到契嵩，皆見「曹溪古本」的存在。他又以宇井伯壽（1882～1963）的研究，證明敦煌寫本《壇經》是唐末宋初（960）前後的抄寫本。因此，在敦煌簡本傳抄時，

〔註22〕參閱哈磊：〈古本《壇經》存在的文獻依據〉，成都：《社會科學研究》，2011年第5期，頁129。

〔註23〕釋淨慧的筆名。

〔註24〕見拾文：〈《敦煌寫本壇經》是「最初」的《壇經》嗎？〉，北京：《法音》1982年第2期，頁44。

惠昕同時已經發現了「文繁」的「古本」《壇經》，作為他的理據〔註25〕。

還有，拾文認為「古本」《壇經》曾存在，並且引述南陽慧忠（675～775）當時所見禪宗門下以「南方宗旨」為名，改換《壇經》內容〔註26〕。這改動《壇經》的行為，在六祖惠能逝世約五十年後已經發生，目的是加強「南方宗旨」的地位。這「南方宗旨」是指禪宗的南宗與北宗正統之爭的問題。因此，這證明了惠昕並不是始作俑者，最先改動《壇經》的人〔註27〕，在「惠昕本」出現之前，已經有南宗弟子改動《壇經》來爭正統的位置。

從上而知，我們研究中國禪宗的《壇經》，會遇到很多不同層面問題。竊以為我們先要對禪宗核心思想了解後，再抱著「溫情與敬意」〔註28〕的治史態度，致力整理各版本的《壇經》相關性資料，才可建立可靠的中國禪宗史、中國思想史及中國文化史。

在研究禪宗史來說，《六祖壇經》是一部非常重要的經典。研究《壇經》必先從版本入手，白光的《壇經版本譜系及其思想流變研究》一書，以表列方式，列出現存 22 部《壇經》版本的名稱和字數：

22 部《壇經》經文的正文字數統計表〔註29〕

編號	經代稱	經版字數	首題／品目／夾文／內附錄／尾題	正文字數	備　注
1	法海集記之英博本	11547	47/0/21/0/13	11466	
2	法海集記之敦博本	11608	47/0/17(4)/0/12	11528	
3	法海集記之旅博本	11665	47/0/21/0/12	11585	

〔註25〕參閱拾文：〈《敦煌寫本壇經》是「最初」的《壇經》嗎？〉，北京：《法音》1982 年第 2 期，頁 44。

〔註26〕參閱《景德傳燈錄》第 28 卷，《大正新修大藏經》，第 51 卷，T51，No.2076，日本大正一切經刊行會，1922～1934 年，頁 437 下～438 上。南陽慧忠國師云：「吾比遊方，多見此色近尤盛矣！聚卻三五百眾，目視雲漢云，是南方宗旨，把他《壇經》改換，添揉鄙談，消除聖意，惑亂後徒，豈成言教？苦哉！吾宗喪矣！」

〔註27〕參閱拾文：〈《敦煌寫本壇經》是「最初」的《壇經》嗎？〉，北京：《法音》1982 年第 2 期，頁 44～45。

〔註28〕見錢穆：《國史大綱》上冊扉頁，《錢賓四先生全集》（27），臺北：經緯出版社，1998 年，頁 19。

〔註29〕見白光：《壇經版本譜系及其思想流變研究》，北京：宗教文化出版社，2013 年，頁 2～3。

4	惠昕所述之天寧寺本	13319	24/177/70(128)/18	12902	缺部分偈句
5	惠昕所述之大乘寺本	13074	23/178/80(128)/24	12641	缺部分偈句
6	惠昕所述之真福寺本	13489	30/198/201/12	13048	
7	惠昕所述之興聖寺本	13858	12/181/46(208)/12	13399	
8	惠昕所述之寬永本	13856	12/181/46(208)/12	13397	
9	正統本	19767	13/51/270(-11)/8	19436	夾文多
10	王起隆刻本	20134	12/51/148(115+43)/355/0	19420	無尾題
11	韓國德異本 1	19768	13/51/244(29)/8	19423	
12	韓國德異本 2	19770	13/51/245(29)/9	19423	
13	德清本	20221	18/44/185(192)/355+191/9	19227	多附錄
14	真樸本	19678	24/44/185(192)/8	19225	
15	南京金刻本	20136	18/44/283(192)/355/4	19240	
16	恒照本	20340	8/35/262(23)/355/0	19457	無尾題
17	徑山本	19970	25/35/404(23)/9	19454	
18	鼓山本	20292	25/35/371(23)/355/9	19454	
19	南藏淨戒本	9958	43/0/0(81)/0/8	9826	只有講法授戒
20	明代北藏本	9927	14/0/0(81)/0/8	9824	只有講法授戒
21	房山石刻本	9957	42/0/0(81)/0/8	9826	只有講法授戒
22	清代龍藏本	9927	14/0/0(81)/0/8	9824	只有講法授戒

注：據研究，19 至 22 四部版本為淨戒本為之流傳，是以宗寶本為底本並參以德異本而作成之短本〔註30〕。

　　上表的分類，可分為「法海集記系列」、「惠昕所系列」及「契嵩校勘系

〔註30〕參閱白光：《壇經版本譜系及其思想流變研究》，北京：宗教文化出版社，2013
　　　　年，頁3。白光云：「短本是指『南藏淨戒本』、『明代北藏本』、『房山石刻本』、
　　　　『清代龍藏本』的只講法授戒的內容的經文，與其他版本比較之下，為之短
　　　　本。」

列」〔註31〕。「法海集記系列」即是「敦煌寫本」《六祖壇經》，此系列包括了五個同源異抄的《壇經》，分別是「敦煌本」（即斯坦因本）、「旅順本」、「北圖殘本」、「敦博本」、「北圖本」。本論文以「敦煌本」《壇經》作為定位來研究禪宗思想史。值得注意，此表與白光《壇經版本譜系及其思想流變研究》第一章中的「敦博本」與「英博本」及「旅博本」在前後所列的出現的字數亦出現不同〔註32〕。在此書的頁 2～3 的表中，敦博本的字數為 11608；又如英博本為 11547；及旅博本為 11665，但在頁 18 及頁 29 則分別為 11672；11619及 11729 的字數，明顯在字數上未能統一作為參照。須說明的是，很多學者以細密工夫，一字一字在各版本作比較，也會出現如以上錯誤的情況。

因此，以《壇經》作比較研究時，不時遇到不同學者在研究《壇經》各對字數有不同的解說及考證。就算是同一研究者，即使花了不少心血與時間，字數考證仍會出現不同的結果，這說明了在研究《壇經》各版本的困難及限度。

除了「敦煌本」外，還有不少現存的其他版本《六祖壇經》。由於篇幅有限，只能選定與本論文有直接相關的版本，現將它們大約的成書時間，分列如下：

（1）敦煌本：成書於唐代六祖惠能去世後，約 713 至 801 年間，一卷不分段落，為現存《六祖壇經》最古的版本。

（2）惠昕本：成書宋太祖乾德五年（967），分上下兩卷十一門。

（3）契嵩本：成書宋仁宗至和三年（1056），分成三卷，未分門。（已佚）

（4）德異本：為契嵩本的再刊本，再刊印於元朝至元二十七年（1290），一卷十門。

〔註31〕參閱白光：《壇經版本譜系及其思想流變研究·導言》，北京：宗教文化出版社，2013 年，頁 13～14。白光云：「為進一步推動和深化對《壇經》的研究……首先根據經文字數將搜集到的 22 部《壇經》分為三類：一卷本法海集記系列，二卷本惠昕所述系列，三卷本契嵩校勘系列。同時，將這三類《壇經》分別對應惠能南宗發展的三個重要階段：法海集記《壇經》對應惠能南宗的早期發展，即以神會系、無住系及法海至悟真為代表將惠能南宗豎立為「頓教法」的時期；惠昕所述《壇經》對應南宗的中期發展，即以馬祖系、石頭系及神會至宗密為代表將惠能南宗轉化為「見性法」的時期；契嵩校勘《壇經》對應惠能南宗的後期發展，即以延壽系及契嵩系為代表推動惠能南宗進一步加強「禪教融合」（或「三教融合」）的時期。」

〔註32〕參閱白光：《壇經版本譜系及其思想流變研究》，北京：宗教文化出版社，2013年，頁 18 及頁 29。

（5）宗寶本：流布本，成書元朝忽必烈至元二十八年（1291），分十品。

（6）曹溪原本：契嵩本的再刊本，刊印於明憲宗成化七年（1471），一卷十門。

綜合觀之，我們從各版本《六祖壇經》對勘中，能整理出《壇經》的系統，但由於不斷有新的版本被發現，學者們不斷更新整理相關新的資料，力求將真實及正確的《壇經》文獻作依據，但單從版本上，我們未能全面了解六祖惠能及禪宗思想的根本所在。如胡適以歷史考據方式，研究禪宗史及《六祖壇經》，他得出的結論是神會編造《六祖壇經》及神會才是禪宗的核心人物，六祖惠能只是神會成為禪宗「七祖」後，被追封為「六祖」。這驚人的結論，似已偏離禪宗思想的發展。我在「研究動機」中提到，錢穆先生〈評胡適與鈴木大拙討論禪〉一文，認為「禪本身之內在演變亦是歷史」，不是形式，其中有內容，有生命，有主體及有個性，因此不能只在歷史中某處來看禪。最後胡適似乎找到自己認為合適的方法來研究禪的歷史，但錢先生卻認為胡氏不了解禪〔註33〕。

因此，我們要了解中國禪宗史的遷變，要確立哪一版本的《六祖壇經》，能安立在這思想史遷變的開端。從「敦煌寫本」、「惠昕本」、「契嵩本」及「宗寶本」中，我的論文選定了以「敦煌本」為研究的開端，原因除了從「敦煌寫本」譜系親疏的結論中，「敦煌本」為現存最先的版本，最重要是保留了六祖惠能思想的原貌。這思想原貌就是大乘佛教的核心及宗趣，就是「體用」，亦即是「心性」，在中國思想中稱為「心性之學」〔註34〕。在〈「體用」：從佛學判教到經學義理〉一文中，鄧國光先生認為「經過佛法的洗禮，體用的觀念成為銷解一切存有的利器」〔註35〕。就正是佛家「即體即用」的「般若智」來破一切相的意思。鄧先生又引述湯用彤的見解，使本論文以「體用」說作為入路，梳理從各版本中的隱藏着思想理路，建立了理論根據。鄧先生所引述的見解如下：

> 湯用彤先生云：魏晉以訖南北朝，中華學術異說繁興，爭論雜出，

〔註33〕參閱錢穆：〈評胡適與鈴木大拙討論禪〉，《中國學術思想論叢（四）》，《錢賓四先生全集》（19），臺北：經緯出版社，1998年，頁296～297。

〔註34〕參閱鄧國光：〈「體用」：從佛學判教到經學義理〉，《亞洲禪學研討會論文集》，香港：中國文化研究院，2013年，頁407～416。

〔註35〕參閱鄧國光：〈「體用」：從佛學判教到經學義理〉，《亞洲禪學研討會論文集》，香港：中國文化研究院，2013年，頁407～416。

其表面上雖非常複雜，但其所爭論不離體用觀念。〔註36〕

從魏晉至南北朝期間，在中國學術思想上的爭論，各有理據，從事相上看來，顯得非常複雜，但湯氏指出這些爭論，其實是「體用」的觀念出現分歧而導致紛爭。這正好套用在中國禪宗史的邅變及《六祖壇經》中各版本的出現與南北紛爭，都是源於體悟「體用」觀念的程度。

二、六祖惠能生平

關於六祖惠能的生平，「敦煌本」《六祖壇經》的記載不甚詳盡。經文中只提及他是「新州百姓」，小時喪父，與母相依為命及以賣柴為生〔註37〕。在一機緣之下，得聞《金剛經》後有所領悟，便辭母向禪宗五祖弘忍（602～675）求法。惠能得見弘忍後，被安排到磨房工作，八個月後，五祖弘忍出題目，要求門下各弟子各呈心偈，五祖弘忍讀到惠能的心偈後，便密傳祖位給惠能。惠能繼承衣缽後，為了保存性命，即時辭別弘忍而南遁。直至機緣成熟，才正式開壇說法，接引學人。他的說法內容，最初由門下法海受命記錄下來，成為《南宗頓教最上大乘摩訶般若波羅蜜經六祖惠能大師於韶州大梵寺施法壇經》，簡稱《六祖壇經》。這些記錄，都能見於「敦煌本」內，還有一些的事蹟，如「隱居十六年」、「與印宗論《涅槃經》」、「風幡之論」、「在印宗處出家」、「詔請入京」、「與使臣論法」、「遺體安葬曹溪」等，可見於其他版本的《六祖壇經》，及在王維的《能禪師碑》〔註38〕、《歷代法寶記》（774年後）〔註39〕、《曹溪大師別傳》（781年）〔註40〕、〈六祖大師緣起外記〉（780～800

〔註36〕 參閱鄧國光：〈「體用」：從佛學判教到經學義理〉，《亞洲禪學研討會論文集》，香港：中國文化研究院，2013年，頁407～416。按：湯用彤：《漢魏兩晉南北朝佛教史》，上海：上海書店，1991年，頁333。

〔註37〕 參閱《南宗頓教最上大乘摩訶般若波羅蜜經六祖惠能大師於韶州大梵寺施法壇經》，《大正新修大藏經》，第48卷，T48，NO.2007，日本大正一切經刊行會，1922～1934年，頁337上。經文云：「能大師言，善知識淨心念摩訶般若波羅蜜法。大師不語自淨其心。良久乃言，善知識淨聽，惠能慈父，本官范陽，左降遷流南新州百姓。惠能幼小，父小早亡。老母孤遺移來海。艱辛貧乏，於市賣柴。」

〔註38〕 參閱〔唐〕王維撰、陳鐵民校注《王維集校注·能禪師碑并序》，第三冊，北京：中華書局，1997年，頁807～844。

〔註39〕 參閱《歷代法寶記》，《大正新修大藏經》，第51卷，T51，NO.2075，日本大正一切經刊行會，1922～1934年，頁182中至184中。

〔註40〕 參閱《曹溪大師別傳》，《卍續藏》（X），第86冊，NO.1598，http://tripitaka.cbeta.org/ko/X86n1598_001。

年）〔註41〕、柳宗元的〈曹溪大鑒禪師碑〉（815 年）〔註42〕、劉禹錫的〈大鑒禪師第二碑〉（815 年）〔註43〕、宗密的《圓覺經大疏鈔》（823 年）〔註44〕等亦分別記錄了〔註45〕。

惠能的一生與禪宗的發展存在著重要的關係，他的重要思想部分被弟子記錄在「敦煌本」《六祖壇經》。錢穆先生說：

> 余嘗謂唐代禪宗，實佛教出世思想之反動，乃東土之宗教革命。六祖乃佛門中之馬丁路德，《壇經》則其宗教革命之宣言書也。〔註46〕

在中國佛教史來說，唐代大盛的禪宗，錢先生說是「佛教出世思想之反動」，並認為是「東土之宗教革命」。這裡說明佛教本以出世思想為宗旨，但禪宗卻以入世思想來接引學人，在教義來說是一種革新思想。至於六祖惠能，錢先生視他為「佛門中之馬丁路德」，這位馬丁路德（Martin Luther，1483～1546）是西方在十六世紀發動宗教改革的倡導者，亦即表示六祖惠能在佛教的角色，亦具改革的使命。錢先生認為六祖惠能的《壇經》，是一本「宗教革命之宣言書」。可見《壇經》在中國佛教史及禪宗史的重要性。

對六祖的看法，胡適與錢先生的意見相反。胡適在《神會和尚遺集》的〈神會與《六祖壇經》〉中，他說：

> 神會費了畢生精力，打倒了北宗，建立了南宗為禪門正統，居然成了第七祖。……在《景德傳燈錄》等書裏，神會只佔一個極不重要的地位。他的歷史和著述，埋沒在敦煌石室裏，一千多年中，幾乎沒有人知神會在禪宗史上的地位。歷史上最不公平的事，莫有過於此事的了。然而神會的影響始終還是最偉大的……因為後世所奉為

〔註41〕 參閱〈六祖大師緣起外記〉，《大正新修大藏經》，第 48 卷，T48，NO.2008，日本大正一切經刊行會，1922～1934 年，頁 362 中～363 中。

〔註42〕 參閱〈曹溪大鑒禪師碑〉，《大正新修大藏經》，第 48 卷，T48，NO.2008，日本大正一切經刊行會，1922～1934 年，頁 363 中。

〔註43〕 參閱〈大鑒禪師第二碑〉，《大正新修大藏經》，第 48 卷，T48，NO.2008，日本大正一切經刊行會，1922～1934 年，頁 364 中。

〔註44〕 參閱《圓覺經大疏釋義鈔》，《卍續藏》（X），第 9 冊，NO.0245，http://tripitaka.cbeta.org/X09n0245。

〔註45〕 參閱哈磊：〈古本《壇經》存在的文獻依據〉，成都：《社會科學研究》，2011 年第 5 期，頁 132。

〔註46〕 見錢穆：〈再論禪宗與理學〉，《中國學術思想史論叢（四）》，《錢賓四先生全集》（19），臺北：聯經出版社，1998 年，頁 232。

禪宗唯一經典的《六祖壇經》，便是神會的傑作。〔註47〕

胡適認為神會為禪宗爭取了正統位置後，被稱為「七祖」。他在禪宗的地位非常重要，但在禪宗的其他典籍如《景德傳燈錄》並沒有強調神會的重要性。胡氏更認為神會的影響力是最大的，原因是《六祖壇經》是「神會的傑作」。胡氏在《胡適口述自傳》中，具體簡述了「惠能」在禪宗的地位及影響力。他說：

> 自從這位不識字的和尚接得了衣鉢，其後禪宗中的五大支都出自此門……這是中國佛教史上傳統的說法。……在六祖慧能以後，中國各門禪宗都是從「六祖」這一宗傳下去的。這也就是一篇禪宗簡史。〔註48〕

胡氏先以「不識字的和尚」來形容惠能繼承「六祖」之位，以惠能下開禪宗的「五家七宗」，這是「中國佛教史上傳統的說法」，及六祖以後，禪宗的發展，亦是從「六祖」這裡開始，這說法亦是「一篇禪宗簡史」。胡氏的措詞，是有質疑成分的。他又說：

> 慧能——如實有其人的話——顯然也不過是僅僅知名一方的一位區域性的和尚，在當地傳授一種簡化佛教，他影響也只限於當時廣東北部韶州一帶。他的教義北傳實是神會一個人把他宣揚起來的。……最後才把這位南方文盲和尚的教傳入中原！〔註49〕

胡氏懷疑惠能的存在，認為「如實有其人的話」，也「僅僅知名一方的一位區域性的和尚」、「他影響也只限於當時廣東北部韶州一帶」。胡氏先有主觀的立場質疑惠能在禪宗的地位，從中不難了解，他為何日後在敦煌文獻中找到關於神會的資料，會作出推翻禪宗傳統的說法，而認為「六祖惠能」的地位是因為神會「戰勝北派而受為『七祖』，並把他的師傅也連帶升為『六祖』」〔註50〕。這些看法是否恰當，正是展開研究禪宗思想史的開端。

與胡適以「地區性」思路相近，姜伯勤在《石濂大汕與澳門禪史》一書中，指出研究嶺南文化時，「敦煌本」《六祖壇經》既是敦煌文獻，同時也是廣東文獻的觀點，但對「六祖惠能」及《六祖壇經》的評價截然不同。姜氏引述潘重規先生的看法，認為「敦煌本」《壇經》由惠能門下的廣東弟子所記

〔註47〕見胡適：《神會和尚遺集／胡適校敦煌唐寫本》，臺北：胡適紀念館，1970年，頁73～74。

〔註48〕見唐德剛譯：《胡適口述自傳》，北京：華文出版社，1992年，頁237～238。

〔註49〕見唐德剛譯：《胡適口述自傳》，北京：華文出版社，1992年，頁238。

〔註50〕參閱唐德剛譯：《胡適口述自傳》，北京：華文出版社，1992年，頁240。

集。這顯示「六祖惠能」的存在,並且六祖惠能弟子一直視惠能為禪宗的第六祖,而此地位應該早於胡適所說的神會成為「七祖」之前,所以胡適說神會「戰勝北派而受為『七祖』,並把他的師傅也連帶升為『六祖』」的說法是不成立的。還有姜氏再引述潘先生之說,認為廣東人對惠能具有景仰之心,視惠能為「生佛」、「肉身菩薩」。這種景仰之心,是至誠無妄,是從內發而誠於中,不是外來的榮譽加持來換取的地位。因此,姜氏認為「法海本《壇經》」屬於「敦煌文獻」,亦是當時的一種廣東文獻〔註51〕。這觀點正是中國禪宗根植於中國文化中的原因之一。

姜氏再引述潘說,指出「敦煌本」《壇經》「是一個很質樸」的版本,而且是一部「同門間彼此研習的講義教材」,這裡說明《壇經》的原始功能及相關內容的性質。姜氏認為「敦煌本」《壇經》的流傳超出嶺南區域而擴展至西北的敦煌,證明了廣東沿海文化伸延至內陸,「六祖惠能」的思想成為文化交流的內容及《壇經》成為重要文獻〔註52〕。這些看法,正好與胡適的不同,值得我們留意。至於突破區域性之說,還有蔣宗福〈敦煌本《壇經》相關問題考辨〉一文,他說:

> 如「風幡之辨」不見於敦煌本《壇經》,而見於《曆代法寶記》,該書
> 成于大曆年間(766～799年),略早于敦煌本《壇經》。敦煌本《壇經》
> 足以說明禪宗勢力已遠及河西走廊,中原地區流行的其他版本和說法
> 還不能由此一個版本就作出判斷,認為其版本都是偽造的。〔註53〕

蔣宗福認為「敦煌本」《壇經》中沒有「風動」或「幡動」的故事,但「風幡

〔註51〕 參閱姜伯勤:《石濂大汕與澳門禪史》,上海:學林書局,1999年,頁523。
姜氏云:「1992年在北京房山召開的敦煌吐魯番學討論會上,臺灣著名學者潘
重規教授寄來了《敦煌六祖壇經讀後管見》。潘先生根據敦煌本《壇經》末尾
的一段題記,指出:『根據敦煌本抄者的題記,這番話確是六祖門下的廣東弟
子記集,道漈、悟真等傳抄的壇經原文。廣東人景仰惠能,稱之為「生佛」、
「肉身菩薩」』。這即是說,法海本《壇經》這種敦煌文獻,其實是當時的一
種廣東文獻。」

〔註52〕 參閱姜伯勤:《石濂大汕與澳門禪史》,上海:學林書局,1999年,頁543。
姜氏云:「潘重規先生在《敦煌壇經新書》中說,敦煌所出《壇經》,『是一個
很質樸,很接近原本的早期鈔本』。又謂:『可見早期的寫本壇經,是同門間
彼此研習的講義教材』。敦煌本《壇經》寫本從嶺南一帶流傳到西北的敦煌,
也成為古代沿海內陸文化交流的佳話。」

〔註53〕 見蔣宗福:〈敦煌本《壇經》相關問題考辨〉,《宗教學研究》,成都:四川大
學道教與宗教文化研究所,2007年第4期,頁86。

之辨」記載在《曆代法寶記》中，這證明六祖惠能或禪宗的影響力，已遠至河西走廊地區及中原地區，而不局限於廣東嶺南地區一帶。這見解又不同於胡適的看法。

六祖惠能在中國禪宗的定位，錢先生認為惠能是「佛門中的馬丁路德」，成就了宗教革命，《六祖壇經》就是一本「革命宣言」。潘重規先生則認為「敦煌本」《壇經》是同門互相研習的教材及講義的抄寫本。姜伯勤指出六祖惠能成為廣東民眾的「肉身菩薩」、「生佛」，而《六祖壇經》則成為廣東文獻。蔣宗福則認為唐大曆間在《曆代法寶記》中已經有記載「風幡之辨」，證明《六祖壇經》的影響力遍及河西走廊及中原地區。但胡適則認為六祖惠能只是一名不識字的和尚，影響力亦限於廣東嶺南一帶，神會才是禪宗最重要的人物，神會亦是《六祖壇經》的編造者。我們認識到一本《六祖壇經》包含了不同層次的文化內蘊，更何況有各種版本的《壇經》在不同年代成書、發現的地點，更添上複雜性。從這些具啟發性的研究結論，我們明白要了解《六祖壇經》，必須了解六祖惠能的思想，才能得見禪宗的真面目。

三、六祖惠能思想原貌

六祖惠能的思想，在「敦煌本」《壇經》最能找出他的思想原貌。惠能在初見五祖弘忍，在回應提問時，即以「不求餘物，但求作佛」的「志」，定立人生方向，再以「佛性無南北」表達他對「成佛」的見解。這是他未成為六祖時的思想。

（一）確立「佛性」平等觀

五祖初見惠能時，二人答問，惠能即提出「佛性即無南北」，也就是「佛性」平等觀：

> 弘忍和尚問惠能曰：「汝何方人，來此山禮拜吾，汝今向吾邊，復求何物？」惠能答曰：「弟子是領（嶺）南人，新州百姓。今故遠來禮拜和尚，不求餘物，唯求佛法作。」大師遂責惠能曰：「汝是領（嶺）南人，又是獦獠。若為堪作佛？」惠能答曰：「人即有南北，佛性即無南北；獦獠身與和尚不同，佛性有何差別？」〔註54〕

─────────

〔註54〕 見《南宗頓教最上大乘摩訶般若波羅蜜經六祖惠能大師於韶州大梵寺施法壇經》，《大正新修大藏經》，第48卷，T48，NO.2007，日本大正一切經刊行會，1922～1934年，頁337上及中。

按佛教教義來說，「佛性平等」就是「三因佛性」中的「正因佛性」，是「成佛」的內在根據。以此根據，人人皆有「佛性」，皆能有成佛的機會，不假外求，才是平等。在禪宗來說，五祖弘忍以「獦獠」二字點出世人迷著於外相，而忘失本有佛性，成就了惠能開悟的機會。由於禪宗日後成為中國佛教主流，惠能此說，則變成奠定了「佛性平等」人人皆能成佛的基石。因此，「佛性無南北」是六祖惠能思想的重要內容之一。這思想是建立於「心性」之上，而不於文字。

「敦煌本」《壇經》，保留了六祖思想原貌。惠能初遇五祖弘忍時，不卑不亢地說出「佛性即無南北」之說，其後師命惠能在磨坊工作八個月，惠能未萌去意。受法後承師命一直逃命，後來因緣成熟，設壇弘法，開示的第一句是「教是先性所傳，不是惠能自知」〔註55〕。我們可見六祖惠能稟承禪宗六祖之前或之後，他所表現正是中國文化的核心所在，體現尊師重道的精神及文化「傳承」不忘本的真義。「本」是指我們的「心性」。

（二）惠能兩首「心偈」展現的體用說

在「敦煌本」《壇經》與別的版本最明顯不同之處，就是保留了六祖惠能兩首「心偈」，其他版本則將第二首「心偈」刪去。作「心偈」的原因，在於五祖打算傳位給一名能運用「般若智」來「見性」的弟子，並且以「見性」的心得，用偈語表達出來，作為傳位的準則。現分列「神秀偈」及「惠能偈」如下：

神秀偈曰：「身是菩提樹，心如明鏡臺。時時勤拂拭，莫使有塵埃。」

〔註56〕

惠能偈曰：「菩提本無樹，明鏡亦無臺。佛姓（性）常清淨，何處有塵埃。」〔註57〕

〔註55〕 參閱《南宗頓教最上大乘摩訶般若波羅蜜經六祖惠能大師於韶州大梵寺施法壇經》，《大正新修大藏經》，第48卷，T48，NO.2007，日本大正一切經刊行會，1922～1934年，頁338中。

〔註56〕 見《南宗頓教最上大乘摩訶般若波羅蜜經六祖惠能大師於韶州大梵寺施法壇經》，《大正新修大藏經》，第48卷，T48，NO.2007，日本大正一切經刊行會，1922～1934年，頁337下。

〔註57〕 見《南宗頓教最上大乘摩訶般若波羅蜜經六祖惠能大師於韶州大梵寺施法壇經》，《大正新修大藏經》，第48卷，T48，NO.2007，日本大正一切經刊行會，1922～1934年，頁338上。

又偈曰：「心是菩提樹，身為明鏡臺。明鏡本清淨，何處染塵埃。」
〔註58〕

研究「敦煌本」《壇經》「神秀偈」及「惠能偈」，分別有陳寅恪、霍韜晦、李潤生諸位先生。他們從不同的學術或佛理角度來探討惠能的兩首偈的內涵。

陳寅恪於 1932 年在《清華學報》發表一篇〈禪家六祖傳法偈之分析〉的文章，內容是討論「敦煌本」《六祖壇經》。他說：

> 敦煌本壇經偈文較通行本即後來所修改者，語句拙質，意義重複，尚略存原始形式。至慧能第二偈中「心」「身」二字應須互易，當是傳寫之誤。……茲所欲討論者，即古今讀此傳法偈者眾矣，似皆未甚注意二事：（一）此偈之譬喻不適當。（二）此偈之意義未完備。〔註59〕

陳氏認為「敦煌本」《壇經》中的偈文與流通的「宗寶本」比較，出現「語句拙質」及「意義重複」的情況。惠能的第二首偈中的「心」和「身」二字是抄寫時的錯誤，應該將二字在偈文中的位置互換，這樣才恰當。由於《壇經》流傳甚廣，陳氏因而提醒讀者要注意此偈出現的問題：第一是偈文中的「身」譬喻不適當；第二是此偈文意未完備。其中問題，在譬喻「身」沒有再敘述說明，因此只有「心」的意而沒有「身」的內容描述。

談到偈文的譬喻和意義，陳氏說：

> 何謂譬喻不適當？考印度禪學，其觀身之法……以說明陰蘊俱空，肉體可厭之意。〔註60〕

陳氏指出偈文中的「譬喻」不恰當。他以印度禪學中「觀身」法來看惠能偈中以「身」比喻「陰蘊俱空」的佛理。他又說：

> 何謂意義未完備？……言身則如樹，分析皆空。心則如鏡，光明普照。今偈文關於心之一方面，已將譬喻及其本體作用敘說詳盡，詞

〔註58〕見《南宗頓教最上大乘摩訶般若波羅蜜經六祖惠能大師於韶州大梵寺施法壇經》，《大正新修大藏經》，第 48 卷，T48，NO.2007，日本大正一切經刊行會，1922～1934 年，頁 338 上。

〔註59〕見陳寅恪：〈禪宗六祖傳法偈之分析〉，《陳寅恪集·金明館叢稿二編》，北京：生活·讀書·新知三聯書店，2009 年，頁 187～188。

〔註60〕見陳寅恪：〈禪宗六祖傳法偈之分析〉，《陳寅恪集·金明館叢稿二編》，北京：生活·讀書·新知三聯書店，2009 年，頁 188。

顯而意賅。身之一方面，僅言及譬喻。無論其取譬不倫，……是僅
得文意之一半。此所謂意義不完備者也。〔註61〕

陳氏認為偈文「意義未完備」。在「身」與「心」相對而言，「身」如樹，是
空義。「心」如鏡，具光明性，陳氏認同偈中在「心」的「譬喻及其本體作用
敘說詳盡，詞顯而意賅」。但對於「身」的「譬喻」則是「取譬不倫」，文意
未達，所以陳氏評惠能的第二首偈為「意義不完備」。

　　對於上述看法，不少學者分別作出不同的回應。如李潤生先生在〈神秀
惠能偈頌辨解〉一文中，從「思想依據」方面，認為「神秀偈」與「惠能偈」
是來自不同的思想系統。他說：

　　神秀與惠能思想的差異，亦即是《楞伽經》與《金剛經》思想的差
　　異。《楞伽經》屬如來藏系統，兼明唯識法相，宣說世間萬有皆由心
　　所造，強調心性本淨……故若能透過實踐禪修……徹悟本性。〔註62〕

李先生分析神秀與惠能「心偈」思想的差異，前者的思想來自《楞伽經》而
後者則以《金剛經》為主。《楞伽經》屬如來藏系統，包含唯識宗的萬法由心
造的義理，主張心性清淨。《楞伽經》的義理，通過實踐禪修來覺悟本生的。
李先生又說：

　　惠能所宗的《金剛經》則屬於般若系統……應以「無所住」、「無相」
　　而行於「布施」，乃至以「無所住」而實踐六度萬行……以顯般若「性
　　空幻有」的理趣。〔註63〕

李先生認為「惠能偈」是來自《金剛經》般若系統，在於「性空幻有」的理
趣來開悟。這說明思想入路的不同，偈文就會呈現出不同的內容。

　　對於在「敦煌本」《壇經》中惠能的第二首，李先生認為不是衍文，他分
三點解釋：

　　一、次偈非衍文……「心是菩提樹」這次偈，重點在安立法相以顯
　　用，在文詞上較重於立。……并藉此以糾正神秀偈喻的失當。由此
　　分析，當知惠能前後二偈，各有體用，各有旨趣，不宜妄指後偈為

〔註61〕見陳寅恪：〈禪宗六祖傳法偈之分析〉，《陳寅恪集‧金明館叢稿二編》，北京：
　　　　生活‧讀書‧新知三聯書店，2009 年，頁 190。
〔註62〕見李潤生：〈神秀、惠能偈頌辨解〉，《佛學論文集上冊》，Canada Ontario：加
　　　　拿大安省佛教法相學會，2001 年，頁 73。
〔註63〕見李潤生：〈神秀、惠能偈頌辨解〉，《佛學論文集上冊》，Canada Ontario：加
　　　　拿大安省佛教法相學會，2001 年，頁 74。

前偈的「衍文」。〔註64〕

李先生指出惠能的「心是菩提樹」這次偈是以相顯用，並藉此糾正神秀偈的比喻失當。首偈各有體用及旨趣，互相呼應，不是衍文。

> 二、非神秀偈文的重複：……就形式上言，神秀與惠能俱用「暗喻語句」，但依內容而說，則兩相異趣……在形式言，「心如明鏡臺」「喻」；而「身為明鏡臺」則是「暗喻」。在內容言，前者的主體是「識心」，後者的主體卻是「色身」。〔註65〕

李先生認為惠能的次偈，以「心」與「身」作「暗喻」，在形式及內容二方面糾正神秀的失誤，所以次偈不是衍文。

> 三、不違惠能思想：……至於「心是菩提樹，身為明鏡臺」亦不與惠能思想有所相違。何則？二句之中雖然提及「身」與「心」「明鏡臺」與「菩提樹」等等名相……以糾正神秀的用詞與思想之失……。〔註66〕

李先生說明惠能的次偈不是衍文的理由，因為這偈「不違惠能思想」，二偈互相呼應，含意各異，他是順應神秀偈文內容作相對的回應並糾正其失誤。李先生的意見與陳寅恪的看法完全不同，並且在惠能次偈不是衍文回應了郭朋的看法〔註67〕。

還有霍韜晦在《六祖壇經》一書中，對敦煌本《六祖壇經》惠能兩首偈的意見如下：

〔註64〕見李潤生：〈神秀、惠能偈頌辨解〉，《佛學論文集上冊》，Canada Ontario：加拿大安省佛教法相學會，2001年，頁84～85。

〔註65〕見李潤生：〈神秀、惠能偈頌辨解〉，《佛學論文集上冊》，Canada Ontario：加拿大安省佛教法相學會，2001年，頁85～86。

〔註66〕見李潤生：〈神秀、惠能偈頌辨解〉，《佛學論文集上冊》，Canada Ontario：加拿大安省佛教法相學會，2001年，頁88～89。

〔註67〕參閱李潤生：〈神秀、惠能偈頌辨解〉，《佛學論文集上冊》，Canada Ontario：加拿大安省佛教法相學會，2001年，頁84。李先生云：「『心是菩提樹，身為明鏡臺，明鏡本清淨，何處染塵埃』那次頌的操作，不過學者多疑此偈為前偈的『衍文』如國內禪宗學者郭朋，在其所撰著的《壇經導讀》及《壇經校釋》中，都有註文加以評論言：『心是菩提樹……何處染塵埃』這一偈頌，當屬衍文，尤其是前兩句，當異是重複神秀的話，更非惠能思想。』愚見以為郭朋先生在沒有對慧能與神秀彼二偈作審細分析前，便輕率地作出這個案語，實在不敢苟同。我們不妨分三小節來加考察：其一、次偈是否為前偈的衍文？其二、次偈的前二句是否重複了神秀的話？其三、前二句是否非慧能思想？」

近代學者陳寅恪依據文獻考據，認為第二首中的「心」、「身」字易
置，乃抄寫之誤……但依我看，真正的理由是在義理上，也許要回
到禪宗的立場纔可以找到根據。……禪師教學，不能只看其表面，
由此看來，惠能故意把「身」「心」二字倒轉，故意顛倒其義，示意
神秀大師不必著於身心之相，亦非全不可能。〔註68〕

霍氏不完全反對陳氏對惠能第二首偈的看法，「心」「身」二字易置出現，有
可能是抄寫之誤。他提出要以禪宗立場來看此偈，要看當中含意，不能抹殺
故意顛倒此二字的可能性。霍氏又說：

無論從義理上看抑或從和詩的脈絡上看，敦煌本中這二首偈頌的次
序都應該倒置，即「心是菩提樹」應為第一首，而「菩提本無樹」
則應為第二首，纔符合思路。〔註69〕

霍氏認為從義理上或偈文脈絡，第一首應為「心是菩提樹」，而第二首為「菩
提本無樹」，把它們的次序更換，才符合思路。

另外，有人在〈《壇經》神秀偈〉一文中，既討論了神秀偈的措詞，又
認為惠能的「心偈」，從「敦煌本」到「宗寶本」《壇經》經過禪宗的弟子整
理後，「文句通暢」，「文意趨向也完備」，這觀點是從文學修辭來看，可備參
考〔註70〕。

還有其他學者〔註71〕對「神秀偈」與「惠能偈」亦各有不同的見解及分
析，也值得參考。綜觀各學者皆以不同的義理解讀「敦煌本」《壇經》這三首
偈，各有理據。按「心性」入路來分析，我認為惠能的第二首「見性偈」不
是多餘的，而且次序也不顛倒。現解說如下：

〔註68〕見霍韜晦講（袁尚華記錄）：《六祖壇經》，香港：法住出版社，2003 年，頁
90～91。

〔註69〕見霍韜晦講（袁尚華記錄）：《六祖壇經》，香港：法住出版社，2003 年，頁
92。

〔註70〕參閱劉楚華：〈《壇經》神秀偈〉，《六祖慧能思想研究——「慧能與嶺南文化」
國際研討會論文集》，廣州：學術研究雜志社，1997 年，頁 374～375。

〔註71〕參閱田光烈：〈禪宗六祖得法偈之我見〉，北京：《法音》，1990 年 8 月，頁 6
～12＋46 及 1990 年 9 月，頁 10～19。參閱王聲憶：〈神秀慧能呈心偈解析—
—論禪宗史上壇經兩個傳承系統的可能性〉，瀋陽：《理論界》2011 年，第 1
期，頁 135～141。參閱簡德彬：〈釋南禪三偈〉，長春：《社會科學戰線》，1997
年 5 月，頁 128～133 及〈南禪三偈再釋〉，長沙：《船山學刊》，2000 年 4 月，
頁 101～107。參閱李志軍：〈「慧能偈」與「神秀偈」〉，信陽：信陽師範學院
學報（哲學社會科學版），第 28 卷第 1 期，2008 年 2 月，頁 59～63。

「神秀偈」與「惠能兩首偈」

神秀偈	惠能第一首偈	惠能第二首偈
身是菩提樹	菩提本無樹	心是菩提樹
心如明鏡臺	明鏡亦無臺	身是明鏡臺
時時勤拂拭	佛姓（性）常清淨	明鏡本清淨
莫使有塵埃	何處有塵埃	何處染塵埃

相用	體	體用

　　此表分別顯示「神秀偈」及「惠能兩首偈」的內容。神秀未見性，所呈的偈只表達出「相用」。因此，五祖弘忍說神秀「只到門前，尚未得入」〔註72〕。至於惠能的第一首偈是呈現以「般若」見性後的境界，惠能所見佛性的內容是「常清淨」，亦是「體」，這正是直接回應五祖所出的題目。至於「惠能第二首」則包含「體用」的內容，透出神秀偈「只到門前」的原因。五祖弘忍給弟子出題，目的只為找一位有傳承「見性之法」的繼承者，動機簡單直接；至於答題者的表現，只是各呈所悟的境界而已。惠能在呈兩首心偈的過程中，第一首偈回應五祖弘忍的問題；第二首回應神秀的失誤，態度誠摯、恭敬，本性全顯，德行益彰，證明惠能當時般若智呈現而自見清淨本性。這正是保留惠能思想的原貌所在，從體悟「心性」而顯「體用」關係，是「敦煌本」《壇經》重要資料之一。

　　禪宗思想依據「如來藏自性清淨心」，六祖惠能思想不離「體用」關係，「體用」即是「心性」，亦是中國文化中，所謂「心性之學」。禪宗能根植於中國文化之中，在於它的思想不離「心性」，以「心性」打破宗教框架，直接與文化融合，具創造性。因此，錢穆先生說：

> 佛教是中國文化大流裏面很重要的一派。中國因環境關係，文化自創自造，很少與其他民族之異文化接觸。只有佛教，惟一的自外傳入，經過中國人一番調和融化，成為此後中國文化裏一主潮。〔註73〕

〔註72〕參閱〈南宗頓教最上大乘摩訶般若波羅蜜經六祖惠能大師於韶州大梵寺施法壇經〉，《大正新修大藏經》，第48卷，T48，NO.2007，日本大正一切經刊行會，1922～1934年，頁337下。

〔註73〕見錢穆：〈佛教之傳入與道佛之爭〉，《中國學術思想史論叢（三）》，《錢賓四先生全集》（19），臺北：聯經出版社，1998年，頁359。

錢先生認為佛教從印度傳入中國後，最終成為中國文化裡重要的一派。中國文化的特質在於「自創自造」，很少與外來的文化相互接觸。佛教是惟一「自外傳入」的異族文化，經過與中國文化調和融化後，成為中國文化一主潮。中國文化的「自創自造」，根源來自「心性」，禪宗亦是如此。

（三）「定惠體一」相即圓融的心性說

《大正新修大藏經》載：

> 善知識，我此法門，以定惠為本第一。勿迷言惠定別，定惠體一不二。即定是惠體，即惠是定用。即惠之時定在惠，即定之時惠在定。善知識，此義即是惠等。學道之人作意，莫言先定發惠。先惠發定，定惠各別。作此見者，法有二相，口說善心不善，惠定不等。心口俱善，內外一眾種，定惠即等。自悟修行不在口諍，若諍先後，即是人不斷勝負，卻生法我不離四相。〔註74〕

六祖惠能以「定惠為本」作為禪宗「法門」，這「本」是指「定惠」及「心性」。「定惠體一不二」是說明「佛性」是「不二之法」，亦是「不二法門」。體悟這道理後，就能明白「即定是惠體，即惠是定用」的「體用」關係。「即惠之時定在惠。即定之時惠在定」，就是僧肇所說的「即體即用」〔註75〕。所以惠能提醒學人，在迷時會以為「定」與「惠」是分別的；或以為先「定」發「惠」，又或以為先「惠」後「定」。有此誤解，即出現對立的「二相」，會出現如「口說善」但「心不善」的行為。相反地，「口說善心善」就是「即定即惠」，「即體即用」，「即心即佛」悟的境。在悟時，不會出現「口諍」的現象，也不會爭一虛位的先後次序，以虛的人與事來判斷自己的存在價值。人生的價值建立在自主的「心性」上，而不被困於「人相」、「我相」、「眾生相」及「壽者相」的「四相」中，而不自知。

由此而知，惠能以「心性」建立「佛性平等觀」；又以呈「心偈」來顯「即體即用」；再用「定惠體一不二」來指出內在的「心性」，如何在生命現

〔註74〕見〈南宗頓教最上大乘摩訶般若波羅蜜經六祖惠能大師於韶州大梵寺施法壇經〉，《大正新修大藏經》，第 48 卷，T48，NO.2007，日本大正一切經刊行會，1922～1934 年，頁 338 中。

〔註75〕參閱鄧國光：〈「體用」：從佛學判教到經學義理〉，《亞洲禪學研討會論文集》，香港：中國文化研究院，2013 年，頁 407～416。又參閱湯用彤：《漢魏兩晉南北朝佛教史》，上海：上海書店，1991 年，頁 333。湯用彤在「僧肇之學」中云：「肇公之學說，一言以蔽之曰：『即體即用』。」

象中呈現「迷」與「悟」的境界，顯示「體用」關係。最後，六祖惠能以「禪機」開示學人如何運用「心性」，與學人「以心印心」的活動教學，都記錄在「敦煌本」《六祖壇經》中，這是禪宗的重要資料，亦是本文認為是重點的所在。

（四）立「無念為宗、無相為體、無住為本」的「無執」實踐論

《大正新修大藏經》載：

> 善知識，我自法門，從上已來，頓漸皆立，無念、無宗、無相、無體、無住、無、為本。何明為相？無相（者），於相而離相。無念者，於念而不念。無住者，為人本性。念念不住，前念、念念、後念，念念相續，無有斷絕。若一念斷絕，法身即是離色身。念念時中，於一切法上無住。一念若住，念念即住，名繫縛。於一切法上，念念不住，即無縛也。以無住為本。善知識，外離一切相是無相。但能離相，性體清淨是。是以無相為體。於一切鏡上不染名為無念。於自念上離鏡。不於法上念生。莫百物不思。念盡除卻。一念斷即無，別處受生。……
>
> 是以立無念為宗。……然此教門立無念為宗，世人離見不起於念。若無有念，無念亦不立。無者無何事。念者（念）何物？無者，離二相諸塵勞。真如是念之體。念是真如之用。姓（性）起念，雖即見聞覺之不染萬鏡而常自在。〔註76〕

六祖惠能以「無念為宗」、「無相為體」、「無住為本」的「無執」修行方向，這工夫全在於「心性」上，不假外求，直了成佛。「無念」的工夫是在於「於念而不念」。這「念」之所以「念而不念」就是在於心念活動不住「於一切境上」，而「不染」就是「無念」。牟宗三先生認為是境界語，工夫語，而不是存有論上的「有」與「無」的概念〔註77〕。牟先生更說明「無念」與「無住」

〔註76〕參閱〈南宗頓教最上大乘摩訶般若波羅蜜經六祖惠能大師於韶州大梵寺施法壇經〉，《大正新修大藏經》，第48卷，T48，NO.2007，日本大正一切經刊行會，1922～1934年，頁338下。

〔註77〕參閱牟宗三：《佛性與般若》下冊，臺北：臺灣學生書局，2004年，頁1063～1064。牟先生云：「此說『無念』是境界語，工夫語，不是存有論上的有無語。無念不是說『百物不思，念盡除卻』。故存有論地說，仍是有念，有思想，不斷念，不斷百思想。若是存有論地『念盡除卻』，這並不是清淨解脫，乃是斷見，邪見。『一念絕即死，別處受生』。此仍在生死中，云何得解脫？是以

的關係，在於後者實現前者為主〔註78〕。「無相」就是「於相而離相」。如何可以「離相」而「無相」呢？「外離一切相」就是「無相」。由此而知，「相」在「外」而不在「內」，「無相」在「內」而不在「外」的一種境界，就是「無相」。這實踐修行「頓悟成佛」的方法，明顯地在「內」而不在「外」。「外離一切相」的「外離」就是「念」不住於「外境」之上，而相不生起，這就是「無相」。「無住」就是「為人本性」。「為人本性」的「本性」就是自性。「念念不住，前念、念（今）念、後念，念念相續，無有斷絕。」自性中的「前念」、「今念」及「後念」的心念不斷地活動，這「念念」保持「相續無有斷絕」為「念念不住」，就是自性的如如狀態，名之為「無住」。

六祖惠能將所有實踐修行的工夫，全歸於「心性」上，即是在「念」上，將「體用」在「三無」的「無執」的實踐觀中開展。

（五）立「有情佛種」論

「敦煌本」的〈真假動淨偈〉中，提出了「有情」即「有性」才有「佛種」的義理。偈云：

> 一切無有真，不以見於真。
> 若見衣（依）真者，是見盡非真。
> 若能自有真，離假即心真。
> 自心不離假，無真何處真？
> 有性即解動，無性即不動。
> 若修不動行，同無情不動。
> 若見真不動，動上有不動，
> 不動是不動，無情無佛眾（種）。
> 能善分別相，第一義不動。

真無念者，仍是于念而無念。『于念』是存有論地有念也。『而無念』者，是工夫上的無執無著也。即所謂『于諸境上心不染』也，『于自念上常離諸境，不于境上生心』也。『不于境上生心』即是不于色上生心，不于聲香味觸法上生心，而是『無所住而生其心』，『以不住法住般若』。『無所住』即是無念。『而生其心』即是原初所不斷之百思想根本無所有，不可得，而被轉化，轉化而為般若清淨心。念佛而于佛境上生心，即是有所住。有所住即非佛。念佛而不住于佛境，即是無念，即是佛。凡百思想皆是如此。……」

〔註78〕 參閱牟宗三：《佛性與般若》下冊，臺北：臺灣學生書局，2004 年，頁 1064。牟先生云：「無念是宗旨，無住是所以實現此無念者。案敦煌本《壇經》說無住與此所說字面上有相違處，語意亦模稜。解說無念處亦有不同。」

若悟作此見，則是真如用。〔註79〕

「有性」才有「體」，有「體」才有「真如用」。原因在於「有性即解動」，「動」上有「真不動」，就是「本性」上「無可動搖」的本質。這不同於「假不動」，這「假」是「無情不動」、「不動是不動」，稱為「無情無佛種」。這與「第一義不動」的「真不動」相對而稱為「有情有佛種」是不同的。因此，六祖惠能開示學人，要懂這些在「真」、「假」、「動」、「淨」中的分別相，見「體用」關係中的真意。

這「有情有佛種」與「無情有性」成為佛教義理的不同取向。六祖惠能的「有情有佛種」是「主體性」的一種醒覺。姜伯勤說：

> 與「無情有性」論相反，這反映了南宗禪發展中的一個階段性特徵。
> 如果說「無情有論」……是一種帶有泛神論色彩的思想，那麼，較
> 早出現的慧能「有情有性」論，所反映的則是對人的早期醒覺。敦
> 煌本《壇經》別強調「自性」，也反映了人類對自己、對個性的早期
> 覺醒，因而具有早期的人文色彩。〔註80〕

「自性」的「體用」所涉及「有情」、「有性」的「真不動」與「真如用」，是「主體性」對於「自己」、「個性」存在的覺醒，這「早期」的覺醒相對晚出的「無情有性論」而言，存在着中國民族思想的發展，而說「具有早期的人文色彩」。

（六）禪宗「教外別傳」「直指人心」的教學法

禪宗的「教外別傳」「直指人心」的教學法，六祖惠能付囑弟子以「三科」及「三十六對法」來接引學人，這些都是破學人迷執的手法，目的是「直指人心，見性成佛」。在「敦煌本」《六祖壇經》的經文，保存著禪宗六祖惠能的「以心印心」的開示方法，多被人所忽視，反說六祖惠能文化水平低或「敦煌本」《六祖壇經》文字錯漏多，是「惡本」的評價。禪宗的「禪機」是指「一機」之中的「一機」，看禪師與學人之間的對答與互動來成就學人「明心見性」。現以經文中的六祖惠能與學僧志誠的「說了即不是」禪機，說明被刪除

〔註79〕見《南宗頓教最上大乘摩訶般若波羅蜜經六祖惠能大師於韶州大梵寺施法壇
經》，《大正新修大藏經》，第 48 卷，T48，NO.2007，日本大正一切經刊行會，
1922～1934 年，頁 343 下及 344 上。

〔註80〕見姜伯勤：〈敦煌本《壇經》所見慧能在新州的說法〉，《六祖慧能思想研究
——「慧能與嶺南文化」國際研討會論文集》，廣州，學術研究雜志社，1997
年，頁 259。

部分，其實是遮蔽了千多年來「禪機」的精粹所在：

1. 六祖惠能與利根人志誠——「說了即不是」禪機

《大正新修大藏經》載：

> 神秀師常見人說，惠能法疾，直旨（指）路。秀師遂換（喚）門人
> 僧志誠曰：「汝聰明多智。汝與吾至漕溪山，到惠能所禮拜，但聽莫
> 言吾使汝來，所聽得意旨記取，卻來與吾說。看惠能見解，與吾誰
> 疾遲。汝弟一早來，勿令吾怪。」
>
> 志誠奉使歡喜，遂半月中間，即至漕溪山，見惠能和尚禮拜，即聽
> 不言來處。
>
> 志誠聞法，言下便悟，即契本心。起立，即禮拜自言：「和尚，弟子
> 從玉泉寺來，秀師處不德意（得）契悟。聞和尚說，便契本心。和
> 尚慈悲願當散（教）示。」
>
> 惠能大師曰：「汝從被（彼）來，應是紬（細）作。」
>
> 志誠曰：「未說時即是，說乃了即（不）是。」
>
> 六祖言：「煩惱即是菩提，亦復如是。」〔註81〕

志誠對應六祖惠能

邏輯符號	邏輯內容	經文內容
（1）「X」	「奸細」	汝從彼來，應是細作。
（2）非「X」	非「奸細」	
（3）亦「X」亦非「X」	亦「奸細」亦非「奸細」	未說時即是，說乃了（不）是
（4）非「X」非非「X」	非「奸細」非非「奸細」	

六祖惠能回應志誠

邏輯符號	邏輯內容	經文內容
（1）「X」	「煩惱」	
（2）非「X」	「菩提」	
（3）亦「X」亦非「X」	亦「煩惱」亦「菩提」	煩惱即是菩提，亦復如是。
（4）非「X」非非「X」	非「煩惱」非「菩提」	

〔註81〕見《南宗頓教最上大乘摩訶般若波羅蜜經六祖惠能大師於韶州大梵寺施法壇
經》，《大正新修大藏經》，第 48 卷，T48，NO.2007，日本大正一切經刊行會，
1922～1934 年，頁 342 中。

　　由於流通本已將此禪機改動，刪減了六祖惠能回應志誠的重要話語，就是「煩惱即是菩提，亦復如是」這句，而成為一則「公案」。「公案」成為一參話題的話題，讓學人思考。而在此禪機中，能看到六祖惠能如何接引學人，開示學人及回應學人的證悟境界。換言之，這是現存《六祖壇經》的第一個以禪機開示學人的完整「禪機」，卻被刪改而隱埋了千多年。其重要性，除了能重現「禪機」的原貌外，更確立六祖惠能「見性之法」的內容，亦能了解禪宗如何開示學人「見性」的方法，往後禪宗傳承「心法」能依此作為引證及參考。抹殺內在「心法」的傳承，只圖「公案」表面的教相，正是禪宗日後發展至「五家七宗」後期的異象。

　　六祖惠能與志誠的「禪機」中，重點在於志誠先聽六祖惠能說法後，即時開悟，感悟而起向六祖行禮並道出來意，再與六祖惠能作「以心印心」的互證。這表示作為老師「有教無類」，而弟子則「感恩受教」，佛門呈現一遍祥和之氣，道業不息而生機蓬勃之象。除此之外，這是惠能接引後學的精神，但在禪宗「以心印心」中是要心意相契。唐君毅先生認為當中的條件是教者與學者必須都具有般若智，因為教者無般若智，不能破學者之執，而學者無般若智，不能契理與契機，只成為戲論〔註82〕。

　　因此，六祖惠能使禪宗發展至鼎盛期，禪宗在此，亦不再是單線傳承，而是複線傳承，就是「衣不合傳」〔註83〕，只傳法而不再「傳衣」，即是禪宗在此以下的弟子，在悟法後即能代表禪宗傳法，而不再以「衣」作信物。因為「衣」只是在起信時；信心未穩時的方便法門，佛法開顯而成熟時，就不再需要「相」來起信心，禪宗由外轉向內的一「變」。這「變」是從佛法的傳承的禪宗內在變化。因此，六能惠能下開南岳懷讓（677～744）、青原行思（660～720）等第一代弟子，再由此下開「五家七宗」。至於荷澤神會（688～758），雖然史上記載他是禪宗第七祖，但此位是貞元十二年（796），唐太子安排各禪師推舉神會為禪宗第七祖〔註84〕。這明顯與禪門內部以上一代祖師直接傳承下一代祖位的方法，完全不同。這不是禪門傳統的傳承，所以荷澤宗不在

〔註82〕參閱唐君毅：《中國哲學原論　原性篇》，臺北：臺灣學生書局，1991年，頁300。

〔註83〕參閱《南宗頓教最上大乘摩訶般若波羅蜜經六祖惠能大師於韶州大梵寺施法壇經》，《大正新修大藏經》，第48卷，T48，NO.2007，日本大正一切經刊行會，1922～1934年，頁344上。

〔註84〕參閱《佛光大辭典》「神會條」，《佛光大辭典》，佛光山，2011年，https://www.fgs.org.tw/fgs_book/fgs_drser.aspx。

「五家七宗」的範圍內，而他的再傳弟子至宗密時，宗密是先習禪宗後傳華嚴宗的，這是另一系統，而不是純粹的惠能譜系了。

2. 六祖惠能與鈍根人神會——「亦見亦不見」禪機

《大正新修大藏經》載：

> 又有一僧，名神會，南陽人也。至漕溪山禮拜，問言：「和尚座禪，見亦不見？」
>
> 大師起把，打神會三下，却問神會：「吾打汝，痛不痛？」
>
> 神會答言：「亦痛亦不痛。」
>
> 六祖言曰：「吾亦見亦不見。」
>
> 神會又問：「大師何以亦見亦不見？」
>
> 大師言：「吾亦見常見自過患故，云亦見亦不見者，不見天地人過罪。所以亦見亦不見也。汝亦痛亦不痛如何？」
>
> 神會答曰：「若不痛，即同無情木石；若痛即同凡（夫），即起於恨。」
>
> 大師言：「神會向前。見不見是兩邊，痛不痛是生滅。汝自性旦不見，敢來弄人！」
>
> （神會）禮拜，禮拜更不敢言。
>
> 大師又言：「汝心迷不見，問善知識覓路。以心悟自見，依法修行。汝自名（迷）不見自心，却來問惠能見否？吾不自知，代汝迷不得。汝若自見，代得吾迷？何不自修，問吾見否！」
>
> 神會作禮，便為門人，不離漕溪山中，常在左右。〔註85〕

關於此禪機，錢穆先生曾先後提出他的看法，現分述如下。他最初說：

> 機鋒在宗門，蓋與禪學相俱始，亦與禪學相俱終。禪師有機鋒，正猶菩薩有慈悲，蓋非機鋒不足以為禪。棒喝較後起，宗門棒喝，似始於馬祖，已在六祖下第二世。《壇經》六祖棒喝神會事恐不可信，敦煌古本無此記載，知係晚出。〔註86〕

〔註85〕見《南宗頓教最上大乘摩訶般若波羅蜜經六祖惠能大師於韶州大梵寺施法壇經》，《大正新修大藏經》，第 48 卷，T48，NO.2007，日本大正一切經刊行會，1922～1934 年，頁 343 上及中。

〔註86〕見錢穆：〈再論禪宗與理學〉，《中國學術思想論叢（四）》，《錢賓四先生全集》（19），臺北：經緯出版社，1998 年，頁 326。（此稿刊載於民國 34 年（1945）1 月《思想與時代》第 39 期）

此篇在民國三十四年（1945）1月刊於《思想與時代》第39期，錢先生當時有兩點的看法：第一，「機鋒」與禪學是相終始的，因為「機鋒不足以為禪」，這正是說明「機鋒」只是「直指人心」的手段，目的是「明心見性」。更深一層，是「機鋒」背後的開示，在於轉念，而「一念」存於「心性」中。第二，錢先生認為「《壇經》六祖棒喝神會事恐不可信」，原因在於「敦煌古本無此記載」，推斷此「機鋒」是晚出的。錢先生對「敦煌本」《壇經》的歷史地位非常重視，才作出此判斷，幸好此公案是有被記載的，這裡明顯錢先生是疏忽了。但在民國五十年（1961）至六十五年（1976）的《讀六祖壇經》一文中，錢先生已把看法更正過來。他說：

（「六祖惠能與神會」）此一條，敦煌本亦所同有。惟字語略有異同。

若謂《壇經》係出神會或其徒所偽造，則神會與其徒又何必偽造此條以見神會之深為六祖所呵。抑且疑此條亦非法海祖本所有。此條明言神會年十三，觀其與祖相語，已極見機鋒，故疑未可信。〔註87〕

在此文中，錢先生已經清楚說明「敦煌本」《壇經》是有「六祖惠能與神會」此一條，敦煌本亦所同有。錢先生一方面要否定《壇經》是神會或他的弟子所偽造的，另方面要對這公案在「宗寶本」《壇經》中「言神會年十三」之說仍抱著懷疑的態度，反而顯示錢先生認為「法海本」即「敦煌本」《壇經》的經文具可信性。

在「敦煌本」六祖惠能初見神會時，神會遠來向六祖請教佛法，但他以不敬之心，試探老師是否見性，並說：「和尚座禪見亦不見。」六祖惠能即時打了神會三下，然後問「吾打汝痛不痛」，目的使神會自覺問題所在。「自覺」就是反省，就是轉念。先提神會要反省，六祖惠能再向神會提出「見」與「不見」的問題，直指神會正困於「兩邊」的問題中而不自知。「心性」是「一」而不是「二」，因此六祖惠能答「見」或「不見」都不是合適的答案。為了引導神會回轉於「心性」上，惠能自我反省地說「見常見自過患」，「不見天地人過罪」。這「見」與「不見」同「心性」之一，而「心性」是「一」，不困在「兩邊」中。再進一步指出神會的問題，惠能打神會說明「痛不痛」是生

〔註87〕見錢穆：〈讀《六祖壇經》〉，《中國學術思想論叢（四）》，《錢賓四先生全集》
　　　　（19），臺北：經緯出版社，1998年，頁171。（此稿成於民國50年〔1961〕，
　　　　刊載於58年〔1976〕3月《大陸雜誌》38卷5期《讀佛書三篇》之一。65
　　　　年收入《論叢》時曾加修添。）

滅法。〔註88〕惠能指出迷人如神會一樣困於「兩邊」的問題與「生滅法」中，
這樣是不能見性。「執迷不悟」幾乎是眾生的通病，惠能借機指出迷人未悟，
敢問悟者是否開悟。即使悟者提示迷人，但迷人仍執迷而不悔，最後誰也不
能替代誰。這就是禪門教導學人最正宗的隨機說法，有理有據，活潑生動，
先提示，再解說，以理通之，但不離在「心性」而說法。當這些淺白道理，
在一看似明但實不明的情況下，後世禪門弟子未能用心細讀經文，或因望文
心厭，於是順己心意而改動之，這是出現各版本《壇經》的原因之一。

從六祖惠能與神會的「亦見亦不見」禪機，化解胡適認為六祖惠能要依
靠「七祖」神會才能有此祖位之說〔註89〕。此外，六祖惠能表明禪宗「心法」
是要「常見自過患」與「不見天地人過罪」的「修心」法門，這是天下禪宗
弟子以此為鑑，不徒口舌之爭或故弄玄虛或在形式上修行的典範。因為「見
性之法」在於啟動生命中潛藏的智慧，佛家稱之為「般若」，亦是「無諍法門」。
六祖惠能在〈真假動淨偈〉云：「此教本無諍，無（若）諍失道意。」〔註90〕
這正是《壇經》的精粹所在。神會系或其他門下，以改動《壇經》來爭正統之
位，這明顯與佛教宗趣及六祖惠能思想相違背，禪學的精粹在「諍」中未能全
顯，這亦是中國禪宗思想出現遭變，不可忽視的因素。

「敦煌本」《壇經》正是六祖惠能表達如何以「機鋒」接引學人，以上
兩個「禪機」都是六祖惠能教授，在「機鋒」中顯示「直指人心」的「見
性」方法論，與其他版本《壇經》所強調的重點不同，亦是「敦煌本」的
價值所在。其後的版本，經文被增加或刪除，表示修改者並未明白六祖思
想精粹所在，而作改動，以致禪宗思想傳承出現錯誤的解讀而失去禪宗的
本來面目。

除了通過「敦煌本」的經文內容可了解「南宗頓教最上乘」的心法外，
它相對其他現存的版本如「惠昕本」、「契嵩本」及「宗寶本」，應該保存了六
祖惠能思想的原貌。我的理據如下：

〔註88〕 參閱《南宗頓教最上大乘摩訶般若波羅蜜經六祖惠能大師於韶州大梵寺施法
壇經》，《大正新修大藏經》，第48卷，T48，NO.2007，日本大正一切經刊行
會，1922～1934年，頁343上。

〔註89〕 見唐德剛譯：《胡適口述自傳》，北京：華文出版社，1992年，頁240。

〔註90〕 語見《南宗頓教最上大乘摩訶般若波羅蜜經六祖惠能大師於韶州大梵寺施法
壇經》，《大正新修大藏經》，第48卷，T48，NO.2007，日本大正一切經刊行
會，1922～1934年，頁344上。

　　首先，從各個版本的序文來看，除了「敦煌本」外，皆這說明此版本被
編改的原因，在於看見現存的版本不及之前的版本，如「惠昕本」的序云：「古
本文繁」要以一個「簡本」為理由來改編《壇經》〔註91〕；又如「契嵩本」
改編《壇經》在於發現了古本及當時的版本「文字鄙俚繁雜，殆不可考」〔註
92〕；再如「宗寶本」以「續見三本不同，互有得失」的理由來「訛者正之」、
「略者詳之」刪改《壇經》等〔註93〕。這些資料證明這些版本都不是原創的，
它們都是編改後的《六祖壇經》，所以這些版本的「經名」與「敦煌本」的《南
宗頓教最上大乘摩訶般若波羅蜜經六祖惠能大師於韶州大梵寺施法壇經》有
很大的分別。在對比這些客觀因素後，以理推之，「敦煌本」是現存保留了六
祖惠能思想原貌的理據之一。

　　第二，從六祖惠能的頓法說來看，以「敦煌本」作為內證，從「定惠體
一不二」與「定惠為本第一」的原則下，以「心性」為「一」，「一」是本，
作為修行的「第一」關鍵。這「一」亦是中國文化裡，所謂「吾道一以貫之」
的「一」。《易經・繫辭上傳》：「形而上者謂之道，形而下者謂之器。」〔註94〕
對於「形上」與「形下」的概念，錢穆先生認為「一氣貫注，纔是中國人的
理想」〔註95〕，禪宗思想亦同時表示佛教中國化的表徵所在。這「形而上」
的「道」是「一」，亦是「體」，形成客觀的「性體」與主觀的「心體」，簡稱
「心性」。這「道」在中國文化來說，就是《尚書・大禹謨》的十六字真言「人
心惟危，道心惟微，惟精惟一，允執厥中」〔註96〕的心法為「心性之學」的
源頭，正是「定惠體一不二」與「定惠為本」與「道樞」相合。在禪宗來說，
「性」是指「佛性」，成佛的內在根據；「心」是指「智心」，亦是是「般若智」。
前者為「體」，後者為「用」。六祖惠能以頓法由迷轉悟，啟動生命中潛藏的

〔註91〕參閱胡適：〈《壇經》考之二（記北宋本的《六祖壇經》）〉，《胡適卷》，武漢：
　　　　武漢大學出版社，2008年，頁323。
〔註92〕參閱釋契嵩：《鐔津集》卷十二〈六祖法寶記敘〉（此郎侍郎作附），香港：迪
　　　　志文化公司，2003年，頁52～53。
〔註93〕參閱《六祖大師法寶壇經・宗寶跋》，《大正新修大藏經》，第48卷，T48，
　　　　NO.2008，日本大正一切經刊行會，1922～1934年，頁364下。
〔註94〕參閱《周易・繫辭上》卷第七，《周易正義》（下），〔唐〕孔穎達疏；〔魏〕王
　　　　弼、〔晉〕韓康注；余培德點校，北京：九州出版社，2004年，頁654。
〔註95〕參閱錢穆：《中國文化史導論》（修訂本），臺北：臺灣商務印書館，2010年，
　　　　頁225。
〔註96〕參閱〔唐〕孔穎達：〈大禹謨第三〉，《尚書正義》，上海：上海古籍出版社，
　　　　2007年，頁132。

智慧，見自本性。這「轉」的關鍵在於「一念」，亦即是「念念」的意思，是「體用」的關鍵概念。在「敦煌本」這「念念」的概念闡釋為「前念、念念、後念，念念相續無有斷絕」〔註97〕，這「前念」「後念」之中，本應是「今念」，但這裡是「念念」，有可能是緊扣後面的「念念」的相續性，亦有可能是錯寫的。因為「今念」是相對有「前念」及「後念」才說的，但「念念」是「相續無有斷絕」的。這概念是從「三無」中的「無住」而來，「無住者，為人本性，念念不住」〔註98〕。「一念」與「念念」的關係是「無住為本」，亦是「為人本性」，生命的狀態是「迷」或是「悟」皆在於「住」與「不住」之中，亦是「自覺」或「執迷不悟」中，六祖惠能所說的「定惠」為第一，就是強調「一念」與「念念」的關係，而說「一念若住，念念即住，名繫縛」及「於一切法上，念念不住，即無縛也」〔註99〕。從這「念念」中，了解六祖惠能所說的「定惠」即「心性」為「一」與「無念」、「無相」、「無住」是環環相扣。又怕世人錯用心思，在「無住為本」外，再以「無念為宗」，加上「無相為體」〔註100〕為「三無」的實踐論。在其他版本中的「念念」的詮釋與「敦煌本」完全相反的，如「惠昕本」及其以後的版本，皆以「若前念、今念、後念，念念相續不斷，名為繫縛。」〔註101〕這詮釋的意思，是「二」而不是「一」，即不是以「一」貫之。在「敦煌本」中「定惠」以「體用」為「一」，即是「念念」，「念念」是不能斷，六祖云：「一念斷，即無別處受生」〔註102〕。

〔註97〕 參閱《南宗頓教最上大乘摩訶般若波羅蜜經六祖惠能大師於韶州大梵寺施法壇經》，《大正新修大藏經》，第 48 卷，T48，NO.2007，日本大正一切經刊行會，1922～1934 年，頁 338 下。

〔註98〕 參閱《南宗頓教最上大乘摩訶般若波羅蜜經六祖惠能大師於韶州大梵寺施法壇經》，《大正新修大藏經》，第 48 卷，T48，NO.2007，日本大正一切經刊行會，1922～1934 年，頁 338 下。

〔註99〕 參閱《南宗頓教最上大乘摩訶般若波羅蜜經六祖惠能大師於韶州大梵寺施法壇經》，《大正新修大藏經》，第 48 卷，T48，NO.2007，日本大正一切經刊行會，1922～1934 年，頁 338 下。

〔註100〕 參閱《南宗頓教最上大乘摩訶般若波羅蜜經六祖惠能大師於韶州大梵寺施法壇經》，《大正新修大藏經》，第 48 卷，T48，NO.2007，日本大正一切經刊行會，1922～1934 年，頁 338 下。

〔註101〕 參閱王孺童編校：《壇經諸本集成‧惠昕本壇經精校》，北京：宗教文化出版社，2014 年，頁 169。

〔註102〕 參閱《南宗頓教最上大乘摩訶般若波羅蜜經六祖惠能大師於韶州大梵寺施法壇經》，《大正新修大藏經》，第 48 卷，T48，NO.2007，日本大正一切經刊行會，1922～1934 年，頁 338 下。

因此，我們可見六祖惠能思想應能一貫而不為「二」，在「形上」與「形下」中以頓法，實踐在修行中，我們在「敦煌本」中可見六祖惠能思想面貌的所在，這亦是內證。

第三，從志誠「說了即不是」禪機，在「敦煌本」保存了六祖惠能禪門心法最完整的部分，而沒有南北對立的局面，只是闡述頓漸之法，實無分別，這與「般若」的「無分別智」相應。但是如「契嵩本」在此部分被大量編改，出現南頓北漸分歧的局面，這是「此教本無諍，（無）若諍失道意，執迷諍法門，自性入生死」〔註103〕，這亦是「最上大乘摩訶般若波羅蜜」心法之所在，這亦是內證可見六祖惠能思想的一貫性。

第四，從「自性」的概念而言，「敦煌本」六祖惠能思想中沒有說明「自性」的特質，不同「惠昕本」及以後的版本，只是強調「佛性」無南北的成佛內在根據，文字質樸。在寫「心偈」時，以「佛姓（性）常清淨」及「明鏡本清淨」來描述「佛性」，並且只有「敦煌本」保留了二首「心偈」的「體用」關係。惠能在得法後，亦只是說「一聞言下便悟」而已〔註104〕。但強調「何名自姓（性）自度」〔註105〕來闡述「般若」與禪機的互動，大小乘的「共法」來「見性成佛」，由迷者頓成覺者的思想方法。在實踐修行工夫中，「常淨自性」〔註106〕，表明六祖惠能的思想集中在「見性成佛」為目的，不涉旁枝。

第五，從「敦煌本」的「法統史」六祖惠能是從印度佛教開始起計為第四十位受傳承正法者，而為中土的第六祖〔註107〕。這與「惠昕本」及「宗寶

〔註103〕 參閱《南宗頓教最上大乘摩訶般若波羅蜜經六祖惠能大師於韶州大梵寺施法壇經》，《大正新修大藏經》，第48卷，T48，NO.2007，日本大正一切經刊行會，1922～1934年，頁344上。

〔註104〕 參閱《南宗頓教最上大乘摩訶般若波羅蜜經六祖惠能大師於韶州大梵寺施法壇經》，《大正新修大藏經》，第48卷，T48，NO.2007，日本大正一切經刊行會，1922～1934年，頁338上。

〔註105〕 參閱《南宗頓教最上大乘摩訶般若波羅蜜經六祖惠能大師於韶州大梵寺施法壇經》，《大正新修大藏經》，第48卷，T48，NO.2007，日本大正一切經刊行會，1922～1934年，頁339中。

〔註106〕 參閱《南宗頓教最上大乘摩訶般若波羅蜜經六祖惠能大師於韶州大梵寺施法壇經》，《大正新修大藏經》，第48卷，T48，NO.2007，日本大正一切經刊行會，1922～1934年，頁340下。

〔註107〕 參閱《南宗頓教最上大乘摩訶般若波羅蜜經六祖惠能大師於韶州大梵寺施法壇經》，《大正新修大藏經》，第48卷，T48，NO.2007，日本大正一切經刊行會，1922～1934年，頁344中及下。

本」的分別在於第二十三代之後，這點是整個佛教及禪宗的法統傳承所在的歷史，證明「敦煌本」是最接近印度佛教最早期傳入中國時發展的「三論宗」有著密切關係。當「敦煌本」的「法統史」與「三論宗」相連時，這亦證明六祖惠能最初的思想原貌極有可能保存在此版本之內，這部分就是上貫下通的「形而下」部分。

以上各點，從客觀的比較與從經文的內證，可以見到六祖惠能的「一以貫之」思想，因此合理的判斷，六祖惠能思想的原貌可能保留在「敦煌本」中。

本章小結

「敦煌本」《六祖壇經》的發現，掀起學術界對中國禪宗史研究的興趣，當中亦涉及「敦煌學」的研究範圍。從「敦煌寫本」《壇經》中的「敦煌本」、「旅博本」、「北圖殘本」、「敦博本」及「北圖本」的研究，都離不開「敦煌本」來研究，這亦涉及《壇經》譜系關係的研究。從眾多寫本中，我以思想源頭的次序，選定了「敦煌本」來作中國禪宗思想遞變研究的版本，作為開端。本章提及有不同的學者對「敦煌本」作出不同的研究方向及貢獻如在版本、心偈、宗趣及禪史等。在版本上的研究，有潘重規先生、郭朋、白光等，整理各版本的《六祖壇經》，使它成為有系統性的文獻。在「心偈」分析上，有陳寅恪、李潤生、霍韜晦諸先生等各有不同觀點，使「心偈」呈現多元化的見解。

在禪史整理上，錢穆先生、胡適、印順法師，也各有不同意見。錢穆先生認為禪宗是「宗教的出世的反動」，對惠能的評價是一位「佛門的馬丁路德」，至於《六祖壇經》就是這場宗教革命的一本「宣言書」。但胡適認為神會才是禪宗最偉大的人物，而禪宗唯一的《六祖壇經》，就是神會的傑作。印順法師因胡適的禪宗研究結論而有撰寫《中國禪宗史》的動機，他是以佛教觀點來整理中國禪宗史。

胡適認為惠能只是一個不識字的和尚，而影響力只在廣東嶺南一帶。姜伯勤及蔣宗福則認為，六祖惠能思想不止局限於廣東嶺南或廣東沿海地域，而是一直伸延至西北的敦煌及河西走廊地區。姜氏更認為廣東人尊崇六祖惠能是「生佛」、「肉身菩薩」，使他們心靈有所寄託。潘重規先生指出「敦煌本」《壇經》是禪宗弟子的「同門間彼此研習的講義教材」，而姜氏認為《六祖壇

經》被廣東人視為廣東文獻。這些意見與胡適的看法完全不同。

　　「敦煌本」《壇經》保留了六祖惠能思想原貌，重點以「體用」觀念來證明「心性」存在。在「敦煌本」中，六祖惠能以「佛性平等說」、「心偈體用說」、「定惠體一不二」的「心性說」、立「三無」的「無執實踐論」、立「有情有佛種」論及「直指人心」的「禪機」等，顯示全面體現禪宗的宗旨：「不立文字，教外別傳，直指人心，見性成佛」。錢穆先生是肯定「敦煌本」的價值的，他又說明以「機鋒」接引學人的手段，是與禪學相始終的見解。換言之，「禪機」就是禪學以活動教學形式的個別教授，使迷者如何轉念而頓悟。因此，本章認為惠能的第二首「心偈」及「志誠說了即不是」的禪機，保存在「敦煌本」中，正好說明「體用」與「心性」兩者關係的重要。如鄧國光先生指出「經過佛法的洗禮，體用的觀念成為銷解一切存有的利器」，就正是「即體即用」以「般若智」來破一切相。鄧先生又引述湯用彤的見解，指出從魏晉至南北朝在中國學術思想上的爭論，顯得非常複雜，但湯氏認為這些爭論，其實是在「體用」的觀念，出現分歧而導致紛爭。這正好套用在中國禪宗史的遷變及《六祖壇經》中，有各版本的出現與南北紛爭，都是源於體悟「體用」觀念的程度。湯氏的觀點，使本論文以「體用說」作為入路，梳理從各版本中的隱藏着思想理路，建立了理論根據。

　　當我們肯定「敦煌本」的價值時，亦要注意拾文及哈磊認為有一本「文繁」的「古本」《壇經》早於「敦煌本」存在於世。拾文的見解是「敦煌本」《壇經》只不過一種「節略本」，又有不要「迷信敦煌本」的看法。至於哈磊則以其他文獻作為論據。我認為有這種看法的原因，是假設有「文繁」的「古本」《壇經》來考量現存最古的「敦煌本」，不是從思想發展而只從字數來估算。但這看法只要取其他版本如「惠昕本」、「契嵩本」及「宗寶本」來與「敦煌本」相比，就明顯看出各版本只是「文繁」的相繼，而只有「敦煌本」是現存最簡的版本。

第四章 「惠昕本」《六祖壇經》

一、「惠昕本」《六祖壇經》的由來

　　「惠昕本」《六祖壇經》是最早於日本京都興聖寺被發現的版本，又名「興聖寺本」，成書於北宋宋太祖乾德五年（967）〔註1〕，分為上下兩卷，十一門〔註2〕，亦有三卷，十六門的說法〔註3〕。此版本最早被發現時間為1599

〔註1〕參閱胡適：〈《壇經》考之二（記北宋本的《六祖壇經》）〉，《胡適卷》，武漢：武漢大學出版社，2008年，頁324。胡氏云：「⋯⋯惠昕自記改定此書的年月為『太歲丁卯，月在蕤賓，二十三日辛亥。』鈴木先生推想此『丁卯』應是宋太祖乾德五年（西曆967），但他不能證實此說。按蕤賓為五月；二十三日辛亥。則此月朔為己丑。我檢查陳垣的《廿史朔閏表》，只有宋太祖乾德五年丁卯有五月己丑朔，故可斷定惠昕改定二卷十一門是乾德丁卯的事（967）。此本的祖本是十世紀的寫本，距離那敦煌寫本應該不很遠了。」

〔註2〕參閱胡適：〈《壇經》考之二（記北宋本的《六祖壇經》）〉，《胡適卷》，武漢：武漢大學出版社，2008年，頁322。胡氏云：「去年十月我過日本橫濱，會見鈴木大拙先生，他說及日本有新發現的北宋本《六祖壇經》。後來我回到北平，不久就收到鈴木先生寄贈的京都堀川興聖寺藏的《六祖壇經》的影印本一部。此本為昭和八年（民國二十二年，1933）安宅彌吉所印行，共印二百五十部。附有鈴木大拙先生的「解說」一小冊。興聖寺本為翻刻宋本，已改原來半頁七之摺帖式為每全頁二十一行之方冊本。但原本之款式完全保存，不過合併三個半頁加一全頁而已。每行二十二字。全書分二卷，上卷六門，下卷五門，共十一門。」

〔註3〕參閱胡適：〈《壇經》考之二（記北宋本的《六祖壇經》）〉，《胡適卷》，武漢：武漢大學出版社，2008年，頁325～326。胡氏云：「晁公武（《郡齋讀書志》）的記載使我們知道一件重要事實，就是：在1031年到1151年，在這一百二十年之間，惠昕的二卷十一門《壇經》，已被人改換過了，已改成三卷十六門了。那部三卷十六門的惠昕本，我們沒有見過，不能下確定的推論。但我們可以

年〔註4〕，距今約419年。這是與「敦煌本」《壇經》不分段落，有著明顯的分別。「惠昕本」與「敦煌本」《壇經》之間的差異，一說「惠昕本」多3700字〔註5〕，亦說有增加18條異文，合計1505字〔註6〕。此本前面有兩篇序，首行為「依真小師邕昉（州）羅秀山惠進禪院沙門惠昕述」〔註7〕，而序末有「紹興二十二年六月二十日右奉郎權通判蘄州軍州事晁子健記」。〔註8〕胡適曾說：「這個惠昕本是人間第二最古的《壇經》。」〔註9〕可知是由晚唐至宋初惠昕和尚曾改動的版本。惠昕在《壇經・序》中說明改動《壇經》的原因如下：

> ……我六祖大師廣為學徒直說見性法門，總令自悟成佛，目曰《壇經》，流傳後學。古本文繁，披覽之徒，初忻後厭。余以太歲丁卯，月在夷賓，二十三日辛亥，於思迎塔院分為兩卷，凡十一門，貴接

推斷那個本子也許是北宋至和三年（1056）契嵩和尚的改本。契嵩的《鐔津文集》裡有郎侍郎的《六祖法寶記叙》，——此序當然是契嵩自己作的——說契嵩得了一部『曹溪古本』，用來校改俗本《壇經》，勒成三卷。契嵩的『曹溪古本』，我在前幾年已證明即是〈曹溪大師別傳〉。他所用的「俗本」也許就是惠昕的二卷十一門本，他改定之後，仍用惠昕之名。幸有晁迴句讀本保存到十二世紀中葉，被晁子健刻出來，流傳至日本。保留到如今，使我們知道惠昕的原本是只有十一門分兩卷的。」

又見哈磊：〈宋代目錄書所收禪宗典籍〉，成都：《四川師範大學學報》（社會科學版），第37卷第3期，2010年5月，頁46。

〔註4〕 參閱胡適：《壇經》考之二（記北宋本的《六祖壇經》），《胡適卷》，武漢：武漢大學出版社，2008年，頁322。胡氏云：「末頁有興聖寺僧了然墨筆兩行跋，第一跋云：慶長四年（1599）五月上中旬初拜誦此經伺南宗奧義了次為新學加朱點而已了然志之。第二跋云：慶長八年（1603）三月朔日至八日一遍拜讀之次加和點了記者同前。鈴木先生說，慶長四年到今年（去年），已有三百三十四年了。」

〔註5〕 參閱胡適：《壇經》考之二（記北宋本的《六祖壇經》），《胡適卷》，武漢：武漢大學出版社，2008年，頁330。

〔註6〕 參閱哈磊：〈德異本《壇經》增補材料之文獻溯源考證〉，成都：《宗教學研究》，2015年第4期，頁105。

〔註7〕 參閱胡適：《壇經》考之二（記北宋本的《六祖壇經》），《胡適卷》，武漢：武漢大學出版社，2008年，頁322。

〔註8〕 參閱胡適：《壇經》考之二（記北宋本的《六祖壇經》），《胡適卷》，武漢：武漢大學出版社，2008年，頁323。胡氏云：「細分析之，這裡本是兩篇序，了然誤合為一。……第一篇為惠昕序，共一百六十一字……第二篇是晁子健的後記，共二百八十二字……」

〔註9〕 語見胡適：《壇經》考之二（記北宋本的《六祖壇經》），《胡適卷》，武漢：武漢大學出版社，2008年，頁326。

後來，同見佛性云。〔註10〕

「敦煌本」《壇經》本是同門相互學習的課本〔註11〕，但後來被惠昕所改動，原因是「文繁」。惠昕序說「古本文繁，披覽之徒初忻後厭」〔註12〕。有這樣的心態，主要在於惠昕認為自己已領略《壇經》的真義，因而「初忻後厭」。這種心態就是惠昕改動《壇經》的動機。

哈磊認為惠昕序說「古本文繁，披覽之徒初忻後厭」，意思是說，「古本」《壇經》文字繁富，缺乏條理，不夠簡煉，因此需要有「簡本」流通〔註13〕。在《郡齋讀書志》中有《六祖壇經》的兩個版本。一是「敦煌本」，另一是「惠昕本」，但此處記錄是「三卷十六門」與一般認為是「二卷十一門」有分別〔註14〕。

哈氏認為「古本」《壇經》是存在的，他以左承議郎朱翌（1097～1167）在南宋紹興十一年（1142）所作的〈南華五十咏〉所記六祖大事與「敦煌本」、「惠昕本」、「德異本」、〈曹溪大師別傳〉、《祖堂集》、《景德傳燈錄》文獻作比較。因為〈南華五十咏〉曾提到《壇經》舊，哈氏認為是指「古本」《壇經》，朱翌想帶回北方，救沉淪的眾生〔註15〕。從下表，可見〈南華五十咏〉一共有關於六祖生平的十四項事蹟，表列如下〔註16〕：

〔註10〕見胡適：〈《壇經》考之二（記北宋本的《六祖壇經》）〉，《胡適卷》，武漢：武漢大學出版社，2008 年，頁 323。

〔註11〕參閱潘重規：〈敦煌六祖壇經讀後管見〉，《敦煌壇經新書及附冊》，臺北：財團法人佛陀教育基金會，2005 年 12 月，頁 21。潘先生云：「壇經是六祖門下修行頓法的依據，是學侶們共同稟受的課本，是師徒輩遞相傳抄的教材⋯⋯」

〔註12〕參閱胡適：〈《壇經》考之二（記北宋本的《六祖壇經》）〉，《胡適卷》，武漢：武漢大學出版社，2008 年，頁 323。

〔註13〕見哈磊：〈古本《壇經》存在的文獻依據〉，成都：《社會科學研究》，2011 年第 5 期，頁 133。

〔註14〕參閱哈磊：〈宋代目錄書所收禪宗典籍〉，成都：《四川師範大學學報》：社會科學版，2010 年，第 3 期，頁 46。

〔註15〕參閱哈磊：〈古本《壇經》存在的文獻依據〉，成都：《社會科學研究》，2011 年第 5 期，頁 133。〈南華五十咏〉云：「寺有《壇經》舊，誰知祖意諄。持歸化嶺北，大地免沉淪。」

〔註16〕見哈磊：〈古本《壇經》存在的文獻依據〉，成都：《社會科學研究》，2011 年第 5 期，頁 134。按：此表中的「✓」本是「有」字，現改為「✓」符號，方便參考。

事件	〈南華五十詠〉	敦煌本	惠昕本	德異本	《別傳》	《祖堂集》	《傳燈錄》
1. 懸石舂米	✓			✓	✓	✓	
2. 得法偈	✓	✓	✓	✓		✓	✓
3. 米熟久矣	✓			✓		✓	
4. 自識本心	✓		✓				
5. 五祖擊碓	✓			✓			
6. 付法傳衣	✓	✓	✓	✓	✓	✓	✓
7. 五年隱行	✓		✓	✓	✓		
8. 五祖搖櫓相送	✓		✓	✓		✓	
9. 四會隱身	✓		✓	✓	✓	✓	✓
10. 風動幡動	✓			✓	✓	✓	✓
11. 真金瓦礫	✓			✓	✓		
12. 大梵寺說法	✓	✓	✓	✓	✓	✓	
13. 新州圓寂	✓			✓		✓	✓
14. 真身歸曹溪	✓			✓			✓

　　我們將各版本與〈南華五十詠〉比較後，發現了幾點：第一，〈南華五十詠〉記載六祖惠能生平共十四項。第二，在「惠昕本」中則少了「懸石舂米」、「米熟久矣」、「五祖擊碓」、「風動幡動」、「真金瓦礫」、「新州圓寂」及「真身歸曹溪」共七項。第三，「惠昕本」少了的七項，「敦煌本」同樣地少了這七項。第四，「惠昕本」與「敦煌本」比較的差異在於「自識本心」、「五年行隱」、「五祖搖櫓相送」、「四會隱身」四項。第五，「敦煌本」只有三項「得法偈」、「付法傳衣」、「大梵寺說法」與〈南華五十詠〉相同。由此推斷，「敦煌本」《壇經》與「古本」《壇經》系統關係比較疏離。「古本」《壇經》是惠昕所見到的，「惠昕本」《壇經》是依「古本」《壇經》，而不是以「敦煌本」《壇經》作底本來改動。這似乎很合理，但只有「敦煌本」保存著惠能兩首「得法偈」，其餘皆得一首，「古本」《壇經》或可能保存著惠能兩首的「得法偈」。第六，「德異本」只是少了一項「自識本心」的資料，這裡我們或可假定，「古本」《壇經》如真的存在，並早於「敦煌本」，則「德異本」與應該最接近「古本」《壇經》的內容。「契嵩本」已佚，但「德異本」以「契

嵩本」作底本〔註17〕，即「契嵩本」亦與「古本」《壇經》的內容最接近。第七，這表是沒有以「宗寶本」《壇經》即「明藏本」作比較，而以禪宗其他文獻如〈曹溪大師別傳〉、《祖堂集》及《傳燈錄》作佐證，證明朱翌的〈南華五十咏〉或可作「古本」《壇經》的研究依據。

　　根據上述資料顯示，這「古本」《壇經》的存在似乎可成立。但胡適曾以「敦煌本」、「惠昕本」、「明藏本」作比較，卻得出不同的結論。胡氏認為契嵩的所謂「曹溪古本」就是〈曹溪大師別傳〉，也就是日後的「契嵩本」《壇經》。他推論契嵩所說的「俗本」就是「惠昕本」，後被契嵩改成為晁公武（1105～1180）《郡齋讀書志》所記載的「惠昕本」三卷十六門，只是當時沒有改「惠昕」的名字〔註18〕。這裡明顯帶出哈磊與胡適之間的推論各有不同，「契嵩本」為「德異本」的底本，以〈南華五十詠〉作比較，即「德異本」繞過「敦煌本」及「惠昕本」，直接與「古本」《壇經》相連。這是其中一點與胡適推斷結果不同的地方。按哈磊所列表，出現「德異本」與〈曹溪大師別傳〉只有七點是相同的，出現此問題在於哈磊所對比的部分只用「六祖惠能的生平」在〈南華五十咏〉所示，而推論「契嵩本」為最接近「古本」《壇經》，此是文獻上的資料對比，並不是禪宗核心思想內容的推斷。拾文推斷「文繁」的「古本」《壇經》是用「惠昕本」、「契嵩本」和「宗寶本」的底本來改編的〔註19〕。如研

〔註17〕 參閱哈磊：〈古本《壇經》存在的文獻依據〉，成都：《社會科學研究》，2011年第5期，頁134。哈氏云：「由此可見朱翌在南華寺看到的《壇經》舊本，所記內容與德異本極為相近，應該就是契嵩本的底本——曹溪古本《壇經》，如果德異本的底本就是契嵩本的話。朱翌在契嵩刊行《壇經》86年之後，在南華寺還能看到古本《壇經》。那麼，契嵩在86年前、惠昕在宋初見到古本《壇經》，完全是情理中事。」

〔註18〕 參閱胡適：〈《壇經》考之二（記北宋本的《六祖壇經》）〉，《胡適卷》，武漢：武漢大學出版社，2008年，頁325～326。胡氏云：「那部三卷十六門的惠昕本，我們沒有見過，不能下確定的推論。但我們可以推斷那個本子也許是北宋至和三年（1056）契嵩和尚的改本。契嵩的《鐔津文集》裡有郎侍郎的《六祖法寶記敘》，——此序當然是契嵩自己作的——說契嵩得了一部『曹溪古本』，用來校改俗本《壇經》，勒成三卷。契嵩的『曹溪古本』，我在前幾年已證明即是〈曹溪大師別傳〉。他所用的「俗本」也許就是惠昕的二卷十一門本，他改定之後，仍用惠昕之名。幸有晁迴句讀本保存到十二世紀中葉，被晁子健刻出來，流傳至日本。保留到如今，使我們知道惠昕的原本是只有十一門分兩卷的。」

〔註19〕 參閱拾文：〈《敦煌寫本壇經》是「最初」的《壇經》嗎？〉，北京：《法音》1982年第2期，頁44。

究禪宗思想，不以《壇經》的思想作比較，就容易出現「瞎子摸象」的局限性結論，並模糊了禪宗思想全面發展的連貫性。這問題同樣發生在胡適對「契嵩本」的研究，是以〈曹溪大師別傳〉為據的研究結果中〔註 20〕。這方面的問題，我會在下一章「契嵩本」《壇經》中處理。

至於第二點，哈磊認為「惠昕本」是以「古本」《壇經》作底本，而不是依「敦煌本」作改動的。相反地，胡適對「惠昕本」《壇經》的態度是肯定的，胡適認為「惠昕本」是「敦煌本」的改訂本。他說：

> 《壇經》的普通傳本都是契嵩以後又經後人增改過的。現今只有兩個本子是契嵩以前的古本：
>
> 一、敦煌的不分卷寫本。
>
> 二、北宋初年惠昕改訂二卷十一門本。
>
> 這個惠昕真本是人間第二最古的《壇經》。〔註21〕

胡適以「這個惠昕真本是人間第二最古的《壇經》」的概括語，肯定「惠昕本」的價值。同時，將《壇經》以「現今只有兩個本子是契嵩以前的古本」劃分出時區上的界別，明顯地契嵩在胡適心中，就成為《壇經》的分界線人物了。

胡氏又說：

> 惠昕自序說：「古本文繁；披覽之徒，初忻後厭」。可見他（惠昕）不滿意於古本，但他不曾說明如何改動。看了「西（古）本文繁」一句話，好像他的改定是刪繁為簡。試比較敦煌本與此本，便知此本比古本更繁，已有了後來添入的文字。但此本所增添的還不很多，不過兩千字罷了，今試表《壇經》各本的字數，作一比較：
>
> 一、敦煌本 12000 字（實只有 11500 字）（括號內文字為胡適晚年的補充的校注，下同。——編者）
>
> 二、惠昕本 14000 字（實有 15200 字，多出 3700 字左右）
>
> 三、明藏本 21000 字
>
> 這可見惠昕加了不過 2000 字（實加了 3700 字左右），而明藏本比敦

〔註20〕參閱胡適：〈《壇經》考之一（跋〈曹溪大師別傳〉）〉，《胡適卷》，武漢：武漢大學出版社，2008 年，頁 313～321。

〔註21〕見胡適：〈《壇經》考之二（記北宋本的《六祖壇經》）〉，《胡適卷》，武漢：武漢大學出版社，2008 年，頁 326。

煌本竟增九千字了。〔註22〕

惠昕同樣地改動了「敦煌本」《壇經》，但胡適給他解釋為「改定是刪繁為簡」，就算加了也「不過 2000 字」（實加了 3700 字左右）。但對契嵩及其以後的明藏本，即「宗寶本」與「敦煌本」相比，他認為「竟增九千字了」是頗多的差別。在此，他沒有以「契嵩本」作比較，因為胡適認為「契嵩本」的改動是依〈曹溪大師別傳〉的資料，使不是禪宗史實的資料被加進《壇經》，甚為不滿。他形容〈曹溪大師別傳〉的作者是「一個無學問的陋僧」，而契嵩卻被蒙蔽了〔註23〕。

從以上而知，進入「惠昕本」的研究範圍後，即時涉及「文繁」的「古本」《壇經》是否存在。因為惠昕改動《壇經》只在於「文繁」而心厭，而改動當時現存的版本。如果「古本」《壇經》存在，惠昕所改動的《壇經》是「古本」壇經，而不是「敦煌本」。因此，哈磊引朱翌的〈南華五十咏〉作為文獻支持，認為真的有一部「古本」《壇經》。但胡適以考據方法，認為「惠昕本」就是契嵩所見的「俗本」。「惠昕本」是「敦煌本」的修訂本，是「人間最古的《壇經》」。我們發覺在版本的考據，如果只在集中在文字或內容的理解的不同傳譯，而不進入思想的系統，根本看不到禪宗思想的「內在軌跡」。因此，本章仍以「心性」來會通「惠昕本」，試圖了解它與「敦煌本」的分別所在。

二、「惠昕本」與「敦煌本」《壇經》的差異

「惠昕本」《壇經》的結構分二卷十一門，與「敦煌本」一卷不分門的結構有差別外，經文亦出現差異。現分述如下：

（一）六祖惠能一首「心偈」的流傳

從「敦煌本」《六祖壇經》的漢文《壇經》中，六祖惠能的一首「心偈」從「惠昕本」一直開始流傳至今。如果「敦煌本」《壇經》不被發現，我們大

〔註22〕 見胡適：〈《壇經》考之二（記北宋本的《六祖壇經》）〉，《胡適卷》，武漢：武漢大學出版社，2008 年，頁 329～330。

〔註23〕 參閱胡適：〈《壇經》考之一（跋〈曹溪大師別傳〉）〉，《胡適卷》，武漢：武漢大學出版社，2008 年，頁 321。胡氏云：「不幸契嵩上了他（一個無學問的陋僧），把此傳（〈曹溪大師別傳〉）認作『曹溪古本』，採取了不少材料到《壇經》裡去，遂使此書欺騙世人至九百年之久。幸而一千多年前最澄大師留下這一本（《請來進官錄》），保存至今，使我們可以考證契嵩改本的根據。我們對那位渡海求法的日本大師，不能不表示很深的謝意。」

抵可通過胡適的〈所謂「六祖呈心偈」的演變〉一文，得悉西夏文譯本的《壇經》有略相似的兩首「心偈」。胡氏在文中說：

> 十一世紀裡西夏文譯的《壇經》殘本保存這兩首原樣子。
>
> 羅福成譯文是：
>
> 菩提本無樹，明鏡亦非台。
>
> 傳法（？）常清淨，如何有塵埃？
>
> 心是菩提樹，身即如明鏡。
>
> 明鏡本清淨，如何惹塵埃？
>
> 西夏譯本及羅譯，見北平圖書館館刊四卷第三號。〔註24〕

由於是譯本，因此只保留了惠能兩首「心偈」的相似內容，但失其神髓。第一首「明鏡」是指「心性」，「佛性」變成「傳法」或可能是錯譯。第二首第二句被譯為「身即如明鏡」是不通的，這裡應譯「身如明鏡台」才合偈意。「明鏡」本喻「佛性」，所以下句是「明鏡本清淨」，身本是四大假合之體，而「佛性」是不生不滅的，因此「明鏡台」喻身是比較合義理。但是還有一個可能性，如史金波就認為有另一個已失傳的翻譯底本存在。他說：

> 西夏文本和法海本相近而不雷同，疑西夏譯本所據漢文底本為現已
>
> 失傳的另一版本。」〔註25〕

對於有人認為「惠昕本」刪改《壇經》的看法，拾文以《祖堂集》卷二〔註26〕的弘忍和尚（601～675）及卷十八〔註27〕的仰山慧寂（807～883），及黃檗希運（？～850）《宛陵錄》〔註28〕都是說惠能的「心偈」的第三句「本來無一物」，只有「敦煌本」說第一首偈第三句，才改成「佛性常清淨」。這證明「古本」《壇經》或「曹溪原本」就是如此，也說明非惠昕「帶頭」作「竄改」行

〔註24〕見胡適：〈所謂「六祖呈心偈」〉，《胡適卷》，武漢：武漢大學出版社，2008年，頁230。

〔註25〕見史金波：〈西夏文《六祖壇經》殘頁譯釋〉，北京：《世界宗教研究》1993年第3期，頁91。

〔註26〕參閱《祖堂集》第2卷，《大正藏補編》，第25冊，NO.0144，〔0340b11〕：「身非菩提樹，心鏡亦非臺。本來無一物，何處有塵埃？」http://tripitaka.cbeta.org/B25n0144_002。

〔註27〕參閱《祖堂集》第18卷，《大正藏補編》，第25冊，NO.0144，〔0641b13〕：「菩提本無樹，明鏡亦非臺。本來無一物，何處有塵埃？」http://tripitaka.cbeta.org/B25n0144_018。

〔註28〕參閱《黃檗斷際禪師宛陵錄》，《大正新修大藏經》，第48卷，T48，NO.2012，日本大正一切經刊行會，1922～1934年，頁385中。

為〔註29〕。這反證「敦煌本」惠能的第二首偈非來自所謂「文繁」的「古本」
《壇經》。

我們一直以為惠能的「心偈」只得一首，明顯地在「惠昕本」以後的各
版本，都只流傳一首「心偈」，原因是他們可能不明白第二首「心偈」的作用
及禪宗的「見性」之法的精粹所在，而沒有保留它，或是他們所見的底本，
非來自「敦煌本寫本」系列。我們在思想領域中，不談字數的增加或刪減的
多少，而在禪宗思想的傳承所在。錢穆先生強調說：

> 「變」之所在，即歷史精神之所在，亦即民族文化評價之所繫。

〔註30〕

錢先生認為，歷史上明顯地出現某一種思想的變動，就是某一階段總思潮的
精神變化，這具歷史性，亦聯繫着整個民族文化的內在精神。

惠昕在序中說「古本文繁，披覽之徒，初忻後厭」〔註31〕，這似乎是合
理的理由，精簡《壇經》的內容，目的是方便後學更明白《壇經》的精粹。可
是，我們所見「惠昕本」的內容及字數比較「敦煌本」為多，也有可能減去惠能
偈的第二首，但這似乎與惠昕所說要刪減「古本文繁」的理由恰巧相反，他只是
將自己的主觀意願合理化及神聖化而已。惠昕或許依據的底本不同，思想則被困
於所見的《壇經》內容，而禪宗的活潑玲瓏宗風，隨之而漸消。這是六祖惠能精
神失落的開端。這種遭變，實在是改動了惠能心法的傳承。

誠如李潤生先生在本文的「敦煌本」章中，提到惠能的第二首是回應神
秀的不足，並讓神秀明白五祖弘忍說他「只到門前」的原因所在〔註32〕。後
人不察，多認為是衍文或偈不達意的緣故，但在禪門中看，祖位的傳承實是
擔起如來的責任，將佛法一直開衍，當中要有廣大包容的心，不是空談，這
是佛家一直說的「般若智」的運用。「敦煌本」《壇經》的全名是《南宗頓教
最上大乘摩訶般若波羅蜜經六祖惠能大師於韶州大梵寺施法壇經》，就是要說
明南宗頓教中佛教大乘最重要的「摩訶般若波羅密」見性方法。此方法是「法

〔註29〕參閱拾文：〈《敦煌寫本壇經》是「最初」的《壇經》嗎？〉，北京：《法音》
　　　　1982年第2期，頁46。
〔註30〕見錢穆：《國史大綱・引論》，《錢賓四先生全集》（27），頁33，臺北：經聯出
　　　　版社，1998年。
〔註31〕語見王孺童編校：〈韶州曹溪山六祖壇經・序〉《壇經諸本集成・惠昕本壇經
　　　　精校》，北京：宗教文化出版社，2014年，頁211。
〔註32〕參閱李潤生：〈神秀、惠能偈頌辨解〉，《佛學論文集上冊》，Canada Ontario：
　　　　加拿大安省佛教法相學會，2001年，頁84～85。

須行不在口，口念不行」〔註33〕。行與不行的表象，「摩訶者是大，心量廣大猶如虛空」〔註34〕「敦煌本」與「惠昕本」的差異，就是有人沒有真正明白六祖惠能所說的重點。

　　後世看神秀與惠能各呈心偈，以為是勝負的較量，這種心態在「契嵩本」最為明顯，可惜後世學人不察這完全是禪宗世代責任的傳承所在。傳承佛法，使人人皆能成佛，一直是佛祖的慈願。神秀是惠能的前輩，他當時未明所以，惠能借偈即時點出，這是「義」之所在，同時體現「般若」精神。「惠昕本」只保留惠能第一首「心偈」，使後學們未見惠能千年前所行「般若智」，一直至「敦煌本」被發現，顯示惠能思想主要在「心性」上用工夫。

（二）增加「自性」與「自性五分法身香」的詮釋與本質
1.「自性」的詮釋與本質

　　六祖惠能的「自性論」，在《壇經》是非常重要的內容。在「惠昕本」的「諸宗難問門」，六祖首次詮釋「何謂自性」，他說：

> 一切盡除，無名可名，名於自性。無二之性，是名實性。於實性上，
> 建立一切教門，言下便須自見。〔註35〕

「惠昕本」對「自性」的詮釋是「一切盡除，無名可名」，就是以「無相」及不可以形容，只能安立一概念名「自性」來定一範疇。再進一步說明，這「自性」亦明「實性」，它的特徵是「無二」的，只是「一」的概念。在了解「一」時，就在此「實性」上建立任何教門的方式，但最重要的是要自見這「自性」的內容。

　　「惠昕本」又有記載「自性」的內容具有五種特質，而「敦煌本」是沒有的。

> 五祖其夜至三更，喚某甲至堂內，以袈裟遮圍，不令人見，為某甲
> 說《金剛經》，恰至「應無所住而生其心」，言下便悟，一切萬法不

〔註33〕參閱《南宗頓教最上大乘摩訶般若波羅蜜經六祖惠能大師於韶州大梵寺施法壇經》，《大正新修大藏經》，第48卷，T48，NO.2007，日本大正一切經刊行會，1922～1934年，頁339下。

〔註34〕參閱《南宗頓教最上大乘摩訶般若波羅蜜經六祖惠能大師於韶州大梵寺施法壇經》，《大正新修大藏經》，第48卷，T48，NO.2007，日本大正一切經刊行會，1922～1934年，頁339下。

〔註35〕見王孺童編校：《壇經諸本集成·惠昕本壇經精校》，北京：宗教文化出版社，2014年，頁191～192。

離自性。某甲啟言：「和尚。何期自性本自清淨？何期自性本不生滅？

何期自性本自具足？何期自性本無動搖、能生萬法？」〔註36〕

「自性」的五種特質是：「本自清淨」、「本不生滅」、「本自具足」、「本無動搖」
及「能生萬法」。由「惠昕本」開始，到「契嵩本」及「宗寶本」都一直保留
著，其中只有將最後的「能生萬法」前加上「何期自性」，語句變得完整。

佛教思想是以「緣起性空」建立起來的〔註37〕，因此「體用」只虛說體
用。但吳明先生認為六祖惠能大悟後而讚嘆自性的內容，是對佛教的「體用」
即時轉入了「即體即相即用的全幅開展」。他說：

> 禪宗六祖慧能當年大悟「一切萬法不離自性」：「何期自性本自清
> 淨……何期自性能生萬法。」突顯一奇偉之中國心靈，雖其所奉為
> 佛教，卻已達于開天門，見天光。佛教之不可滅，正有待于一絕對
> 的開天門，見天光，天德流行，大易大有之教之順成性命，即體即
> 相即用之全幅開展，而佛教亦得在此順成性命之教之全幅開展中，
> 盡其橫觀的我法二空之智慧之用。〔註38〕

這裡所指的「突顯一奇偉之中國心靈」，就是「心性」。人的創造價值，只能
在「心性」上建立，才能全幅開展出即體即相即用。「開天門，見天光」的境
界，就是一圓融圓滿內外通透的體悟。在「緣起性空」上，佛教似去掉一切
法及我，呈現消極性，而被視為一切皆空，但不歸於零，最後「真空妙有」
中見「一」。其實佛教思想兼具「積極性」及「消極性」兩方面的性質。從消
極性方面，解構這「迷」與「悟」的生命現象的成因，而使眾生由「迷」轉
「悟」。從積極性方面，建構理想的圓滿人生，最終「見性成佛」。這是以積極
的精神來破除眾生「我法二執」的迷執問題。在處理這迷執的問題上，面對着
這現象世界中的一切法時，就是以「消極性」的思想來破一切的執取而活在當
下。這就是牟宗三先生所說的「佛教自覺地為『非有』而奮鬥」的箇中真諦。

〔註36〕見王孺童編校：《壇經諸本集成‧惠昕本壇經精校》，北京：宗教文化出版社，
2014年，頁163～164。

〔註37〕參閱陳沛然：《佛家哲理通析》，臺北：東大圖書公司，1993年，頁19。陳先
生云：「『緣起性空』乃佛家哲學之前提，亦是大小乘佛學之通則。由於『緣
起性空』乃佛家之核心概念，若違反『緣起性空』之法理，則不能稱得上是
佛家之說。」及「『緣起性空』是由『緣起』及『性空』兩個觀念組合而成；
『緣起性空』是個法則，用以描述事物存在之真實情況。」

〔註38〕見吳明：〈從佛教體用義之衡定看唐、牟之分判儒佛〉，《新亞學報》第28卷，
上編，香港：新亞研究所，2010年，頁109。

要透徹圓融地實踐佛家思想中的積極性與消極性於現實生活之中，必須將「心性」中的般若智呈現，才能完全掌握佛教的精神及其教理的詮釋〔註39〕。

在此，「心性」成為「道樞」〔註40〕上承中華文化，與禪宗在此中心點上，展現「即體即用」的關係。這中心的動力，就是「般若智」的啟動。這「般若智」似乎成為了一種「說實了的體用」，但其實是佛教的一種權說〔註41〕。在悟時的「即體即用」成為了一切文化及思想的動的延續，文化與思想是活的，具創造性及動力而不會停滯不前的。當不能推動向前時，只是「般若智」未啟動而已。

2.「自性五分法身香」的詮釋及本質

「惠昕本」還有增加了「自性五分法身香」內容，經文如下：

〔註39〕參閱拙文：〈敦煌本《六祖壇經》心性思想研究〉（碩士論文），香港：新亞研究所，2009 年，頁 13～14。按：「對於佛教「消極性」與「積極性」義的詮釋，參閱李潤生：〈佛家思想的積極性與消極性〉，《佛學論文集》（上），Ontario，Canada：加拿大安省佛教法相學會，2001 年，頁 23 及 33。李先生云：『『佛家思想對現實的人生和宇宙是消極的，但對其理想人生和宇宙卻是積極的』及佛家諸宗各派，雖然或多或少、或深或淺受到原始佛學對現實人生和宇宙的『消極的固定形態』之所束縛，但從佛家思想演變之流觀之，卻可以無疑地看見其『對現實人生和宇宙的態度之由消極精神趨向於積極精神』的痕跡。」
參閱牟宗三講（盧雪昆錄音整理）：《四因說演講錄》，上海：上海古籍出版社，1998 年，頁 120～121。牟宗三語云：「有自身同一性，我們才能說一個東西自己。首先說自身同一，自身同一就是說在變化的過程中有一個同一性在貫徹，所以不管怎麼變，孔子還是孔子，因此，我們才可以說任何東西的自己，說我自己的『自我』（ego）。照佛教看，這是世界哲學，世間哲學為這個『我』奮鬥，為這個『同一性』而奮鬥，為這個實有或存有而奮鬥。佛教正相反，佛教自覺地為『非有』而奮鬥，『非有』就是把那個『我』拉掉，把自身同一那個同一拉掉。因為這個東西是一切執著的根源，你有這個『我』，所以才有執著，有內外彼此的分別，佛教就把這個拉掉，這個是自覺的，這正好顯出佛教的特色。」
〔註40〕參閱吳明：〈從佛教體用義之衡定看唐、牟之分判儒佛〉，《新亞學報》第 28 卷，上編，香港：新亞研究所，2010 年，頁 108。參閱牟宗三：《心體與性體》第一冊，正中書局，1968 年，頁 187～188。牟先生云：「實踐理性充其極而達至『道德的形上學』之完成，（在中國是儒家的形態……）則這一個圓融的智慧義理本身是一個圓輪，亦是一個中心點，所謂『道樞』。說它是圓輪，是說在這輪子底圓轉中，人若不能提得住，得其全，則轉到某方面而停滯了，向外開，亦都是可以的：上下、內外、正負，皆可開合。」
〔註41〕參閱吳明：〈從佛教體用義之衡定看唐、牟之分判儒佛〉，《新亞學報》第 28 卷，上編，香港：新亞研究所，2010 年，頁 96。

傳自性五分法身香。一謂戒香，即自心中，無非無惡。無嫉妒、無
貪瞋、無劫害，名戒香。二定香，即睹諸善惡境相，自心不亂，即
是也。三惠香者，自心無痴，常以智慧觀照自性，不造諸惡，雖修
眾善，心不執著，畏上愛下，矜恤孤貧，此名惠香。四解脫香，即
自心無所攀緣。不思善、不思惡，自在無礙，名解脫香。五解脫知
見香者，自心既無所攀緣善惡，不可沉空守寂，即須廣學多聞，識
自本心，達諸佛理，言滿天下無口過，行滿天下無怨惡，和光接物，
無我無人。直至菩提，真性不易，名解脫知見香。善知識，此香各
自內熏，莫向外覓。〔註42〕

這部分「戒香」、「定香」、「惠香」、「解脫香」及「解脫知見香」主要強調「自
性」另一些特質，如「戒」、「定」、「惠」，這是佛家的「三學」；「解脫」在
於離相；「解脫知見」在於離相而不執空與寂，應事對人。張國一引述印順
法師的意見，認為「自性五分法身香」是重要資料，並且是一套「自性起用」
的理論，與「摩訶般若波羅婆蜜」的主軸思想「起用」相呼應〔註43〕。張氏
再說：

> 事實上，惠昕本《壇經》確特表現了對此一主軸思想的重視。

在「惠昕本」中保留了「言滿天下無口過，行滿天下無怨惡」這兩句，在「契
嵩本」及「宗寶本」並沒有此兩句。從這裡看似乎與「敦煌本」的行文不甚
相同，偏重說理，未達至直指本心的宗趣。所以我對「惠昕本」對「般若智」
中「用」的重視，有所商榷，因為「定惠體一」時，心性是全幅開展「體用」
的，是不捨不取的圓融狀態，無有分別，但了了分明的。

另外，「惠昕本」的〈南北二宗見性門〉內，補充之前「自性五分法身香」、
「解脫知見香」的內容，云：

> 若悟自性，亦不立菩提涅槃，亦不立解脫知見。無一法可得，方能
> 建立萬法，是真見性。若解此意，亦名佛身，亦名菩提涅槃，亦名
> 解脫知見……〔註44〕

〔註42〕見王孺童編校：《壇經諸本集成·惠昕本壇經精校》，北京：宗教文化出版社，
2014年，頁172。
〔註43〕參閱張國一：《唐代禪宗心性思想》，臺北：法鼓文化股份實業有限公司，2004
年，頁72。
〔註44〕見王孺童編校：《壇經諸本集成·惠昕本壇經精校》，北京：宗教文化出版社，
2014年，頁194。

此句以「敦煌本」作對比，就「得悟自性，亦不立戒定惠」〔註45〕。在「惠昕本」中，所用的「真見性」，在禪宗的方法論中，即是有一「假」的相對。這又不合乎禪宗「見性」這概念的定義。「敦煌本」認為生命的現象只有「迷」與「悟」的狀態，而沒有「真」與「假」的「心性」。還有，「惠昕本」對「自性」加強詮釋後，般若消解對立，在「立」與「不立」的「二邊」概念上，以「遊戲三昧」來解釋「見性的人」的境界：

> 見性的人，立亦得，不立亦得，去來自由，無滯無礙……不離自性，
> 即自在神通遊戲三昧之力，此名見性。〔註46〕

「自在神通遊戲三昧之力」，此句並不見於「敦煌本」，自「惠昕本」後，「契嵩本」「宗寶本」皆有此句而去掉「之力」二字〔註47〕。「遊戲三昧」的思想出自《大品般若經》、《法華經》及《維摩經》，融通自在為「見性」的境界〔註48〕。

（三）對「念念」概念不同的詮釋

「惠昕本」對「念念」這概念與「敦煌本」作不同的詮釋。「惠昕本」云：

> 若前念、今念、後念，念念相續不斷，名為繫縛。〔註49〕

「惠昕本」與「敦煌本」對「念念」的不同詮釋，在於「惠昕本」將「前念」及「後念」，中間的「念念」改為「今念」，所以它後面解作「念念相續不斷，名為繫縛」，這裡的「念念」是指前念、今念及後念不斷，即被相所繫縛。之後的「契嵩本」及「宗寶本」都依從「惠昕本」一直流傳，只重「今念」，而不知「念念」才是「活在當下」的最重要概念。與「敦煌本」的「念念相讀

〔註45〕參閱《南宗頓教最上大乘摩訶般若波羅蜜經六祖惠能大師於韶州大梵寺施法壇經》，《大正新修大藏經》，第48卷，T48，NO.2007，日本大正一切經刊行會，1922～1934年，頁342中。

〔註46〕見王孺童編校：《壇經諸本集成‧惠昕本壇經精校》，北京：宗教文化出版社，2014年，頁194。

〔註47〕參閱王孺童編校：《壇經諸本集成‧曹溪本壇經精校》，北京：宗教文化出版社，2014年，頁256及《大正新修大藏經》，T48，No.2008，〈頓漸第八〉《六祖大師法寶壇經》，日本大正一切經刊行會，1922～1934年，頁338下。

〔註48〕參閱霍韜晦講（袁尚華記錄）：《六祖壇經‧頓漸品第八》香港：法住出版社，2003年，頁474。

〔註49〕見王孺童編校：《壇經諸本集成‧惠昕本壇經精校》，北京：宗教文化出版社，2014年，頁169。

（續），無有斷絕」〔註50〕，是指「體用」關係不斷，來去自由的生命狀態，詮釋不同。在「念念」中，才能無住於相。因此，這「一念」成為「體用」的關鍵概念。

（四）經文次序的變動

「惠昕本」與「敦煌本」在經文次序出現以下的變動〔註51〕：

敦煌本	惠昕本
一、說自性三身佛	一、增添「傳自性五分法身香」一段，凡二百十一字，敦煌本所無
二、發四弘誓願	二、無相懺悔
三、說無相懺悔	三、四弘誓願
四、說無相三歸依戒	四、無相三歸依戒
	五、一體三身自性佛

「惠昕本」中添加的「傳自性五分法身香」的內容，一說是來自《大乘起信論》的「薰習」義，這尚待考證。「惠昕本」先提出「自性」與「法身」為「香」的概念為始，貫穿「無相懺悔」、「四弘誓願」、「無相三歸依戒」，最後又以「一體三身自性佛」為終，明顯是一套完整性的佛教儀式，以後的《壇經》尤以此為依據。胡適說「惠昕本」的「這個順序確是稍勝於原來的次第」〔註52〕，這個說法我不能完全同意，原因在於禪宗「直指人心」的頓法門是不假任何外相而見性。

（五）傳承人物次序的變動

在「惠昕本」的跋尾部分，與「敦煌本」有以下的差異，現引述如下〔註53〕：

惠昕本跋尾云：

〔註50〕參閱《南宗頓教最上大乘摩訶般若波羅蜜經六祖惠能大師於韶州大梵寺施法壇經》，《大正新修大藏經》，第48卷，T48，NO.2007，日本大正一切經刊行會，1922～1934年，頁338下。

〔註51〕見胡適：〈《壇經》考之二（記北宋本的《六祖壇經》)〉，《胡適卷》，武漢：武漢大學出版社，2008年，頁331。

〔註52〕參閱胡適：〈《壇經》考之二（記北宋本的《六祖壇經》)〉，《胡適卷》，武漢：武漢大學出版社，2008年，頁331。

〔註53〕見胡適：〈《壇經》考之二（記北宋本的《六祖壇經》)〉，《胡適卷》，武漢：武漢大學出版社，2008年，頁332。按：「敦煌本」的傳授表，將道際的位置放在法海之後，悟真之前，方便參考。

洎乎法海上座無常，以此經付囑志道，志道付彼岸，彼岸付悟真，

悟真付圓會，遞代相傳付囑。一切萬法不離自性中現也。

兩本的傳授如下表：

「敦煌本」法海——→道際——→悟真

「惠昕本」法海——→志道——→彼岸——→悟真——→圓會

對此部分的看法，哈磊認為惠昕本是據法海—志道—彼岸—悟真—圓會的付囑排列，當中具有「傳宗本」的性質，因為惠昕以「文繁」的古本《壇經》作為底本修改《壇經》〔註54〕。這與胡適認為「惠昕本」是修訂「敦煌本」的結論有所不同。「敦煌本」與「惠昕本」《壇經》在這方面，似出現傳承者差異的情況，上列的弟子，除了「法海」、「志道」是六祖惠能在入滅前是「十大弟子」——「法海、志誠、法達、智常、志通、志徹、志道、法珍、法如、神會」，將來傳承「頓法」成為「一方頭」外，其餘都不是六祖惠能的直接授法者。不過這些差異只是枝葉問題，無關宏旨。

最重要的是，「惠昕本」與「敦煌本」最大的差別，是在「心性」傳承上出現分歧。惠能的「心偈」只有一首保存在「惠昕本」上，而第二首「心偈」所顯示的「體用」關係未能顯示出來，世人只見第一首的「體」，而不見第二首「用」，禪宗的「體用」，只見「自性」的清淨「法體」而不見「般若智」的呈現。因此，「惠昕本」有描述「自性」的五種本質「本自清淨」、「本無動搖」、「本自具足」、「本不生滅」及「能生萬法」。「惠昕本」在《壇經》中的其他改動，如經文的次序改動，對於修行的意義上沒有重大改變。至於傳承人物次序的變動，禪門自六祖惠能以後，都改成為複線傳承。其實誰先誰後的次序，無關宏旨。

本章小結

「惠昕本」《六祖壇經》，成書於北宋乾德五年（967）。在日本京都興聖寺被發現又名「興聖寺本」，胡適稱為「人間第二最古的《壇經》」。它與現存最古的「敦煌本」《壇經》分別在於分為二卷十一門，當中亦有三卷十六門的「惠昕本」版本，胡適認為有機會是契嵩改動後，無更改惠昕之名。至於「惠昕本」出現的原因，在《壇經》序中，惠昕說：「古本文繁，披覽之徒，初忻

〔註54〕參閱哈磊：〈德異本《壇經》增補材料之文獻溯源考證〉，成都：《宗教學研究》
2015 年第 4 期，頁 105。

後厭」，就是他改動《壇經》的動機，目的是「刪繁為簡」，方便閱讀。事實上「惠昕本」與「敦煌本相較，以字數而論，不見得是刪繁為簡」，除只記錄惠能的一偈外，值得留意的是，惠昕所指的「古本」《壇經》，是否真的存在？哈磊及拾文都認為有「古本」《壇經》存在，哈磊以朱翌的〈南華五十咏〉作根據，而拾文則以惠昕、契嵩及宗寶三人自述曾見「文繁」的「古本」《壇經》及《祖堂集》等資料支持此看法。這或證明了「惠昕本」之後的版本，不是依「敦煌本」來修改的。

　　雖然「惠昕本」只記錄惠能的第一首「心偈」，但它增加了「自性」及「自性五分法身香」的詮釋及特質。按「心性」而言，「自性」是《壇經》的核心。在「念念」的概念與「敦煌本」有不同的詮釋。至於在經文及傳承人物的次序中亦作了一些變動，亦與「敦煌本」有不同。

第五章 「契嵩本」《六祖壇經》

　　「契嵩本」《六祖壇經》，又稱「曹溪原本」。這種版本見載明《嘉興藏》，書名稱《六祖大師法寶壇經曹溪原本》〔註1〕。此書的成書時間約為宋至和三年（1056），原本已佚，為現存「德異本」的底本〔註2〕。「德異本」是發現於韓國高麗〔註3〕「契嵩本」的最早譜系〔註4〕。但今年侯沖發表了〈契

〔註1〕參閱李富華：〈《壇經》的書名、版本與內容〉，《中國禪學》第 1 卷，北京：中華書局，2002 年，頁 93。

〔註2〕參閱李富華：〈《壇經》的書名、版本與內容〉，《中國禪學》第 1 卷，北京：中華書局，2002 年，頁 93。李氏云：「……『曹溪古本』勒成三卷的契嵩本今已難得一見。之後在元朝至元二十七年（1290）由僧人德異在「吳中休休禪庵」刊印了一種本子，史稱『德異本』。」李氏又云：「據學者研究異本很可能就是契嵩本，但經文已不是三卷，而是一卷十門。這種本子明憲宗成化七年（1471）命「廷臣趙玉芝重加編錄，鋟梓以傳」，這就是刻於曹溪的成化刊本，這種刊本在萬曆元年（1573）、萬曆四十四年（1616）及清順治九年（1652）又幾次重刻。此本收錄於明嘉興大藏經中。當然，從契嵩改編本到德異本，再到明成化所刊的「曹溪原本」，其間的發展脈絡還不十分清楚，有待作進一步研究。」又參閱洪修平：〈關於《壇經》的若干問題研究〉，北京：《世界宗教研究》，1999 年第 2 期，頁 80～81。

〔註3〕參閱楊曾文：〈六祖壇經諸本的演變和惠能的禪法思想〉，北京：《中國文化》第 6 期，1992 年第 1 期，頁 27～28。楊氏云：「高麗在明嘉靖三十七年（1558）所刊的《壇經》，是元代大德四年（1300）的翻印本，上面有高麗僧萬恒寫的序，曰：中吳休休蒙山異老，具向上宗眼，嗣烈祖正脈，籠羅古今，衡鑑邪正，不濫絲毫，人所敬信者也。尋得大全之古本，既板而壽其傳……越大德二年春，附商寄來，囑以流通法施之願。予亦不淺，得之慶幸，遂乃重鏤，庶流布於無窮也……四年庚子七夕，住花山禪源萬恒謹題。」可見朝鮮大德本是德異託商人送給萬恒刻本的翻印。高麗延祐三年（1316）的刊本也是德異本。朝鮮流通的《壇經》幾乎全屬於德異本系統。日本柳田聖山編的《壇

嵩本《壇經》新發現〉一文，提及發現「洪武六年」（1373）的「閩山雙泉寺」刊本的《六祖大師法寶壇經》，正是鈴木大拙所指的「洪武六年」的「契嵩本」〔註5〕。由於新發現的版本的年份，在「德異本」之後，因此本章保留以「德異本」為中國禪宗思想脈絡的一基點。「契嵩本」《壇經》的經文內容，與「敦煌本」及「惠昕本」《壇經》有很大的分別；在不同的研究方向中，也出現不同的說法：一是契嵩改動時，採用〈曹溪大師別傳〉的資料而失《壇經》旨趣〔註6〕；一是以「惠昕本」為基礎，再以禪宗的文獻如《祖堂集》、《燈錄》等而悉心整理〔註7〕；一是以「曹溪古本」較為三卷〔註8〕；一是以住在茅山修行的陳琡所編的《壇經》作對勘〔註9〕；還有的是「實現三教融合的契嵩校勘《壇經》」〔註10〕。

經諸本集成》（日本京都中文出版社一九七六年版）收的朝鮮本《壇經》是清光緒九年（1883）刊本，也是德異本。」

又參閱李富華：〈《壇經》的書名、版本與內容〉，《中國禪學》第1卷，北京：中華書局，2002年，頁93。「德異本」——李氏云：「這種版本現在發現了明嘉靖三十七年（1558）刊印的『高麗傳本』。『高麗傳本』有高麗僧萬恒寫的序言，指明了『吳中休休蒙山異老』，即德異本的關係，即此本完全是德異本的重刊。」

〔註 4〕參閱白光：《壇經版本譜系及其思想流變研究》，北京：宗教文化出版社，2013年，頁142。

〔註 5〕參閱侯沖：〈契嵩本《壇經》新發現〉，北京：《世界宗教研究》，2018年第4期，頁55～56。

〔註 6〕參閱胡適：〈《壇經》考之一（跋〈曹溪大師別傳〉）〉，《胡適卷》，武漢：武漢大學出版社，2008年，頁313～321。

〔註 7〕參閱哈磊：〈德異本《壇經》增補材料之文獻溯源考證〉，成都：《宗教學研究》2015年第4期，頁104～114。

〔註 8〕參閱印順：《中國禪宗史》，臺北：正聞出版社，1994，頁277。印順云：「（宋·郎簡，〈六祖法寶記敘〉）郎簡所見的《壇經》，『文字鄙俚繁雜』。『繁雜』，與九十年前，惠昕所見的『古本文繁』相同。契嵩得到了『曹溪古本』，校為三卷，大抵是依據古本，而作一番文字的修正、潤飾。從三卷來說，篇幅不少。契嵩曾作『壇經贊』，所敘述的大梵寺說法部分，與燉煌本次第相合，也沒有『五分法身香』。所以契嵩的三卷本，可能大梵寺說法部分，與燉煌本相同。而在其他部分，大大的增多，與古本相近。到契嵩時，應有繁雜鄙俚的古本，契嵩勒成三卷的曹溪古本。」

〔註 9〕參閱張培鋒：〈《六祖壇經》與道家、道教關係考論〉，成都：《宗教學研究》，2008年第2期，頁91～98。

〔註10〕參閱白光：《壇經版本譜系及其思想流變研究》，宗教文化出版社，2013年，頁140～241。

一、「契嵩本」《六祖壇經》的由來

釋契嵩（1007～1072），北宋雲門法嗣，有著作《鐔津文集》以及《輔教編》、《傳法正宗記》等。在宋仁宗至和三年（1056），契嵩發現了「古本」《壇經》，以此「古本《壇經》來校勘《壇經》，目的是更正「其為俗所增損而文字鄙俚繁雜，殆不可考」的弊病，當時有一位吏部待郎郎簡（968～1056）「出財模印」契嵩校勘後的《壇經》，就是所謂「契嵩本」《壇經》的由來。此「契嵩本」《壇經》為三卷十門，以後的《壇經》亦分十品，以作流通〔註11〕。

現以白光整理後與「契嵩本」互有出入共 14 版本的《壇經》為據，分別為四組：（1）「明版南藏本」、「明版北藏本」、「清代龍藏本」、「房山石經本」，此組字數比其他版本為少，記載以集中在「大梵寺說法」為主；（2）「正統本」、「松川寺本」、「海印寺本」、「王起隆刻本」；（3）「恒照寫本」、「徑山藏本」、「鼓山本」；（4）「德清本」、「真樸本」、「金陵刻經處本」〔註12〕。現列如下，藉供參考〔註13〕：

編號	名　稱	作　者	年　代	經正文字數	照片及其發布
1	正統四年本	未知	1439	19436	1976 年柳田聖山（1922～）之《六祖壇經諸本集成》。
2	王起隆刻本	王起隆	1652	19420	1976 年柳田聖山之《六祖壇經諸本集成》。
3	韓國松川寺本	松川寺	1703	19423	2011 年收到韓國夢山法志收集的複印本。
4	韓國海印本	海印寺	1883	19423	1976 年柳田聖山之《六祖壇經諸本集成》。

〔註11〕 參閱釋契嵩：《鐔津集》卷十二〈六祖法寶記叙〉（此郎侍郎作附），香港：迪志文化公司，2003 年，頁 52～53。〈六祖法寶記叙〉云：「然六祖之說，余素敬之患，其為俗所增損而文字鄙俚繁雜，殆不可考。會沙門契嵩作《壇經贊》，因謂嵩師曰：『若能正之，吾為出財模印以廣其傳。』更二載，嵩果得曹溪古本校之勒成三卷。粲然皆六祖之言，不復謬妄，乃命工鏤板，以集其勝事，至和三年三月十九日序」。出財模印《壇經》的郎簡，為杭州人，自號武林居士。

〔註12〕 參閱白光：《壇經版本譜系及其思想流變研究》，北京：宗教文化出版社，2013年，頁 142～144。

〔註13〕 見白光：《壇經版本譜系及其思想流變研究》，北京：宗教文化出版社，2013年，頁 143。按：此表本無編號，現在加上編號一欄，方便參考。

5	德清重校本	憨山德清	1620	19227	2010 年得到，2002 年南華寺之重印本。
6	真樸重刻本	真樸	1676	19225	1976 年柳田聖山之《六祖壇經諸本集成》。
7	金陵刻經處本	楊文會	1929	19240	1976 年柳田聖山之《六祖壇經諸本集成》。
8	恒照手寫本	恒照	1584	19457	1976 年柳田聖山之《六祖壇經諸本集成》。
9	嘉興徑山本	未知	1609	19454	2009 年拍到嘉興藏之照片。
10	福州鼓山本	道霈	1838	19454	2010 年收到馬海燕所到鼓山湧泉寺重印本。
11	明南藏淨戒本	淨戒	1414	9826	1976 年柳田聖山之《六祖壇經諸本集成》。
12	明代北藏本	未知	1420	9824	2009 年拍到永樂北藏之照片。
13	房山石刻本	趙琦美	1620	9836	2010 年收到國家圖書館藏拓片之照片。
14	清代龍藏本	未知	1733 至 1738	9824	2009 年拍到乾隆大藏經之照片。

　　由於「契嵩本」失傳，現只能以「德異本」的底本作研究。研究「契嵩本」的內容組成，可以看到有不同的說法，這些說法，能幫助我們了解「契嵩本」在禪宗思想內的定位。現分述如下：

（一）「契嵩本」以〈曹溪大師別傳〉作對勘

　　胡適在〈《壇經》考之一〉（跋〈曹溪大師別傳〉）一文中，以「敦煌本」與「明藏本」比較，分析出「契嵩本」《壇經》的部分內容，是採用〈曹溪大師別傳〉中的資料。因此，胡適推斷契嵩所謂的以「古本」《壇經》作對勘，其實是依〈曹溪大師別傳〉。〈曹溪大師別傳〉一卷，中國已無傳本。此本是日本所傳，收在《續藏經》二編乙、十九套、第五冊，頁 483～488〔註14〕。

　　胡氏以「敦煌本」與「明藏本」即「流通本」比較，發現兩者之間的經文內容多出百分之四十。他認為有一部是在宋代以後被增加的，而另一部是由於契嵩在處理《壇經》對勘時，採用了〈曹溪大師別傳〉（簡稱〈別傳〉），

〔註14〕　參閱胡適：〈《壇經》考之一（跋〈曹溪大師別傳〉）〉，《胡適卷》，武漢：武漢大學出版社，2008 年，頁 313。

卻誤以為此〈別傳〉是「古本」《壇經》加進《壇經》，而再刊印〔註15〕。現據胡氏所云依「明藏本」的次第列表如下〔註16〕：

編號	經文位置	分析經文
1	行由第一	自「惠能後至曹溪，又被惡人尋逐」……惠能於菩提樹下開東山法門——此一大段，約四百餘字，敦煌本沒有，是採自〈曹溪大師別傳〉的。
2	機緣第七	劉志略及其姑無盡藏一段，敦煌本無，出於〈別傳〉。又智隍一段，約三百五十字，也出於〈別傳〉的瑝禪師一段，但改瑝為智隍，改大榮為玄策而已。
3	頓漸第八	神會一條，其中有一段「吾有一物，無頭無尾，無名無字，無背無面。諸人識否？」的六十字，也出於〈別傳〉。
4	宣詔第九	全章出於〈別傳〉，約六百多字，敦煌本無。但此章刪改最多。因為〈別傳〉原文出於一個陋僧之手，謬誤百出，如說「神龍元年（705）高宗大帝敕曰」不知高宗已經死了二十二年了！此等處契嵩皆改正，高宗詔改為「則天中宗詔」，詔文也完全改作。此詔今收在《全唐文》，（卷十七），即是契嵩改本，若與〈別傳〉中的原文對勘，便知此是偽造的詔書。
5	付囑第十	七十年後東來二菩薩的懸記，出於〈別傳〉，說契嵩入《壇經》，敦煌本無。

　　胡適在「明藏本」即流通本《壇經》的「行由品」、「機緣品」、「頓漸品」、「宣詔品」、「付囑品」找出契嵩將〈曹溪大師別傳〉的資料加入《壇經》，而「敦煌本」《壇經》是沒有的，大約共 1400 字。最大問題的部分是在「宣詔品」中，這增加的部分，約 600 字，「全章出於〈別傳〉」。由於〈別傳〉記載「神龍元年（705）高宗大帝敕曰」是一大錯誤，因為高宗已經去死 22 年，證明在〈別傳〉中的詔書，是偽造的。後來契嵩更正為「則天中宗詔」後，被加入《壇經》中。另「七十年後東來二菩薩的懸記」的部分，不是六祖惠能的思想，而被增添了宗教的神秘感，亦非禪宗的「無相為體」的宗旨。

〔註15〕參閱胡適：《《壇經》考之一（跋〈曹溪大師別傳〉）》，《胡適卷》，武漢：武漢大學出版社，2008 年，頁 316～317。胡氏云：「我們試取敦煌本《壇經》和明藏本相比較。可以知道明藏本比敦本多出百分之四十（我另有《壇經》敦煌本考證）。這多出的百分之四十，內中有一部分是宋以後陸繼加進去的。但其中有一部分是契嵩採自〈曹溪大師別傳〉的。」

〔註16〕見胡適：《《壇經》考之一（跋〈曹溪大師別傳〉）》，《胡適卷》，武漢：武漢大學出版社，2008 年，頁 317。按此引文本非表列，現將原文併入表中，方便參考。

　　胡適又考證「付囑品」最尾部分，關於惠能生平亦是來自《別傳》，如《別傳》原記載惠能是「三十四歲傳衣」，契嵩分別參考了王維、柳宗元、劉禹錫三位的惠能碑銘，最後改為「二十四傳衣」。〔註17〕契嵩改動惠能說法為三十七年，而胡氏這樣說：

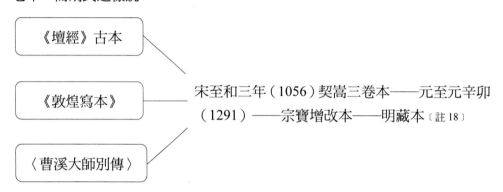

　　胡氏以一簡圖表述〈曹溪大師別傳〉和明藏本《壇經》來說明《壇經》的演變史。其中有提及「古本」《壇經》或早於「敦煌本」，但沒有認為此「古本」是文繁的，這點與拾文及哈磊有所不同。而這「古本」《壇經》暫未發現真本存世，只能存疑亦不能否定它的存在。

　　經過一番考證工夫後，胡適認為契嵩是錯誤選取〈曹溪大師別傳〉來對勘《壇經》，原因〈別傳〉是「一個無識陋僧妄作的一部偽書。其書本毫無歷史價值，而有許多荒謬的錯誤」。言下之意是，以不正確的史料，增入《壇經》中，亦使《壇經》失去可信性。因此，他建議運用資料如《全唐文》中的王維《能禪師碑》，此碑內容有記載「印宗法師說《涅槃經》」一事，而「敦煌本」《壇經》則未有記載〔註19〕。按此方法，將未被記載與六祖惠能有關的史料，增加或修正《壇經》不足之處，才是正確的對勘方法。

〔註17〕參閱胡適：《《壇經》考之一（跋〈曹溪大師別傳〉）》，《胡適卷》，武漢：武漢大學出版社，2008年，頁318。

〔註18〕見胡適：《《壇經》考之一（跋〈曹溪大師別傳〉）》，《胡適卷》，武漢：武漢大學出版社，2008年，頁318。按此圖各書名本無外框，現加上外框及及改動指向線，方便參考。

〔註19〕參閱胡適：《《壇經》考之一（跋〈曹溪大師別傳〉）》，《胡適卷》，武漢：武漢大學出版社，2008年，頁318。胡氏云：「但〈曹溪大師別傳〉實在是一個無識陋僧妄作的一部偽書。其書本毫無歷史價值，而有許多荒謬的錯誤。其中所記慧能的一生，大體用王維的〈能禪師碑〉（《全唐文》三二七），如印宗法師之事雖不見於《壇經》古本。而王維碑文中有之。」

（二）「契嵩本」以禪宗《祖堂集》、《燈錄》等作對勘

「敦煌本」中的「英博本」《壇經》中的字數為 11619 [註20]。「惠昕本」中的「興聖寺本」實存字數為 13396 [註21]。「契嵩本」中的字數約為 19800 字左右 [註22]。在研究不同的文獻後，胡適認為契嵩依〈曹溪大師別傳〉增加不少內容，以「敦煌本」與「明藏本」《壇經》來比較，當中多出百分之四十，而考證出契嵩以《別傳》加了 1600 字，這些都是字數上的差別。哈磊在〈德異本《壇經》增補材料之文獻溯源考證〉則認為，契嵩增補《壇經》是有其他文獻作基礎的，這些文獻包括敦煌文獻、唐宋碑記、史傳、《語錄》、《燈錄》等等，其中 39 條被增補的資料，有 36 條是有文獻作依據，而不是契嵩「杜撰」[註23]。

由於「契嵩本」現不存於世，以「德異本」研究「契嵩本」《壇經》是可行的方法。在已佚的「契嵩本」《壇經》中找尋研究的出路，哈磊據「德異本」《壇經》來研究「契嵩本」，再以其他的文獻作為佐證，藉以解構「契嵩本」《壇經》的構成資料來源 [註24]。

〔註20〕見白光：《壇經版本譜系及其思想流變研究》，北京：宗教文化出版社，2013年，頁6。

〔註21〕見白光：《壇經版本譜系及其思想流變研究》，北京：宗教文化出版社，2013年，頁92。

〔註22〕參閱哈磊：〈德異本《壇經》增補材料之文獻溯源考證〉，成都：《宗教學研究》，2015年第4期，頁104。哈氏云：「由於法海本的『語要』性質、惠昕本的『節要』性質，增補《壇經》而成『全璧』成為禪門的共同願望，契嵩本則實現了這一願望。契嵩本在吸收惠昕本全部異文的基礎上，又增補了39條，6500餘字。增補的內容主要集中在六祖生平、滅度及弟子因緣部分，大梵寺說法部分增補很少。」

〔註23〕參閱哈磊：〈德異本《壇經》增補材料之文獻溯源考證〉，成都：《宗教學研究》，2015年第4期，頁104～105。哈氏云：「本文僅就歷來多為學術界漠視或鄙視的契嵩系之德異本——與宗寶本屬同一系統——增補材料的文獻來源和傳世文獻的佐證材料加以研究，一則說明增補材料多數有其傳世文獻之佐證；一則說明眾多增補材料在契嵩增補《壇經》之前已見於傳世文獻，並非契嵩『杜撰』；一則借相關引用文獻說明契嵩本在宋元流行的情形；最後達成的一個基本結論是：除3則材料不見引用外，德異本36則增補材料皆與契嵩本相關，契嵩本應即德異本之底本，或經少許之改動。」

〔註24〕參閱哈磊：〈德異本《壇經》增補材料之文獻溯源考證〉，成都：《宗教學研究》，2015年第4期，頁105。哈氏云：「惠昕本之後，見於文獻記載的新的《壇經》版本，是北宋契嵩根據曹溪古本《壇經》重新整理並加以潤色的三卷本，世稱契嵩本。郎簡為此作了《六祖法寶記敘》，此文收於契嵩的《鐔津文集》第11卷中，序中說明該本刊行於「至和三年（1056）」，並說明了刊行的緣由。

　　首先，「德異本」是以「惠昕本」《壇經》為基礎，增加了 39 條新的內容，現分列如下〔註25〕：

序號	經文內容
1	「米熟久矣猶欠篩在」條。
2	「有情來下種因地果還生」條。
3	「不思善，不思惡，正與麼時，那個是明上座本來面目」條。
4	「但吃肉邊菜」條。
5	「不是風動，不是幡動，仁者心動」條。
6	「惟論見性，不論禪定解脫」條。
7	「佛性非常非無常、佛性非善非不善」條。
8	「心平何勞持戒，行直何用修禪」條。
9	「懺者，懺其前愆；悔者，悔其後過」條。
10	劉志略、無盡藏條。
11	法海條。
12	法達條。增「禮本折慢幢頭奚不至地」、「誦經及不明與義作仇家」及「經說三車羊鹿牛車與白牛之車如何區別」。
13	智通條。
14	智常條。增「不見一法存無見大似浮雲遮日面……無端起知見著相求菩提」。
15	志道條。
16	行思條。
17	懷讓條。
18	玄覺條。
19	智隍（玄策）條。
20	「師云我不會佛法」條。

由於契嵩本現已不存于世，傳世文獻也缺乏詳細的記載，對於契嵩本的進一步研究幾乎無從開展。」（按《鐔津集》應為「卷十二」而非「卷十一」，參閱釋契嵩：《鐔津集》卷十二〈六祖法寶記敘〉（此郎侍郎作附），香港：迪志文化公司，2003 年，頁 52～53。）

〔註25〕見哈磊：〈德異本《壇經》增補材料之文獻溯源考證〉，成都：《宗教學研究》，2015 年第 4 期，頁 105。

21	方辯條。
22	「惠能沒伎倆不斷百思想」條。
23	「神秀述傳衣及勸弟子親近六祖」條。
24	「一具臭骨頭，何為立功課」條。
25	志徹條。
26	「以無住為本，見即是主」條。
27	「汝向去有把茆蓋頭，也只成個知解宗徒」條。
28	中宗詔請六祖赴京條。
29	六祖與薛簡對答條。
30	詔書獎諭六祖條。
31	「若欲成就種智，須達一相三昧、一行三昧」條。
32	「慎勿觀靜，及空其心。此心本淨，無可取捨」條。
33	「葉落歸根，來時無口」條。
34	「正法眼藏，傳付何人？師曰：有道者得，無心者通」條。
35	「頭上養親，口裡須餐，遇滿之難，楊柳為官」條。
36	「七十年後，有二菩薩從東方來，一在家，一出家」條。
37	「汝等自心是佛，更莫狐疑」條。
38	「兀兀不修善，騰騰不造惡」條。
39	「年二十四傳衣，三十九祝髮，說法利生，三十七載，嗣法四十三人」條。

　　以上 39 條的內容，可分為四部分：由第 1 至 7 條，增加「六祖生平」相關內容，共 718 字；由第 8 至 9 條，是關於「大梵寺說法」，共 300 字；由第 10 至 27 條，是與弟子因緣的內容，包括「參請機緣第六」和「南頓北漸第七」兩品，共增補 4307 字；最後的部分，由第 28～39 條，是關於「詔請」、「臨終付法」及「滅度」的情形，當中包括「唐朝重詔第八」、「付囑流通第十」兩品內容，共增補 1021 字〔註26〕。因此，大約估計在「惠昕本」後，再被契嵩增補約 6500 字。

　　至於「惠昕本」、「德異本」所增內容，可分項說明如下：

〔註26〕參閱哈磊：〈德異本《壇經》增補材料之文獻溯源考證〉，成都：《宗教學研究》，2015 年第 4 期，頁 105～106。哈氏云：「『法門對示第九』中沒有增補內容，僅刪除了相當於敦煌本第 48 節、大乘寺本第 49 節的文字，即所謂《壇經》傳宗的內容。在德異本中，還含有夾註，共計 193 字。」

惠昕本、德異本增補內容分項統計表〔註27〕

版本 \ 主題字數		生平自述	大梵寺說法	弟子因緣	詔請、付法及滅度	夾註	合計
惠昕本（增）		758	286	213	248	0	1505
德異本（增）	不計惠（本）	718	300	4307	1021	193	6539
	計惠本	1476	586	4520	1269	193	8044

　　從上表看來，「惠昕本」至「德異本」《壇經》之間增加部分及多增字數為 6539 字，「敦煌本」至「德異本」多增字數為 8044 字。這裡表示最後宗寶本的《壇經》的成分，主要是來自「德異本」，亦即是來自「契嵩本」。

　　胡適認為「契嵩本」有部分依據〈曹溪大師別傳〉改動外，哈磊則以其他文獻找尋出契嵩增補《壇經》的依據所在，目的是證明《壇經》所記載的資料不是「杜撰」的。現以表列如下：

德異本增補 39 條引用及佐證文獻表〔註28〕

	外紀	法寶	王碑	別傳	柳碑	劉碑	宗密	祖堂	宗鏡	宋僧	傳燈	廣燈	正宗	朱詩	聯燈	普燈	會元	語錄
1								✓			✓			✓			✓	✓
2								✓	✓	✓	✓	✓			✓		✓	✓
3								✓	✓		✓	✓			✓		✓	✓
4																		
5		✓		✓		✓		✓		✓	✓	✓		✓	✓		✓	✓
6				✓				✓									✓	✓
7	✓		✓	✓		✓											✓	
8																		
9																		
10				✓						✓	✓	✓	✓				✓	✓
11										✓					✓		✓	

〔註27〕見哈磊：〈德異本《壇經》增補材料之文獻溯源考證〉，成都：《宗教學研究》，2015 年第 4 期，頁 106。

〔註28〕見哈磊：〈德異本《壇經》增補材料之文獻溯源考證〉，成都：《宗教學研究》，2015 年第 4 期，頁 112。按此表的「✓」原本是「有」字，現改為「✓」符號，方便參考。

#	1	2	3	4	5	6	7	8	9	10	11	12	13
12								✓			✓	✓	
13								✓			✓	✓	
14								✓		✓	✓	✓	
15								✓				✓	
16								✓	✓		✓	✓	
17						✓		✓	✓	✓	✓	✓	
18						✓		✓			✓	✓	✓
19			✓			✓	✓	✓			✓	✓	
20						✓					✓	✓	✓
21								✓	✓	✓		✓	
22					✓		✓	✓				✓	✓
23								✓				✓	✓
24											✓	✓	✓
25								✓				✓	
26					✓	✓		✓				✓	
27			✓			✓		✓				✓	✓
28	✓	✓		✓	✓	✓	✓	✓	✓	✓	✓	✓	
29	✓			✓	✓	✓		✓		✓	✓	✓	✓
30		✓				✓	✓	✓		✓	✓	✓	
31						✓		✓		✓	✓	✓	✓
32						✓		✓	✓	✓		✓	
33								✓	✓	✓	✓	✓	
34						✓		✓	✓	✓	✓	✓	
35						✓	✓	✓			✓	✓	
36			✓			✓		✓	✓	✓		✓	
37						✓	✓	✓	✓	✓	✓	✓	
38													
39	✓			✓	✓					✓			

　　哈磊說明這表是依據時間順序排列，將「德異本」增補的內容與相關的18項傳世文獻比較〔註29〕，我們可以知道39項中第4、8、9、38在文獻中暫

〔註29〕參閱哈磊：〈德異本《壇經》增補材料之文獻溯源考證〉，成都：《宗教學研究》，2015年第4期，頁112。哈氏云：「需要說明的是：本表依據時間順序，將與德異本增補內容相關的傳世文獻分為18項列入表中。《外紀》即《六祖大師緣起外紀》，法寶即《歷代法寶記》，宗密一項包括他的《圓覺經大疏鈔》、《略

未被發現，即是「但吃肉邊菜」條〔註30〕、「心平何勞持戒，行直何用修禪」條〔註31〕、「懺者，懺其前愆；悔者，悔其後過」條〔註32〕。

在分析各項資料後，「德異本」增加的 39 條內容中，有 36 條是有文獻作根據。哈磊認為「可以斷定德異本實際上就是契嵩本」，並推斷「德異本」在編製時將三卷的「契嵩本」改為不分卷的版本〔註33〕。換言之，這只是形式上有改動，而內容是一致的。由於「契嵩本」已佚，從文獻上作根據，似乎是比較穩妥的做法，暫時以「德異本」作「契嵩本」作為研究《壇經》的參考版本，或待「契嵩本」重新被發現時，才能知道這推論是否正確。因此，我們研究「契嵩本」《壇經》時，可以從此方向進一步探討或是以相關文獻比較研究為基礎，思索禪宗的核心要義。

疏〉、《禪源諸詮集都序》及《禪門師資圖》，宋僧指《宋高僧傳》，朱詩指朱翌《南華五十詠》。語錄一項因為時間跨度大、作者多，故合為一項，稍嫌混淆，但為納入本表，也屬無奈。本表除語錄外，自《廣燈》以左為契嵩本刊行前之文獻佐證情形。《正宗記》至「語錄」間，為契嵩本刊行後的文獻佐證情形。語錄一項，則二者兼有。另外，僅有一見的材料，如：《舊唐書神秀傳》、《禪苑蒙求》、陸希聲《仰山通智大師塔銘》、《智異山雙溪寺記》等都未列入表中。」

〔註30〕 參閱哈磊：〈德異本《壇經》增補材料之文獻溯源考證〉，成都：《宗教學研究》，2015 年第 4 期，頁 106。哈氏云：「『但吃肉邊菜』條。明代文獻見有引用、評唱，未見到更早的文獻出處。」

〔註31〕 參閱哈磊：〈德異本《壇經》增補材料之文獻溯源考證〉，成都：《宗教學研究》，2015 年第 4 期，頁 107。哈氏云：「韋據問在家如何修行，共增 217 字，主體為七言偈頌，共 18 句。本條最早的引文見於元末明初妙葉所著《寶王三昧念佛直指》，此外未見更早的文獻出處和徵引。明、清文獻如《指月錄》、《淨土十要》等屢有引用。」

〔註32〕 參閱哈磊：〈德異本《壇經》增補材料之文獻溯源考證〉，成都：《宗教學研究》，2015 年第 4 期，頁 107。哈氏云：「『懺者，懺其前愆；悔者，悔其後過』條。興聖寺本已見此條，內容與德異本完全相同……」另外，元代蕭士贇《李太白集分類補注》卷 7《僧伽歌》注有『士贇曰：六祖惠能大師曰：懺者懺其前愆，悔者悔其後過』之語。（二）弟子機緣部分這個部分包括『參請機緣第六』和『南頓北漸第七』兩個部分，共 17 條。敦煌本與惠昕本僅有志誠、法達、智常、神會四人機緣。德異本對此四人皆有增補，另外又增加了無盡藏、懷讓、行思等十人的機緣……」

〔註33〕 參閱哈磊：〈德異本《壇經》增補材料之文獻溯源考證〉，成都：《宗教學研究》，2015 年第 4 期，頁 113。哈氏的結論說：「結合上述分析來看，除第 4、8、38條外，德異本增補的另外 36 條都可以斷定出自契嵩本……那麼，基本上可以斷定德異本實際上就是契嵩本，只不過德異本在刊刻時將契嵩本的三卷變為不分卷之本子而已。」

（三）「契嵩本」以道家、道教陳琡所編《壇經》作對勘

張培鋒在〈《六祖壇經》與道家、道教關係考論〉一文中，以王仁裕（880～956）的《玉堂閒話》中陳琡（生卒年不詳）的資料，與道教有某種關聯，推斷「契嵩本」《壇經》是依陳琡所編的三卷《六祖壇經》作根據〔註34〕。

張氏的理據是：陳琡是《長恨詞》作者陳鴻（生卒年不詳）的兒子，「陳琡，鴻之子也。鴻與白傅傳《長恨詞》」，此事蹟記於《太平廣記》的《玉堂閒話》〔註35〕。除了「自述《檀經》三卷，今在藏中」一句〔註36〕，只因記於野史之中，而且「檀」與「壇」字有別，所以一直沒被注意。張氏又認為「契嵩本」《壇經》亦是三卷，卷數相同，重要的是思想旨趣是相通的〔註37〕。

談到陳琡所編的《壇經》，要處理三個問題：

其一，《玉堂閒話》是一部怎樣的書，記載「陳琡」的資料可信嗎？蒲向明說「《玉堂閒話》是唐末五代天水作家王仁裕筆記小說代表作」〔註38〕，並認為《玉堂閒話》具有補充正史之外的資料，「一些撰錄同時的史書雜記中的

〔註34〕 參閱張培鋒：〈《六祖壇經》與道家、道教關係考論〉，成都：《宗教學研究》，2008 年第 2 期，頁 91。張氏云：「《六祖壇經》的作者與版本問題，一直是學術界不斷探討的一個大問題。本文另闢蹊徑，從五代王仁裕所著《玉堂閒話》中的一則記載入手，對《壇經》的編著者和流傳過程作出一些新的推斷，並佐證其與道教的某種關聯。」

〔註35〕 參閱李昉編：《太平廣記·玉堂閒話》「陳琡」條，卷 202，北京：中華書局，1961 年，頁 1527～1528。

〔註36〕 參閱張培鋒：〈《六祖壇經》與道家、道教關係考論〉，成都：《宗教學研究》，2008 年第 2 期，頁 91。張氏引述《玉堂閒話》「陳琡」條全文為：「陳琡，鴻之子也。鴻與白傅傳《長恨詞》。文格極高，蓋良史也⋯⋯性尤耿介，非其人不與之交⋯⋯遂挈家居於茅山。與妻子隔山而居，短褐束絛，焚香習禪而已⋯⋯自述《檀經》三卷，今在藏中。」張氏又云：「這則記載談到唐代文人陳鴻之子陳琡曾『自述《檀經》三卷』。這是宋代之前有關《壇經》的一條重要史料記載，但或許由於這則材料不是出自禪宗史籍而是野史筆記，再加上文中《檀經》的名稱與《壇經》有異，因此一直沒有受到禪宗史研究者的重視。」

〔註37〕 參閱張培鋒：〈《六祖壇經》與道家、道教關係考論〉，成都：《宗教學研究》，2008 年第 2 期，頁 93。張氏云：「而契嵩獲得曹溪古本後，做了文字上的校對，編成三卷本的《六祖壇經》，筆者認為，這個所謂『曹溪古本』很可能就是陳琡編輯的本子，也就是說，契嵩本即對陳琡本的加工翻刻。兩者不但卷數相同，而且在思想旨趣上也有相通之處。」

〔註38〕 參閱蒲向明：〈關於《玉堂閒話研究的最新進展》，蘭州市：《甘肅高師學報》，第 13 卷，2008 年第 1 期，頁 30。

逸聞雜談，多可與史籍相互補充和訂正，具有很高的史料價值」〔註39〕。這裡說明《玉堂閒話》雖然是一部筆記小說，但其中的史料仍具參考價值。

其二，「陳琡」編輯《壇經》三卷的可信性。張培鋒認為記載在《玉堂閒話》的這條資料是關於《壇經》重要的資料，並且「契嵩本」是以此「陳琡」所編的《壇經》作對勘，而受到道家及道教的影響。

其三，是《檀經》與《壇經》這個「檀」與「壇」字的問題，胡適在1952年有一篇〈六祖《壇經》原作《檀經》考〉〔註40〕，記於《胡適手稿》第七集卷一。恰巧這篇文章亦引用了《唐詩紀事》（卷六十六）關於「陳琡」的資料，作為他對《檀經》一詞的「法施」，而《壇經》的「壇」是誤寫，原來應該是「木」旁的看法〔註41〕。並認為陳琡「而自述《檀經》三卷」正是「可見唐朝晚期的人用《檀經》自題所作的書」，及「還只是『以清淨心為人演說，名為法施』的意思」〔註42〕。可見胡適早於66年前已經關注這問題，而不是張培鋒所說「野史筆記」的資料，「一直沒有受到禪宗史研究者的重視」。反而，胡適這篇文章為張培鋒提供了一個答案。

張培鋒作了一假設，他推論說陳琡把當時《檀經》一卷，擴充成為三卷的《壇經》，稱為「陳琡本」。「陳琡本」是指被陳琡潤飾後加入公案的《壇經》版本，編成於唐咸通年間（860～873），卻被契嵩認為是「曹溪古本」，這是張氏的假設〔註43〕。如果這假設成立的話，那「契嵩本」之後流傳的《壇

〔註39〕 參閱蒲向明：〈論《玉堂閒話》的思想內容和藝術特色〉，石家莊：《社會科學論壇》（學術研究卷），2008年第1期，頁90。

〔註40〕 參閱胡適：〈六祖《壇經》原作《檀經》考〉，《胡適卷》，武漢：武漢大學出版社，2008年，頁334～337。「編者註：本文未刊。1959年2月20日，胡適在此文的封面上自注說：後來我看了神會的《壇經》的兩個敦煌本，我也不堅持『檀經』的說法了。」

〔註41〕 參閱胡適：〈六祖《壇經》原作《檀經》考〉，《胡適卷》，武漢：武漢大學出版社，2008年，頁334。

〔註42〕 參閱胡適：〈六祖《壇經》原作《檀經》考〉，《胡適卷》，武漢：武漢大學出版社，2008年，頁337。

〔註43〕 參閱張培鋒：〈《六祖壇經》與道家、道教關係考論〉，成都：《宗教學研究》，2008年第2期，頁92。張氏云：「本文提出一個假說：《壇經》——即所謂曹溪古本，也就是被兩位僧人（圓仁（794～864）和圓珍（814～891））請到日本去的那個本子，最初的名字應作《檀經》，但它僅僅為一卷。正是陳琡其人，在隱居茅山之時，將此書擴充為三卷……其時間為唐咸通年間（860～873），本文稱為陳琡本，這部與道教有某種關聯卻一直沒有受到應有關注的本子才是後世流行的各種《壇經》的藍本。至少有一點是很明顯的，那就是：宋代

經》，就與在茅山修行的陳琡有著必然關係，原因在於「契嵩本」的修訂是參考「曹溪古本」，而張氏認為「這部與道教有某種關聯卻一直沒有受到應有關注的本子才是後世流行的各種《壇經》的藍本」，亦因此《壇經》受道教思想所影響。

張氏又引述其他資料證明有一個接近「契嵩本」的《壇經》出現在「敦煌本」與「契嵩本」之間，影響了「契嵩本」的完備性。例如白居易的《味道》、《真誥》詩的內容，與晁迥（951～1034）及道教典籍存在關連性〔註44〕。

另外，張氏在文中舉出三則例子〔註45〕都是《壇經》「以無住為本」的思想，而「契嵩本」提到「無住為本」的意思，也與晁迥所引的相合。所以張氏認為晁迥所讀的《壇經》本子「絕非敦煌本而是更接近於契嵩本的一個本子」，他言下之意，就是指「陳琡本」〔註46〕。這「陳琡本」正是契嵩以此作底本來對勘出「契嵩本」的「曹溪古本」。

如按照張培鋒所引述的資料及其推論，「陳琡本」除了是「契嵩本」所述的「曹溪古本」外，亦是「興善本即惠昕本」的真身。他認為為晁迥因「古本文繁，披覽之徒，初忻後厭」將「陳琡本」《壇經》三卷改為二卷，而這二卷被日本來華學佛法的僧人帶回日本，而成為日後我們所見的「惠昕本」

後所謂曹溪古本《壇經》，應是指經過陳琡潤色的這個版本……陳琡本由於也編成于唐代，因此被契嵩誤認為或別有用心地以為是『曹溪古本』，這是很有可能的……」

〔註44〕 參閱張培鋒：〈《六祖壇經》與道家、道教關係考論〉，成都：《宗教學研究》，2008年第2期，頁92又94。張氏云：「這裡值得注意的有：（1）第一則借用了白居易的《味道》詩，顯示晁迥對《壇經》的理解和認識與白居易相近。第二、三則中，晁迥將《六祖壇經》與道教典籍《坐忘論樞翼》並舉，與白居易將其與《真誥》並舉也相映成趣。」及其一，「陳鴻的好友白居易《味道》詩有『七篇《真誥》論仙事，一卷《檀經》說佛心』句，將茅山道教的代表經典《真誥》與《檀經》並提，表明兩部書在當時文人圈子中的並重地位。白居易其他詩句如『身委《逍遙》篇，心付《頭陀經》。』『身著居士衣，手把《南華》』等等，與《味道》詩的含義是一樣的，表達的都是「行禪與坐忘，同歸無異路」的佛道同修的理趣。」

〔註45〕 參閱張培鋒：〈《六祖壇經》與道家、道教關係考論〉，成都：《宗教學研究》，2008年第2期，頁93～94。

〔註46〕 參閱張培鋒：〈《六祖壇經》與道家、道教關係考論〉，成都：《宗教學研究》，2008年第2期，頁94。張氏云：「二、三則闡述的都是《壇經》『以無住為本』的思想……而契嵩本作：『我此法門，從上以來，先立無念為宗，無相為體，無住為本。』與晁迥所引相合。這一點應該可以證明晁迥所讀，絕非敦煌本而是更接近於契嵩本的一個本子。」

二卷《壇經》〔註47〕。另外，張培鋒以《壇經》與道家或道教的關係，除了「陳琡本」外，就是《壇經》所引用的術語或概念。張氏還認為，在「契嵩本」以後的《壇經》有「和光接物」這樣的道家術語，而在《壇經》中所用「三十六對」這概念，也是來自老莊，不過他在這裡沒有說明出處〔註48〕。我以為「三十六對」同樣是「般若」運用的「單面否定」的方法論，不一定來自道家。又如中國作詩對韻形式，也會用「天」與「地」對及「雨」與「風」的相對概念〔註49〕，因此「三十六對」的來源不一定來自老莊。最後，他引用日本學者鈴木大拙的說話：「禪是中國佛家把道家思想接枝在印度思想上所產生的一個流派。」這樣說，他認為南禪宗就是鈴木所謂的「禪」，來給六祖惠能的禪法一個定位。

（四）「契嵩本」以「實現三教融合」作對勘

白光認為「契嵩本」以「實現三教融合」作對勘，以宗密的《原人論》作為背景，說明「禪宗與儒道二教的關係」。他指出「禪教關係」出現「新變化」直到契嵩校勘《壇經》才顯現。因此，「自從契嵩校勘《壇經》將這兩種禪教關係圓融無地結合在一後，《壇經》再也沒有發生過重大的變化了」〔註50〕。

〔註47〕 參閱張培鋒：〈《六祖壇經》與道家、道教關係考論〉，成都：《宗教學研究》，2008 年第 2 期，頁 94。張氏云：「晁迥之後，晁氏家族與此經發生關係者，有晁迥七世孫晁子健，他于南宋高宗紹興二十三年（1153）刊刻過《六祖壇經》，其所依據的應該也是從其祖晁迥那裡流傳下來的陳琡本，但他對陳琡本作了更多的改造，除了卷數減為兩卷外，並稱『古本文繁，披覽之徒，初忻後厭』，可見他主要是不滿陳琡本的『文繁』，對之進行刪節。這個版本後來流傳至日本，即所謂與善寺本即惠昕本。」

〔註48〕 參閱張培鋒：〈《六祖壇經》與道家、道教關係考論〉，成都：《宗教學研究》，2008 年第 2 期，頁 96。張氏云：「又如契嵩本以後的《壇經》中竟然有『和光接物』這樣很典型的道家語言，授予門徒的『三十六對』等法門，也主要來源於老莊而非佛典。日本學者鈴木大拙謂：『禪是中國佛家把道家思想接枝在印度思想上所產生的一個流派。』此論應是對南宗禪的一個恰當定位。」

〔註49〕 參閱康俊書：《笠翁對韻》，成都：天地出版社，2004 年，頁 1。

〔註50〕 參閱白光：《壇經版本譜系及其思想流變研究》，北京：宗教文化出版社，2013 年，頁 188～189。白光云：「值得注意的是，一方面，雖然禪關係一般是指禪宗與佛教其它宗派之間的關係……中國佛教逐漸將中國傳統儒道二家也納入其中，乃至宗密在《原人論》中即視儒道二家分別屬於人天教和小乘教……也包括禪宗與儒道二教的關係。另一方面，禪教關係的這種新變化直到契嵩校勘《壇經》才比較明顯地表現出來……自從契嵩校勘《壇經》將這兩種禪教關係圓融無地結合在一後，《壇經》再也沒有發生過重大的變化了。」

這種觀點，表面上似乎合理，但契嵩以後的《壇經》中只有明顯儒家的思想「恩則孝養父母，義則上下相憐」〔註51〕的字句，即時聯想契嵩《鐔津集》的《孝論》〔註52〕相關，及「讓則尊卑和睦，忍則眾惡無諠」〔註53〕的倫理處世之道，經文其他部分沒有直接與儒家思想相關。道家思想方面，也沒有在《壇經》明顯地出現。最重要《原人論》，宗密是「以一乘顯性教」（華嚴宗）會通乘破相教（中觀學）、大乘法相教（唯識宗）、小乘教（聲聞、緣覺）、人天教及儒教道教〔註54〕。這明顯是以華嚴宗思想來會通儒道二教，但說是「禪教關係」在「契嵩本」《壇經》中結合，似乎不太合適，此其一。

此外，宗密是神會的第三代弟子道圓的徒弟，但卻不能繼承曹溪嫡系的精神。以宗密《原人論》的精神來說「三教會通」「契嵩本」《壇經》，實未能透徹南禪的真義。錢穆先生認為《禪源諸詮集》的序文中，宗密表明只是「多談禪理，少談禪行」，這是只重「知解」而不重修行，而曹溪禪少談理論，主在日常生活上用功修行。又在《禪門師資承襲圖》中，以禪宗初祖達摩的心法直接授於荷澤神會，領悟佛教教主釋迦牟尼佛及禪宗達摩初祖傳法的本意。因此，宗密認為「將前望此，此乃迥異於前。將此攝前，前即全同於此」〔註55〕，變成神會幾乎可以繞過六祖或之前的禪宗祖師的位置而得法。「知解」只偏重理論而缺修行，宗密是神會一脈相承的系統，由此而知，錢先生認為這正是「神會之終不得預於曹溪之嫡傳正宗亦可知矣」的原因〔註56〕。因此，

〔註51〕見《六祖大師法寶壇經》，〈疑問品・無相頌〉，《大正新修大藏經》，第48卷，T48，NO.2008，日本大正一切經刊行會，1922～1934年，頁352中。

〔註52〕參閱王秋菊：〈契嵩《孝論》思想探析〉，南寧：《廣西社會科學》，2002年第4期，頁76～79。

〔註53〕見《六祖大師法寶壇經》，〈疑問品・無相頌〉，《大正新修大藏經》，第48卷，T48，NO.2008，日本大正一切經刊行會，1922～1934年，頁352下。

〔註54〕參閱梁瑞明：《華嚴禪哲學導述》——宗密《禪門師資承襲圖》、《圓覺疏鈔》、「第八、修證門」、《禪源諸詮集序》及《原人論》譯釋，香港：志蓮淨苑，2018年，頁445。

〔註55〕語見：《中華傳心地禪門師資承襲圖》，《卍續藏》，第1卷，第63冊，NO.1225，X63n1225_001，0033c18「荷澤宗者。尤難言述。是釋迦降出。達摩遠來之本意也。將前望此。此乃迥異於前。將此攝前。前即全同於此。」資料來源：http://tripitaka.cbeta.org/ko/X63n1225_001。

〔註56〕參閱錢穆：〈讀宗密原人論〉，《中國學術思想論叢（四）》，《錢賓四先生全集》（19），臺北：經緯出版社，1998年，頁274。錢先生云：「宗密幼業儒典⋯⋯著有《華嚴》、《圓覺》等諸經論疏鈔，又為《禪源諸詮集》，其序文自言：『所集諸家述作，多談禪理，少談禪行。』則其宗旨所在，偏重知解，即『理入』

說宗密的思想與「契嵩本」《壇經》相契合，是不太合適的理由亦在此，此其二。

錢先生對《原人論》的研究，有這樣的意見：他認為《原人論》是一純粹哲學的論著，當中涉及宇宙論及絕對唯心論，純思辨的思考方法。宗密的此種由宗教折入哲學的思考方法，其源頭來自神會。錢先生指出這種精神意識，只可成為禪宗的一脈支流，但與達摩至六祖惠能的禪法並不相同，亦不同於「五家七宗」，這是錢先生提示我們學習禪宗思想時要注意的地方〔註57〕。

對於宗密的思想，錢先生指出宗密的思想偏向哲理知解方面，用功於文字及經典之上，與禪宗「不立文字」的宗旨，出現不同的取向，不同於六祖惠能的南禪，因此表示宗密不是「曹溪禪之正宗嫡傳」，亦不屬於北宗神秀的思路，而出現他特別之處。「教之與宗，終自不同」，「教」就是佛教傳統以經典教授學人佛理，「宗」是「直指本源」的心性工夫，不假文字，教外別傳。宗密正是以試圖回歸佛教傳統的禪法來說明南宗禪法，這就是錢先生所說「宗密之特出處」〔註58〕。

宗密雖然有特出之處，他的思想似與禪宗的「唯心論」精神相近，但實是不同。錢先生解釋宗密所說「一切有情，皆有本覺真心」，是真性，是一切生命的開始。這開始就是《原人論》所謂「真源了義」的地方，但這只限於「生命界」。這亦可算是一種絕對的唯心論，但亦同時只是一種生命的哲學，

一邊可知。又宗密有《禪門師資承襲圖》，謂達摩之心流至荷澤，又謂荷澤宗是釋迦降出、達摩遠來之本意。『將前望此，此乃迴異於前。將此攝前，前即全同於此。』則其於禪宗自慧能下獨所推尊於神會者亦可知。今即觀於宗密之所從事，而神會之終不得預於曹溪之嫡傳正宗亦可知矣。」

〔註57〕 參閱錢穆：〈讀宗密原人論〉，《中國學術思想論叢（四）》，《錢賓四先生全集》（19），臺北：經緯出版社，1998年，頁274。錢先生云：「今當特一提出者，則為宗密之《原人論》。此書可謂近似一純粹哲學性的論著，專意討論人原始……而明白揭出絕對心論之主張。雖其大義，亦一本佛學與禪宗……則顯已有自宗教折入於哲學之傾向。而求其血脈淵源，則不得不謂其乃出於神會……此下五家分宗，其精神意態，顯不與自神會以至宗密者相似。此亦治禪宗思想者不可不注意之一端。」

〔註58〕 參閱錢穆：〈讀宗密原人論〉，《中國學術思想論叢（四）》，《錢賓四先生全集》（19），臺北：經緯出版社，1998年，頁284。錢先生云：「密資性所近，則自好為哲理之探討，於文字經典上多用工夫，此固不得為曹溪禪之正宗嫡傳，而亦復與神秀北宗有別。教之與宗，終自不同，可於此覘之。而宗密之特出處，亦於此見矣。」

而不同於禪宗傳統的實際人生的唯心論。〔註59〕由於《原人論》忽略了「無生界」、山河大地等不被包括其中的「法」，錢先生因而認為是「一大破罅，大漏洞」〔註60〕。

宗密《原人論》立論不限於僧與人，要加入「佛」與「法」，進而涉入「宇宙論」範圍，最後要採納中國道家的理論，意圖以會通儒道兩家的系統，錢先生認為這是一大病，中國道家有「混一元氣」之說，但未能證成是「真一靈心」所變宇宙的絕對唯心論之系統，所以仍然是未了義的見解。宗密意圖以心識變成「人生界」與「自然界」二境，即「心識變成二境」的論點，錢先生批評這是「粗疏」、「不成體統」及試圖「會通中國儒、道兩家說，則其病更大也」的問題所在〔註61〕。

錢先生又指出宗密初歸禪宗，受業於道圓禪師，其後又轉華嚴第四祖澄觀（738～839）的門下，最後成為華嚴宗第五祖，而《原人論》的全名是《華嚴原人論》。澄觀亦是神會的門下五臺山的無名禪師的弟子，因此宗密的禪法是會通禪宗與華嚴宗的一套「大宏圓達之教」，將禪宗的頓教與華嚴的圓教會通的禪法，不是純粹禪宗的頓法。因此，神會一支「終不得預於曹溪慧能之正宗嫡傳」〔註62〕。

〔註59〕參閱錢穆：〈讀宗密原人論〉，《中國學術思想論叢（四）》，《錢賓四先生全集》（19），臺北：經緯出版社，1998年，頁284。錢先生云：「今宗密說『一切有情，皆有本覺真心』，即真性，而以此本覺真性認為一切生命之開始，其《原人論》所謂真源了義者在此……主要精神只限在生命界。雖可說是一種絕對的唯心論，然只是一種生命哲學，究與達摩以至慧能歷代禪宗相傳注重在實際人生之唯心論不同……」

〔註60〕參閱錢穆：〈讀宗密原人論〉，《中國學術思想論叢（四）》，《錢賓四先生全集》（19），臺北：經緯出版社，1998年，頁285。錢先生云：「而宗密所主張，則已由生命界而侵入宇宙論範圍。縱謂一切有情皆有一本覺真心，然無情即無生界，又何以說之？此處遂見宗密《原人論》一大破罅，大漏洞。」

〔註61〕參閱錢穆：〈讀宗密原人論〉，《中國學術思想論叢（四）》，《錢賓四先生全集》（19），臺北：經緯出版社，1998年，頁285。錢先生云：「……重法則轉入哲學思維……而宗密采中國道家說，謂「混一元氣」即「真一靈心」之所變。此若可完成其宇宙的絕對唯心論之系統，然實未能有所證成。則亦終未得謂之為了義。其謂「心識變成二境」，一為人生界，一為天地山河，即自然界；究屬粗疏，不成體統。蓋宗密立論，專據佛書為說，其病猶小，會通之於中國儒、道兩家說，則其病更大也。」

〔註62〕參閱錢穆：〈讀宗密原人論〉，《中國學術思想論叢（四）》，《錢賓四先生全集》（19），臺北：經緯出版社，1998年，頁287。錢先生云：「宗密初受披薙於道圓，為禪門傳法。後又執弟子於華嚴第四祖澄觀，獲嗣法為華嚴第五祖。

　　由此而知，我們若以《原人論》的所謂「三教合一」的思想，與「契嵩本」《壇經》作為說明契嵩「三教合一」的思想作為對勘，並不恰當。原因在於，神會的禪法不是曹溪六祖惠能嫡系以「心性」頓悟為主的禪法，而宗密依神會的禪法作其系統之一，此其一。宗密是以華嚴圓教之禪法與禪宗頓教之禪法在會通，形成另一「大宏圓達之教」的理論，與禪宗以「般若自性」作為直指人心的禪法並不相同，此其二。《原人論》是用來認識華嚴宗的禪法，所以全名為《華嚴原人論》而不是宗門的禪法，思想源頭不同，使曹溪禪法被混淆不清，使人落入於似是而非的思索中，此其三。

　　最後，〔日〕鎌田茂雄（1927～2001）認為雖然《華嚴原人論》並不構成「契嵩本」《壇經》改動原因，但它在中國思想史具有重要意義。原因在於，首先宗密在《原人論·斥迷執第一》對儒、道二教的批判結論是：「儒道二教之僅立足於現世而說人生的根本，是不能究明人之根源的。」及在《原人論·會通本末第四》中「把儒、道二教也列入一乘顯性教之中」〔註63〕，並且宗密是先批判儒、道二教，但他又給與它們適當的位置，開「唐以後三教融合之先河」〔註64〕。鎌田茂雄因而認為，「要了解華嚴宗教義的概要，最好的入門書是《原人論》」〔註65〕。

　　因此，我們以為顯示在《六祖壇經》中惠能所說的法，雖然內容曾經歷被刪減或增加，亦不能以別的宗派，或在當時背景下宗密的《原人論》有說「禪教關係」，就認為「契嵩本」《壇經》是「三教合一」的思想。錢穆先生說《壇經》思想具「創造性」，並且指出「神會思想則又是傳統性勝過了創造性。所以從六祖以下演出了南禪諸宗，而從神會以下則演出了宗

書亦名《華嚴原人論》。而澄觀亦曾受法於神會法嗣五臺之無名禪師。今可謂會主頓，華嚴澄觀則尚圓，雙方本可相通；宗密之稱『大宏圓頓之教』者在此，而神會一支之終不得預於曹溪慧能之正宗嫡傳者亦在此。理學家提出理氣混合之一元論者為朱子。朱子力闢禪學，而於華嚴亦有所稱道。今若必謂理學近禪，則程朱一派，在修行精神上實近曹溪，而思辨知解上，則轉近華嚴圭峯，此又不可不知也。」

〔註63〕參閱〔日〕鎌田茂雄、楊曾文譯：〈宗密的三教觀——以《原人論》為中心〉，北京：《世界宗教研究》1996年第2期，頁8～9。

〔註64〕參閱〔日〕鎌田茂雄、楊曾文譯：〈宗密的三教觀——以《原人論》為中心〉，北京：《世界宗教研究》1996年第2期，頁9。

〔註65〕參閱〔日〕鎌田茂雄、楊曾文譯：〈宗密的三教觀——以《原人論》為中心〉，北京：《世界宗教研究》1996年第2期，頁10。

密」〔註66〕。宗密是「華嚴禪」不是完全的曹溪禪思想，這點我們不能混淆。

二、「契嵩本」與「敦煌本」及「惠昕本」《壇經》主要差異

（一）增加六祖惠能重要的生平事蹟

1. 與印宗、無盡尼解說《涅槃經》「不二之法」的妙義

在「契嵩本」上，契嵩增加六祖惠能重要的生平事蹟，如《涅槃經》的內容，又如六祖與無盡藏尼講《涅槃經》〔註67〕。印宗法師問「佛法不二之法」〔註68〕，這「不二之法」就是闡釋自性的內容；志道問「生滅滅已，寂滅為樂」〔註69〕；志徹問「未曉常、無常義」〔註70〕等。

又在〈請機緣第六〉云：

> 師自黃梅得法。回至韶州曹侯村。……不經三十餘日便至黃梅，此求道之切。……有儒士劉志略，禮遇甚厚。志略有姑為尼，名無盡藏。常誦大涅槃經，師暫聽。即知妙義，遂為解說。尼乃執卷問字。
>
> 師曰：「字即不識，義即請問」。尼曰：「字尚不識，焉能會義。師曰：「諸佛妙理，非關文字」。尼驚異之。〔註71〕

六祖惠能與無盡藏尼講《大涅槃經》，是要顯示以心會經，諸佛妙理並不在文字的義理。

在〈悟法傳衣第一〉云：

〔註66〕參閱錢穆：〈再論關於壇經之真偽問題〉，《中國學術思想論叢（四）》，《錢賓四先生全集》（19），臺北：經緯出版社，1998 年，頁 214。錢先生云：「凡屬一大思想，必然具有傳統性，但亦同時具有『創造性』。所謂創造性，亦只是從傳統中創造出來。……若其思想中之創造性，遠勝過了其傳統性，我們亦可稱之為是一種『革命性』。但極富革命性之思想中，仍不害其含有傳統性。《壇經》思想，便是一例。神會思想則又是傳統性勝過了創造性。所以從六祖以下演出了南禪諸宗，而從神會以下則演出了宗密。」

〔註67〕參閱王孺童編校：《壇經諸本集成‧曹溪本壇經精校》，北京：宗教文化出版社，2014 年，頁 243

〔註68〕參閱王孺童編校：《壇經諸本集成‧曹溪本壇經精校》，北京：宗教文化出版社，2014 年，頁 226。

〔註69〕參閱王孺童編校：《壇經諸本集成‧曹溪本壇經精校》，北京：宗教文化出版社，2014 年，頁 250。

〔註70〕參閱王孺童編校：《壇經諸本集成‧曹溪本壇經精校》，北京：宗教文化出版社，2014 年，頁 257。

〔註71〕見王孺童編校：《壇經諸本集成‧曹溪本壇經精校》，北京：宗教文化出版社，2014 年，頁 243。

> 印宗法師講涅槃經。……惠能曰：「法師講涅槃經，明佛性，是佛法
> 不二之法。如高貴德王菩薩白佛言，犯四重禁作五逆罪，及一闡提
> 等。當斷善根佛性否。佛言：善根有二。一者常，二者無常。佛性
> 非常非無常，是故不斷，名為不二。一者善，二者不善。佛性非善
> 非不善，是名不二。蘊之與界，凡夫見二，智者了達其性無二，無
> 二之性即是佛性。印宗聞說，歡喜合掌。〔註72〕

六祖惠能與印宗的討論，主要在《大涅槃經》中的「一闡提皆有佛性」及佛
性是一而不二的「佛性不二」義理。

　　在「敦煌本」《壇經》中沒有記載「風動與幡動」之事，此事在「惠昕本」
中首次記錄印宗法師講《涅槃經》時，發生二僧爭論是「幡動」還是「風動」。
六祖惠能即說：「非幡動風動，人心自動」〔註73〕。此時的「惠昕本」未有加
上印宗向惠能請教：「黃梅付囑，如何指授？」但到了「契嵩本」時，就記載
印宗向六祖惠能請教：「黃梅付囑，如何指授？」惠能回應是：「指授即無，唯
論見性，不論禪定解脫。」進而涉及「佛法是不二之法」的內容〔註74〕。這「佛
法是不二之法」，正是《涅槃經》的要義。「不二之法」要運用「般若智」與
「三十六對」對法來理解，六祖惠能所說的「無二之性，即是佛性」〔註75〕。

　　錢穆先生在〈記《壇經》與《大涅槃經》之定慧等學〉一文中，指出我
們讀《壇經》皆以《楞伽經》及《金剛經》為《壇經》思想重點，六祖惠能
的思想亦與《涅槃經》有著密切關係。他指出唐代六祖惠能與南朝晉、宋年
間的高僧竺道生（372～434）皆說「頓悟義」。前者以「頓悟」禪法而創南禪
頓教，後者「孤明獨發」認為「一闡提」皆有佛性，當時引起佛教核心佛理
的一場辯論。在《壇經》中，六祖惠能認為「佛性無南北」，「佛性」人皆本
有，而且是內在的及超越的。這立論依據與竺道生所說的「一闡提」皆有佛
性隔代相呼應，在此「佛性論」上而建立起「頓悟」禪法。錢先生指出兩人
所說理論根據來自《大般涅槃經》。我們常說，《壇經》的主要思想是由《楞

〔註72〕見王孺童編校：《壇經諸本集成‧曹溪本壇經精校》，北京：宗教文化出版社，
　　　　2014年，頁226。
〔註73〕參閱王孺童編校：《壇經諸本集成‧惠昕本《壇經》精校》，北京：宗教文化
　　　　出版社，2014年，頁166。
〔註74〕參閱王孺童編校：《壇經諸本集成‧曹溪本《壇經》精校》，北京：宗教文化
　　　　出版社，2014年，頁226。
〔註75〕參閱王孺童編校：《壇經諸本集成‧曹溪本《壇經》精校》，北京：宗教文化
　　　　出版社，2014年，頁226。

伽經》與《金剛經》中發展出來，其中根源性的思想是來自《大般涅槃經》
的〔註76〕。

2. 與智通解說《楞伽經》的「轉識成智」工夫

「敦煌本」及「惠昕本」未有記載六祖惠能十大弟子之一的智通向師請
教「三身四智」與「轉識成智」這部分內容。直至「契嵩本」〔註77〕時才增
入《壇經》內，一直至「宗寶本」仍被保留著。這部分內容涉及「三身四智」
與「轉識成智」兩部分。在「宗寶本」的〈機緣品〉中云：

> 僧智通，壽州安豐人。初看楞伽經，約千餘遍，而不會三身四智。
> 禮師求解其義，師曰：「三身者，清淨法身，汝之性也。圓滿報身，
> 汝之智也。千百億化身，汝之行也。若離本性，別說三身，即名有
> 身無智。若悟三身無有自性，即明四智菩提。……
> 通再啟曰：「四智之義，可得聞乎」師曰：「既會三身，便明四智。
> 何更問耶？若離三身，別談四智。此名有智無身。即此有智，還成
> 無智。復說偈曰：
> 大圓鏡智性清淨　　平等性智心無病
> 妙觀察智見非功　　成所作智同圓鏡
> 五八六七果因轉　　但用名言無實性
> 若於轉處不留情　　繁興永處那伽定」
> （如上轉識為智也。教中云。轉前五識為成所作智。轉第六識為妙
> 觀察智。轉第七識為平等性智。轉第八識為大圓鏡智。雖六七因中
> 轉。五八果上轉。但轉其名而不轉其體也。〔註78〕）

在智通的提問中，涉及「三身四智」的佛理內容，又從「四智」再進一步轉
入「轉識成智」的問題上。首先，六祖惠能解釋「三身四智」的義理，他說：

〔註76〕參閱錢穆：〈記《壇經》與《大涅槃經》之定慧等學〉，《中國學術思想論叢（四）》，
《錢賓四先生全集》（19），臺北：經緯出版社，1998 年，頁219。錢先生云：
「六祖係一不識字人，其創禪家南宗頓教，實為遙符南朝晉、宋間高僧竺道
生頓悟義。而生公之孤明獨發，乃自主張『一闡提亦得成佛』說來。此一辨
論起於《大涅槃經》。後人論禪學，多注意在《楞伽經》與《金剛經》。顧考
六祖始末，亦不能謂與《涅槃經》無關。」

〔註77〕參閱王孺童編校：《壇經諸本集成·曹溪本壇經精校》，北京：宗教文化出版
社，2014 年，頁247～248。

〔註78〕見《六祖大師法寶壇經·機緣第七》，《大正新修大藏經》，第 48 卷，T48，
NO.2008，日本大正一切經刊行會，1922～1934 年，頁356 上及中。

「三身者，清淨法身，汝之性也。圓滿報身，汝之智也。千百億化身，汝之行也。」這裡說明是「法身」具清淨性，是我們的本性。「報身」具圓滿性，是我們的智慧。「化身」具變化性，是我們的以圓滿的智慧來實踐清淨的行為。這裡六祖惠能主要強調「本性」，所以他繼續說：「若離本性，別說三身。」這「三身」與「本性」是相連繫的。如果離開「本性」而說「三身」，就即變成「有身無智」的情況。相反地，當領悟「三身」時，這「自性」概念亦成「無」，惠能即說：「若悟三身無有自性，即明四智菩提。」這層層消解之下，帶出「四智菩提」。

智通再請教六祖惠能「四智菩提」的涵意所在，惠能即回應「既會三身，便明四智。何更問耶？」惠能似乎沒有解釋智通的問題。他又再說：「若離三身，別談四智。」之前惠能曾說「若離本性」，即「別說三身」。現在說「若離三身」，即「別談四智」，而且這樣「離三身」而說「四智」是「此名有智無身」，最後便成為「即此有智，還成無智」。這裡是說明不論「三身」、「四智」與「本性」相通，不能分開以「概念」來解釋，是要以「般若」無形相的智慧來貫通不同的概念，這就是要明白「體」、「相」與「用」的不同作用。

最重要的，是說明「轉識成智」中「轉識」與「成智」的關係性。這「四智」分別是「大圓鏡智」、「平等性智」、「妙觀察智」、「成所作智」，而各分別依據佛教中所說「八識」的次序為轉第八識、第七識、第六識及前五識而成這「四智」〔註79〕。六祖惠能又說「五八六七果因轉」〔註80〕，就是說明

〔註79〕 參閱錢穆：〈記《壇經》與《大涅槃經》之定慧等學〉，《中國學術思想論叢(四)》，《錢賓四先生全集》(19)，臺北：經緯出版社，1998年，頁219。李先生云：「大菩提（Mahabodhi）——『大菩提』是修行者於『轉依活動』中，斷『所知障』，轉捨『有漏八識』而生得的『無漏八識』，其體即是『無漏智』；所以得『大菩提』就是轉『有漏八識』而成『無漏四智相心品』，簡稱為『轉識成智』，無漏善種生起『菩提四智』，起已相續，利樂有情，窮未來際。『菩提四智』者，就是『大圓鏡智相應心品』、『平等性智相應心品』、『妙觀察智相應心品』及『成作作智相應心品』，茲分述如下：
一者、『大圓鏡智相應心品』：由此轉『有漏第八識及其相應心所聚』所得：攝持一切最上殊勝『無漏種子』，離諸分別，相清淨，能現『佛果』的『正報』（如『自受用身』、『自受用土』）及『依報』（依『自受用身』、『自受用土』相應的一切所受用諸法）、餘三智功德，乃至一切餘種種物質影像等。離諸雜染，純淨圓明，窮未來際，如大圓鏡，現眾色像，故名『大圓鏡智相應心品』。
二者、『平等性智相應心品』：此由轉『有漏第七識及其相應心所聚』所得。由捨棄有我執的『染污第七識』，於是『無漏智』能觀『一切諸法』及『一切有情』，於自於他，悉皆平等。由大慈大悲等善心恆共相應，能隨著有情所樂，

「因果」關係在我們的「一念」中而轉變，當境在前，以「般若智」為用破一切相，這些都是「名言」概念而無「實性」，深怕學人有所執著，而再說「但用名言無實性」。這「轉」字成為「直指人心，見性成佛」的關鍵。這「轉」在於我們的「一念」中，前叫識而後名智，在「轉」之處，就是開悟之處。

這「轉識成智」，在「體用」來說是「本體與工夫」。吳明先生說：

佛家工夫全就着緣起依解心無染、我法二空為目的而說不增不減，說明無明，說八不中道，說轉識成智。這原是意志因果的、縱貫的，但其所依所就，卻是橫攝的緣起系統，法相唯識……「唯識所變」這句……歷來論者慣以體用套之，其實是誤解。套之而知其為虛說，而保護保留佛教之在縱貫軸上的工夫論之解脫之理想，亦是判教中的大事。〔註81〕

「轉識成智」的工夫，在佛家來說是在橫攝的「緣起性空」系統中的，但一

示現種種『他受用身』、『他受用土』的影像，是『妙觀察智』的不共所依；『無住處涅槃』亦依此而得建立，一味相續，窮未來際，由此智成就一切平等，故名『平等性智相應心品』。

三者、『妙觀察智相應心品』：此由轉『有漏第六意識及其相應心所聚』所得；能善觀諸法的『自相』、『共相』，攝藏無量『陀羅尼門』（諸法總持之門）及『三摩地門』（一切禪定之門）；能發如『十力』、『四無畏』等功德珍寶；於大眾中，能現種種無邊神通作用，皆得自在轉『大法輪』（說法），斷一切疑，窮未來際，令諸有情皆獲利樂。以其妙觀一切法，故名『妙觀察智相應心品』。

四者、『成所作智相應心品』：由此轉『有漏前五識及其相應心所聚』所得；為欲利樂地前菩薩、二乘、凡夫等，徧於一切十方世界，示現種種『變化身』……及變化身、語、意三業；窮未來際，成就本願所應作的一切事業，所以名為『成所作智相應心品』。」

如是所述『菩提四智』，其中的『平等性智』及『妙觀察智』二者，在『通達位』及『修習位』中，也有一部份可以證得；但『大圓鏡智』及『成所作智』等二相應心，則唯有在成佛的『究竟位』方能證得。修行者證得全部『菩提四智』，說名證得『二轉依果』中的『大菩提』佛果。」

參閱李潤生：《唯識三十頌導讀》，臺北：全佛文化，1999年，頁472～474。

〔註80〕 參閱李潤生：《唯識三十頌導讀》，臺北：全佛文化，1999年，頁490。李先生云：「《六祖壇經・機緣品》所謂『五八六七果因轉』即是此意。《壇經》意言：修行者在『因位』中（按未成佛為在『因位』），亦能『轉第六識為妙觀察智』及『轉第七識為平等性智』；但只有在『果位』中（按：已成佛始名『果位』），方能『轉前五識為成所作智』及『轉第八識為大圓鏡智』。」

〔註81〕 見〈從佛教體用義之衡定看唐、牟之分判儒佛〉，《新亞學報》第28卷，上編，香港：新亞研究所，2010年，頁98～99。

配合「本體」的「心性」來說，即時成為「即體即用」的意志因果、縱貫系統來說解脫的理想，是佛教判教中的一項大事。

其實，「轉識成智」就是說明如何運用「般若智」來開悟，在「契嵩本」《壇經》加上此部分內容，一方面是為六祖惠能十大弟子之一的智通補充一些資料外，另方面亦是說明大乘佛教中的「轉識成智」的重要性，它亦是唯識的內容，而亦是「般若」的範圍，並且涉及「直指人心」由迷轉覺的關鍵所在。

（二）「契嵩本」確立南宗「法統史」地位

契嵩為了強調南頓北漸的分別，確立南宗「法統史」地位，就在志誠與六祖惠能的禪機中作了重大改動。之前在「敦煌本」記錄六祖說法，志誠聞法後，起身向六祖惠能行禮，再說明來意及請六祖惠能開示。

在「惠昕本」這部分的文字略有少許改動，但仍保留關鍵句「煩惱菩提，亦復如此」，被安立在「南北二宗見性門」〔註82〕。但在「契嵩本」中，卻有較大的改動，增加了六祖惠能說：「今有盜法之人，潛在此會。」〔註83〕在「契嵩本」上的六祖惠能還未開始說法，就說「有人盜法」，還說「潛在此會」，使當初為北宗神秀弟子的志誠向南宗盜法，以示南宗為正統。按《壇經》中事件的發展，最後只是變成六祖惠能與志誠的對質，亦刪去在「敦煌本」六祖所說的一句：「煩惱即是菩提，亦復如是。」〔註84〕這句的重要性是證明這是一個「禪機」，而且是「禪機」中之「一機」，是志誠開悟後，六祖惠能以此句話來與他契心的印證。這句話被刪改後，本應在《壇經》中六祖惠能開示弟子最完整的範例，被徹底破壞了，並模糊了六祖思想。

接著刪減了「煩惱即是菩提，亦復如是」〔註85〕句後，為了突顯南宗的頓法比北宗漸法不同，加了以下一段資料：

〔註82〕參閱王孺童編校：《壇經諸本集成・惠昕本壇經精校》，北京：宗教文化出版社，2014年，頁193。

〔註83〕參閱王孺童編校：《壇經諸本集成・曹溪本壇經精校》，北京：宗教文化出版社，2014年，頁255。

〔註84〕參閱《南宗頓教最上大乘摩訶般若波羅蜜經六祖惠能大師於韶州大梵寺施法壇經》，《大正新修大藏經》，第48卷，T48，NO.2007，日本大正一切經刊行會，1922～1934年，頁342中。

〔註85〕參閱《南宗頓教最上大乘摩訶般若波羅蜜經六祖惠能大師於韶州大梵寺施法壇經》，《大正新修大藏經》。第48卷，T48，NO.2007，日本大正一切經刊行會，1922～1934年，頁342中。

（惠能）師曰：汝師若為示眾？

（志誠）對曰：常指誨大眾，住心觀靜，長坐不臥。

師曰：住心觀靜，是病非禪；長坐拘身，於理何益？聽吾偈

曰：生來坐不臥，死去臥不坐。一具臭骨頭，何為立功課？〔註86〕

這段文字，明顯是說神秀所教的漸法不及惠能的頓法來得高明的想法。在「敦煌本」中的「坐禪」內容，六祖惠能說：

此法門中座禪元不著心，亦不著淨，亦不言動。〔註87〕

此法門中一切無礙，外於一切境界上念不去為座，見本姓（性）不

亂為禪。〔註88〕

南宗頓教的「座禪」，即是「坐禪」，一直被視為與佛家其他宗派不同。因此，在「敦煌本」六祖惠能特意說明，「坐禪」的原則在於不著一物，不著「心」、「淨」、「動」、「不動」，所以一切無礙，內心不亂而妄念自靜，因而見自性清淨。這層次是高而深的最上乘法，亦即是禪門「教外別傳」的心法。但在「契嵩本」上，以「住心觀靜，是病非禪」來指北宗神秀的禪法，是錯誤的。這表面上，指出禪病，是說得過的。但契嵩加上此段話後，六祖惠能所說的道理，即時出現前後矛盾。因為北宗神秀所說的法，是接引信心未起的「少根智」〔註89〕學人。六祖惠能所說的最上乘法，是「為大智上根人說」〔註90〕，並強調「法即一宗」〔註91〕，說明禪門所傳的「法」只是一種，根本無任何

〔註86〕見王孺童編校：《壇經諸本集成・曹溪本壇經精校》，北京：宗教文化出版社，2014年，頁255。

〔註87〕見《南宗頓教最上大乘摩訶般若波羅蜜經六祖惠能大師於韶州大梵寺施法壇經》，《大正新修大藏經》，第48卷，T48，NO.2007，日本大正一切經刊行會，1922～1934年，頁338下。

〔註88〕見《南宗頓教最上大乘摩訶般若波羅蜜經六祖惠能大師於韶州大梵寺施法壇經》，《大正新修大藏經》，第48卷，T48，NO.2007，日本大正一切經刊行會，1922～1934年，頁339上。

〔註89〕參閱《南宗頓教最上大乘摩訶般若波羅蜜經六祖惠能大師於韶州大梵寺施法壇經》，《大正新修大藏經》，第48卷，T48，NO.2007，日本大正一切經刊行會，1922～1934年，頁340中。

〔註90〕參閱《南宗頓教最上大乘摩訶般若波羅蜜經六祖惠能大師於韶州大梵寺施法壇經》，《大正新修大藏經》，第48卷，T48，NO.2007，日本大正一切經刊行會，1922～1934年，頁340中。

〔註91〕參閱《南宗頓教最上大乘摩訶般若波羅蜜經六祖惠能大師於韶州大梵寺施法壇經》，《大正新修大藏經》，第48卷，T48，NO.2007，日本大正一切經刊行會，1922～1934年，頁342中。

分別。世人所看到的分別，實在學人的領悟，「見有遲疾」〔註92〕。禪宗一直是以心為宗，無門是法門，以「般若智」顯無分別相的見性法。在此，契嵩明顯忽略及未領悟這些義理，而只見北宗神秀與南宗惠能的教法不同。神秀以方便法門教人，正是接引不同根器的學人，為佛門廣收弟子，導化向善，契嵩不明此理，深化了南北宗的對立。

唐君毅先生說：

> 惠能（禪宗）實開出一佛家施教之新方式……使人可於言下頓悟而不待外求。由是惠能（禪宗）之教所表現之精神，即無異一般若宗之精神與中國以前之重本心性淨之教之新綜合，其以能成為後之中國佛學之主流者，其故蓋亦在此。〔註93〕

六祖惠能所施教的是一種新方式，在禪機中以「頓法」開示學人，而不假外求。在「契嵩本」之前，都是一種「師弟對語機感直接感應」的教與學方式，遠源自中國的孔門問答的傳統〔註94〕。這傳統亦能體現在「敦煌本」的惠能與志誠的「說了即不是」禪機中。這表明在「契嵩本」使宗門教與學的宗趣出現「質變」，又同時增加了不少資料，使《壇經》的篇幅出現「量變」。

（三）「契嵩本」為禪宗「法統史」立於正統史

「契嵩本」確立禪宗「法統史」的目的，在於使禪宗被受爭議的禪史立下根據，除了在《六祖壇經》中改動「惠能與志誠」的相關內容外，還增加了儒家思想在〈無相頌〉中。

宋道發的〈中國禪宗的正統史觀述略〉指出契嵩是首倡「禪宗正統史觀」的禪宗人物。他說：

> 第一個將中國傳統的正統觀念與禪宗的法統相結合，提倡禪宗正統之說的佛教史家，則是宋代的明教契嵩。……在中國佛教思想史上，以會通佛儒著稱的釋契嵩，率先把正統觀念與禪宗的法統說相結

〔註92〕參閱《南宗頓教最上大乘摩訶般若波羅蜜經六祖惠能大師於韶州大梵寺施法壇經》，《大正新修大藏經》，第48卷，T48，NO.2007，日本大正一切經刊行會，1922～1934年，頁341中。

〔註93〕見唐君毅：《中國哲學原論 原性篇》，臺北：臺灣學生書局，1991年，頁286。

〔註94〕參閱李潤生：〈唐、牟二師對禪學開顯的處理述異〉，《新亞學報》第28卷，上編，香港：新亞研究所，2010年，頁85。

合，形成了獨具特色的禪宗正統史觀。〔註95〕

中國傳統的正統觀念就是以儒家為基底，契嵩是首位把儒家思想加進了《六祖壇經》內，與禪宗思想相互融合的第一人，目的在於建立禪宗的法統史在中國的正統史上，使禪宗正宗地位得以確立。此外，黃啟江指出契嵩所提出「壇經之宗」在於申論南禪的正統地位及正宗佛法的關係〔註96〕。契嵩在他其他的著作上進行一整套禪宗正統說，如《傳法正宗記》、《傳法正宗定祖圖》、《傳法正宗論》及《上皇帝書》等，都有明顯的動機及立場，這「正宗」一詞就具有「正統」的含義。也就是說，契嵩就是以正統史觀，來突顯禪宗在佛教史上的正統地位，並與中國文化中的儒家相互融合〔註97〕。

「契嵩本」《六祖壇經》的儒家思想，亦是契嵩對禪宗正統說的一部分。在「契嵩本」的〈釋功德淨土第二〉中增加了〈無相頌〉：

> 心平何勞持戒，行直何用修禪。
>
> 恩則孝養父母，義則上下相憐。
>
> 讓則尊卑和睦，忍則眾惡無諠。
>
> 若能鑽木出火，淤泥定生紅蓮。
>
> 苦口的是良藥，逆耳必是忠言。
>
> 改過必生智慧，護短心內非賢。
>
> 日用常行饒益，成道非由施錢。
>
> 菩提只向心覓，何勞向外求玄。
>
> 聽說依此修行，西方只在目前。〔註98〕

這〈無相頌〉在之前版本中未見存在，其中「恩」中有「孝」、「義」中有「憐」、「讓」中有「和」、「忍」中無「諠」，都是滲有儒家的倫理概念；其他部分有儒家的倫理思想及警世箴言「苦口良藥」、「逆耳忠言」、「改過生慧」、「護短非賢」、「日行饒益」、「道非施錢」等。這些儒家思想，一方面深化了禪宗從出世轉入世的實踐修行，同時模糊了禪宗「直指人心」的宗旨。六祖惠能只

〔註95〕見宋道發：〈中國禪宗的正統史觀述略〉，宜州：《河池學院學報》，第 27 卷第 4 期，2007 年 8 月，頁 31。

〔註96〕參閱黃啟江：《北宋佛教史論稿》，臺北：臺灣商務印書館，1997 年，頁 155。

〔註97〕參閱宋道發：〈中國禪宗的正統史觀述略〉，宜州：《河池學院學報》，第 27 卷第 4 期，2007 年 8 月，頁 32。

〔註98〕見王孺童編校：《壇經諸本集成·曹溪本壇經精校》，北京：宗教文化出版社，2014 年，頁 235。

教人「明心見性」，由「迷」轉「悟」後，佛性中「慈悲喜捨」的德性從「法身」的「體」起現，以「化身」及「報身」的「用」應事對物，圓融無礙，以「定惠體一」中「無相」的「口說善心內善」貫通內外。

金代李之全（生卒年不詳）認為契嵩的貢獻，在於把儒家倫理思想引入佛教，從而完成了中國佛教倫理化的過程〔註99〕。錢穆先生在〈讀契嵩《鐔津集》〉認為，契嵩的思想是「援儒以衛佛」，使「世運學風之變」〔註100〕。郭朋認為是「佛教向儒家靠攏」，即是佛教儒化的過程。這種思潮，通過契嵩這類佛教代表人物，改編《六祖壇經》，而直接影響佛教及禪宗的發展。郭朋引用了北宋文學家王禹偁（954～1001）在《小畜集·黃州齊安永興禪院記》卷17中「禪者，儒之曠達也」的看法。這是說明佛教與儒家的關連性，以禪者比喻儒者的地位。〔註101〕還有，郭朋認為「所謂佛教的『中國化』」，就是佛教的儒家化。他指出這是意味着儒家思想影響着佛教及改造佛教，最終佛教從外來的宗教，變而為有中國特點的傳統宗教，原因就在於此〔註102〕。

本章小結

「契嵩本」《壇經》的由來，是在於北宋僧人契嵩得「曹溪古本」之後，認為當時所見的「惠昕本」未算完善，而立意改依「曹溪古本」作為底本改編為三卷十門的《壇經》。因此，「曹溪古本」成為研究「契嵩本」《壇經》的重要對象。學者們分別作出研究，一是胡適在〈《壇經》考之一（跋〈曹溪大師別傳〉）〉〔註103〕一文中，以「敦煌本」與「明藏本」比較，分析出「契嵩本」《壇經》的部分內容，是採用〈曹溪大師別傳〉中的資料。胡氏因而推斷

〔註99〕 參閱邱小毛、林仲湘：〈《鐔津文集》的成書與國家圖書館藏元刊殘本考〉，《古籍整理研究學刊》，2012年3月第2期，頁10。邱氏及林氏云：「金代學者李之全〈嘗論〉其思想影響云：『此書在世，不惟儒者信佛者之語，佛者亦信儒者之語，撤藩籬於大方之家，卷波瀾於聖學之海，又豈止有力於佛者，抑儒者實受其賜矣。』」

〔註100〕 參閱錢穆：〈讀契嵩鐔津集〉，《中國學術思想論叢（五）》，《錢賓四先生全集》（20），臺北：經緯出版社，1998年，頁116。

〔註101〕 參閱郭朋：〈從宋僧契嵩看佛教儒化〉，濟南：《孔子研究》，1986年第1期，頁111。

〔註102〕 參閱郭朋：〈從宋僧契嵩看佛教儒化〉，濟南：《孔子研究》，1986年第1期，頁112。

〔註103〕 參閱胡適：〈《壇經》考之一（跋〈曹溪大師別傳〉）〉，《胡適卷》，武漢：武漢大學出版社，2008年，頁313～321。

契嵩是依〈曹溪大師別傳〉作為「古本」《壇經》作對勘。其二是哈磊在〈德異本《壇經》增補材料之文獻溯源考證〉〔註104〕的見解，認為契嵩增補《壇經》是有文獻作基礎，這些文獻包括敦煌文獻、唐宋碑記、史傳、語錄、燈錄等，其中39條被增補的資料，有36條有文獻作依據，而不是契嵩「杜撰」的，而《曹溪大師別傳》只是這些文獻中一項文獻而已。在比對內容來說，《別傳》所佔「契嵩本」的比例只有7點，卻不如《景德傳燈錄》有29點、《五燈會元》有31點及《祖堂集》有20點。這又明顯比胡適所言更具文獻研究的基礎。其三是張培鋒在〈《六祖壇經》與道家、道教關係考論〉〔註105〕一文中，以王仁裕《玉堂閒話》中陳琡的資料，推斷「契嵩本」《壇經》是依陳琡所編的三卷《六祖壇經》作根據，這亦是張氏所指的「陳琡本」，而且此本不止是契嵩本的依據，亦有可能是「陳琡本」被晁迥等由繁變簡的「惠昕本」。還有一說，白光認為「契嵩本」是以「實現三教融合」作對勘〔註106〕。他的論述是以宗密的《原人論》作為背景，說明「禪宗與儒道二教的關係」，並認為「禪教關係」出現「新變化」直到契嵩校勘《壇經》才顯現。至於道家方面與「契嵩本」的關係，就顯得較為薄弱了。

　　從上可知，「契嵩本」經不同學者的努力考證後，各有不同的論據及結論，可見其複雜性。我們可以從三方面來了解「契嵩本」：其一，它加了新的資料，多於之前的「敦煌本」及「惠昕本」，使由簡變繁的內容，再增加了「繁」的內容；其二，它改動了之前版本關於六祖惠能與志誠「說了即不是」的禪機內容，為加強南宗為法統史；其三，「契嵩本」是一本「以儒援佛」的《壇經》版本，加強了儒佛的融合，為禪宗建立正統史，但模糊了禪宗的思想。在版本來說，「契嵩本」可說是收集了六祖生平、與學人的機緣等事蹟，如與印宗、無盡藏尼講解《涅槃經》及《楞伽經》的「三身四智」與「轉識成智」內容。它成了日後「宗寶本」的底本，「宗寶本」亦成為日後《壇經》的流布本。

〔註104〕 參閱哈磊：〈德異本《壇經》增補材料之文獻溯源考證〉，成都：《宗教學研究》，2015年第4期，頁104～114。

〔註105〕 參閱張培鋒：〈《六祖壇經》與道家、道教關係考論〉，成都：《宗教學研究》，2008年第2期，頁91～98。

〔註106〕 參閱白光：《壇經版本譜系及其思想流變研究》，北京：宗教文化出版社，2013年，頁140～241。

第六章 「宗寶本」《六祖壇經》

一、「宗寶本」《六祖壇經》的由來

　　「宗寶本」《壇經》，全名為《六祖大師法寶壇經》，成書於元至元二十八年（1291），分為十品，這是明代以後的流通本。胡適曾說：「現在通行的《壇經》是根據一個明朝的版，有二萬二千字，最古本的《壇經》只有一萬一千字，相差一倍。」〔註1〕因此，有一說「宗寶本」的成立，是元明禪宗典籍傳播史上的一件大事〔註2〕。

　　元朝僧人宗寶（生卒年不詳），在《壇經》本題有「風旛報恩光孝禪寺住持嗣祖比丘宗寶編」，稱為「宗寶本」，並收錄於明版諸本大藏經中〔註3〕。在明藏本中記載德異撰〈六祖大師法寶壇經序〉，契嵩撰〈六祖大師法寶壇經贊〉，經文由「行由第一」至「付囑第十」，附錄：〈六祖大師緣起外紀〉附「師墜腰石」等記事；〈歷朝崇奉事迹〉；柳宗元撰〈賜諡大鑒禪師碑〉、〈佛衣銘并序〉附「師入塔後」記事；最後是宗寶跋文。宗寶在公元 1291 年的跋文中，感慨地表示「續見三本不同，互有得失」，所以他以「訛者正之」、「略者詳之」的原則下進行修改及增刪經文的內容。在六祖惠能開示弟子的部分，即所謂

〔註1〕參閱胡適：〈禪宗史的一個新看法〉，武漢：武漢大學出版社，2008 年，頁 99。

〔註2〕參閱李小白：〈禪宗文獻整理與明代禪風之關聯──以宗寶本《壇經》為個案〉，長安：《古籍整理研究學刊》，東北師範大學古籍整理研究所，2016 年 3 月第 2 期，頁 73。

〔註3〕參閱李富華：〈《壇經》的書名、版本與內容〉，《中國禪學》第 1 卷，北京：中華書局，2002 年，頁 93。

「請益機緣」部分，〔註4〕宗寶提到「明教嵩公」即是契嵩，他曾受賜「明教大師」。宗寶並沒有明確地指出「三本」是那三個版本的《壇經》，但從經文前錄有德異的序、契嵩的《壇經贊》，我們可以推算應有「德異本」及「契嵩本」或可能有「惠昕本」。另外一本從地域說，「宗寶本」改於廣州「風幡報恩光孝寺」，即法性寺，也可能是「南方宗旨本」，即法海一派所傳的古本，當然這只是一種猜測〔註5〕。

宗寶認為自己所編的是完整的「《壇經》大全」，可以使六祖惠能的禪法不止流通廣傳外，還有「使曹溪一派不至斷絕」，「今之禪宗流布天下，皆本是指」；宗寶說明自己所編的《壇經》，是上承達磨祖師至六祖惠能「直指人心」的禪法，下開「五家七宗」的抱負〔註6〕。

「宗寶本」《壇經》的出現，其實是現存最古的「敦煌本」《壇經》被惠昕、契嵩改動原貌後，宗寶亦進行這項修整工作。在明成化七年（1471）所刊《曹溪原本》的校勘者王起隆（生卒年不詳）在《重鋟曹溪原本法壇經緣起》一文中，很反對宗寶的做法。他家中藏有一本《曹溪法寶壇經》原本，是一本善本，段落分明，義理通達。他取「宗寶本」《壇經》對讀後，對宗寶改編的《壇經》批評是「竄改顛倒，增減刪改，大背謬於原本」，使《壇經》失原來的面目〔註7〕。王氏認為宗寶竄改《壇經》，是「自用自專，大舛大錯」

〔註4〕 參閱王孺童編校：《壇經諸本集成・宗寶本《壇經》精校》，北京：宗教文化出版社，2014年，頁64。宗寶跋云：「六祖大師平昔所說之法，皆大乘圓頓之旨，故目之曰經。……明教嵩公常讚云：『天機利者得其深，天機鈍者得淺。』誠哉言也。余初入道，有感於斯，續見三本不同，互有得失，其板亦已漫滅。因取其本校讎，訛者正之，略者詳之，復增入弟子請益機緣。……按察使雲公從龍，深造此道。一日過山房，睹余所編，謂得《壇經》大全。慨然命工鋟梓，顓為流通，使曹溪一派不至斷絕。……至元辛卯（1291）夏南海釋宗寶跋。」

〔註5〕 參閱李富華：〈《壇經》的書名、版本與內容〉，《中國禪學》第1卷，北京：中華書局，2002年，頁94。

〔註6〕 參閱《六祖大師法寶壇經・宗寶跋》，《大正新修大藏經》，第48卷，T48，NO.2008，日本大正一切經刊行會，1922～1934年，頁364～365。

〔註7〕 參閱王孺童編校：《壇經諸本集成・曹溪本壇經精校》，北京：宗教文化出版社，2014年，頁276。王起隆在〈重鋟《曹溪原本法寶壇經》緣起〉云：「余家藏有萬曆元年癸酉李見羅重刻《曹溪法寶壇經》原本一帙……。其本之善，段絡渾成，理趣周匝，視諸方刻本絕異。……今夏携過研山……適有楞嚴經坊所刻方冊《壇經》在案，取一對之，則竄改顛倒，增減刪改，大背謬於原本，未有如是極者。蓋至元辛卯，元僧宗寶改本，而徑山寂照庵於萬曆己酉刊行者也。」

的行為，犯了「謗法」之過〔註8〕。由此，我們可見每位學人都對《壇經》各有愛取，都認為自己所見的《壇經》是最「原本」或最「古本」。其實《曹溪原本》，溯其本源，亦不過是「契嵩本」的一個版本而已。

按照不同的歷史資料，從中推演出現存的與不存的《壇經》。我們可從以下的《壇經》演變圖〔註9〕，約略了解現存《壇經》各種版本的情況：

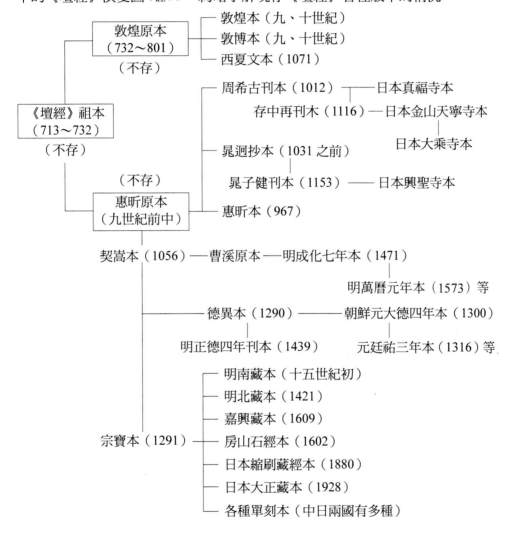

〔註8〕參閱王孺童編校：《壇經諸本集成·曹溪本壇經精校》，北京：宗教文化出版社，2014年，頁277。王起隆在〈重鋟《曹溪原本法寶壇經》緣起〉云：「竊謂宗寶之自用自專，大舛大錯，當以佛法四謗定之。」
〔註9〕參閱楊曾文：〈《六祖壇經》諸本的演變和慧能的禪法思想〉，《中國文化》第六期，1992年第1期，頁29。按：此圖原本是直排，現改為橫排，方便參考。

　　我們從上圖，可大概了解現存版本《壇經》的演變和關係。後來被發現而在「敦煌本」《壇經》譜系的「旅順本」、「北圖殘本」及「國圖北本」，則未包括在此圖上。但我們可以知道，《壇經》已經不止是一本禪宗的經典，除了中國佛教歷史或禪宗史外，並涉及中國、日本及高麗（今稱韓國）的文化交流、中國南方思想傳至北方甚至河西走廊一帶的敦煌地區文化史、思想史及宗教史，再細分下去，可以看到敦煌學、版本學、出土文獻、文字學及語言學等與《壇經》的關係，但所有文化傳承與歷史足跡皆離不開人的思想，思想就是人的指南針，影響着人的行為。換言之，我們從人在歷史上留下的事跡，就能大略了解相關的思想。

二、「惠昕本」、「契嵩本」與「宗寶本」的編目比較

　　「敦煌本」《壇經》是一卷不分編目的，亦是現存最古的版本。在其後的「惠昕本」、「契嵩本」（德異本）與「宗寶本」作比較，可以了解其中的演變及不同的情況。下面是楊曾文所提供的比較圖表〔註10〕：

惠昕本	德異本	宗寶本
一　緣起說法門	悟法傳衣第一	行由第一
二　悟法傳衣門	釋功德淨土第二	般若第二
三　為時眾說定慧門	定慧一體第三	疑問第三
四　教授坐禪門	教授坐禪第四	定慧第四
五　說傳香懺悔發願門	傳香懺悔第五	坐禪第五
六　說一體三身佛相門	參請機緣第六	懺悔第六
七　說摩訶般若波羅蜜門	南頓北漸第七	機緣第七
八　問答功德及西方相狀門	唐朝徵詔第八	頓漸第八
九　諸宗難問門	法門對示第九	宣詔第九
十　南北二宗見性門	付囑流通第十	付囑第十
十一　教示十僧傳法門		

〔註10〕圖表見楊曾文：《新版敦煌新本六祖壇經》，北京：宗教文化出版社，2001年，頁309。按：此圖表原本是直排，現改為橫排，方便參考。（註：楊氏原圖指「惠昕本」「三為時眾說定慧門」聯繫線指「德異本」的「教授坐禪第四」實為「定慧一體第三」，在此圖我修正了。又在「惠昕本」「九諸宗難問門」的」聯繫線指「德異本」的為「參請機緣第六，實為「南頓北漸第七」，在此圖我修正了。）

　　從圖中可見「惠昕本」是十一門,「契嵩本」(「德異本」)與「宗寶本」是十品。「惠昕本」十一門至「契嵩本」十品,其中有「二門」變成「一品」,如「惠昕本」的「緣起說法門」、「悟法傳衣門」變成「德異本」的「悟法傳衣第一」;「為時眾說定慧門」、「教授坐禪門」變成「教授坐禪第四」;「說傳香懺悔發願門」、「說一體三身佛相門」變成「傳香懺悔第五」。還有「一門」變成「二門」,如「「南北二宗見性門」變成「參請機緣第六」及「南頓北漸第七」;「教示十僧傳法門」變成「法門對示第九」及「付囑流通第十」,其餘是收攝在各品中,如「說摩訶般若波羅蜜門」收入「悟法傳衣第一」;「問法功德及西方相狀門」收入「釋功德淨土第二」;「諸宗難問門」收入「參請機緣品第六」。到「德異本」有十品,它分別加了「定慧一體第三」及「唐朝徵詔第八」。到「宗寶本」時,變動只在於一品變成二品或是二品合成一品的,如「悟法傳衣第一」分成「行由第一」、「般若第二」或是「法門對示第九」、「付囑流通第十」變成「付囑第十」。這些都只是結構上的變動,並未能全面反映禪宗思想的遷變,但可以略見禪宗內在思想重點轉移。

　　「宗寶本」《壇經》的內容與「敦煌本」、「惠昕本」及「契嵩本」相比較,可說是最豐富的,如要作詳細分析,可以有不同的角度研究。由於篇幅有限,現只能集中以禪宗思想作基點,這也是回應錢穆先生所指「當前學術界的一偏陷」問題〔註11〕,盼能做到「在思想本身範圍之內,有些處只能就思想論思想」〔註12〕作為研究目標。「宗寶本」《壇經》的禪宗思想重點,依「契嵩

〔註11〕 參閱錢穆:〈再論關於壇經之真偽問題〉,《中國學術思想論叢(四)》,載《錢賓四先生全集》(19),臺北:經緯出版社,1998 年,頁 207～208。錢先生云:「太過重視了考據,太過忽視了思想,此乃當前學術界一偏陷。有關西方的在外,只要是中國舊有的,或對某一家思想正面接受,而又加以一番崇重之意者,則稱之曰此乃是一種『宗教的心情』,或說是一種『傳道的精神』。……所謂『學術探討』,則必是純理智的、純客觀的,此乃所謂『科學方法』,而考據乃被認為是學術上之惟一途徑。我則認為學術園地不該如是之狹小。從來大學問家、大思想家,則無不具有一所謂宗教之心情與夫傳道之精神,而後其學術境界,乃得更深厚、更博大、更崇高、更精微。此等境界,則惟貴吾人之心領而神會。若要我從外面拿證據來,則一切證據,觸及不到此種境界之真實處。」
〔註12〕 參閱錢穆:〈略論有關六祖壇經之真偽問題〉,《中國學術思想論叢(四)》,載《錢賓四先生全集》(19),臺北:經緯出版社,1998 年,頁 198。錢先生云:「胡博士平常教人,每喜說『拿證據來』,但在思想本身範圍之內,有些處只能就思想論思想,證據只能使用在思想之外皮,不能觸及思想之內心。」;又在頁 201 中,錢先生補充說明胡氏對考據工夫的局限性在於「如是言之,考據工夫在某些地方,遇到某些問題,却僅能破壞,不能建立。」

本」作為底本，只改動了以「惠昕本」及「契嵩本」的相關編目。

我們參考楊曾文的編目比較圖來看，「宗寶本」的編目，經「惠昕本」再到「契嵩本」，最後在「宗寶本」只是改動二品。這二品就是「般若品」及「付囑品」。

在「宗寶本」的「般若品」為第二編目，是從「契嵩本」中的「悟法傳衣第一」中分拆出來，但再向上推「惠昕本」卻將關於「般若」的內容，排在「十一門」中的「第七門——說摩訶般若波羅蜜門」，這證明契嵩及宗寶了解「般若」在六祖惠能禪法的重要性。但有一點是「惠昕本」保留了「敦煌本」中關於志誠「說了即不是」公案，六祖惠能回應志誠「以心印心」的一句「煩惱菩提，亦復如此」〔註13〕，只是在「煩惱」與「菩提」之間少了「即是」二字，將「亦復如是」改成「如此」，惠昕意識這兩句的重要性，仍保留而沒有將它們刪除。這兩句在「契嵩本」時已經被刪除，並增加了「住心觀靜，長坐不臥，是病非禪」的內容，即時模糊了「見性成性」的曹溪禪法，但另一方面，契嵩卻重置「般若」在禪宗的重要性，安放「般若」在最前的「悟法傳衣第一」部分。至於宗寶更仔細將「般若」分出，而成為「般若第二」。至於「付囑品第十」，這部分在「惠昕本」及「契嵩本」一直被編排在最後的位置。在「惠昕本」時，「教示十僧傳法門」為一門，標題顯示六祖惠能在入滅之前，教導門下十大弟子依「三科法門」及「三十六對」對法作「見性」傳承的方法論來接引學人。到了「契嵩本」時，又將「三科法門」及「三十六對」對法等內容，獨立成為「法門對示第九」一品，其餘內容如〈真假動靜偈〉及「佛教祖系傳承」等歸納於「付囑流通第十」。最後「宗寶本」又將此二品合成為「付囑品第十」，這似乎最合現存最古的「敦煌本」思想，其中只有「契嵩本」有意識地將其分開，顯示「三科法門」及「三十六對」對法的重要性，這部分正是曹溪心法傳承的關鍵所在，但契嵩似未能領悟「般若」如何成為活智來接引學人，只有理論而缺乏實踐。正因如此，他把六祖惠能唯一全面性展示如何接引學人及「以心印心」完整流程的志誠「說了即不是」公案，改頭換面。經改動後，曹溪傳承的心法，失傳了近800多年。

〔註13〕參閱王孺童編校：《壇經諸本集成・惠昕本壇經精校》，北京：宗教文化出版社，2014年，頁193。

在「宗寶本」上，將「般若品」〔註14〕從「契嵩本」的「悟法傳衣第一」〔註15〕分出來安立《壇經》中的最前的第二品部分，這顯示宗寶是有意識地重視「般若」的部分，特意分出而顯其獨立性及重要性。又設立「疑問品」〔註16〕為第三，內容是依「契嵩本」的「釋功德淨土第二」〔註17〕而改成。這改動提出學人心中一直的疑問，就是「迷」與「悟」出現問題的所在。在此，宗寶在分立「般若品」及改名「疑問品」。「定慧第四」〔註18〕與「契嵩本」的「定慧一體第三」〔註19〕基本是相同的。「坐禪第五」〔註20〕分了兩段，只是將「契嵩本」的「教授坐禪第四」〔註21〕的前後段位置對調，內容基本一致。「懺悔第六」〔註22〕與「契嵩本」的「傳香懺悔第五」〔註23〕，內容基本一致，而在「品名」上刪去「傳香」兩字，強調「懺悔」為重，「傳香」是懺悔由外的相傳入內心的過渡形式，亦是懺悔的內容，與其他如「無相懺悔」、「發四弘願」、認識「一體三身佛」的內容具相同的重要性，而不作特別強調。「機緣第七」〔註24〕與「契嵩本」的「參請機緣第六」〔註25〕，內容基本一

〔註14〕 參閱《六祖大師法寶壇經・般若第二》，《大正新修大藏經》，第48卷，T48，NO.2008，日本大正一切經刊行會，1922～1934年，頁350上～351下。

〔註15〕 參閱王孺童編校：〈悟法傳衣第一〉，《壇經諸本集成・曹溪本壇經精校》，北京：宗教文化出版社，2014年，頁227～232。

〔註16〕 參閱《六祖大師法寶壇經・疑問第三》，《大正新修大藏經》，第48卷，T48，NO.2008，日本大正一切經刊行會，1922～1934年，頁351下～352下。

〔註17〕 參閱王孺童編校：〈釋功德淨土第二〉，《壇經諸本集成・曹溪本壇經精校》，北京：宗教文化出版社，2014年，頁233～237。

〔註18〕 參閱《六祖大師法寶壇經・定慧第四》，《大正新修大藏經》，第48卷，T48，NO.2008，日本大正一切經刊行會，1922～1934年，頁352下～353中。

〔註19〕 參閱王孺童編校：〈定慧一體第三〉，《壇經諸本集成・曹溪本壇經精校》，北京：宗教文化出版社，2014年，頁236～237。

〔註20〕 參閱《六祖大師法寶壇經・坐禪第五》，《大正新修大藏經》，第48卷，T48，NO.2008，日本大正一切經刊行會，1922～1934年，頁353中。

〔註21〕 參閱王孺童編校：〈教授坐禪第四〉，《壇經諸本集成・曹溪本壇經精校》，北京：宗教文化出版社，2014年，頁237～238。

〔註22〕 參閱《六祖大師法寶壇經・懺悔第六》，《大正新修大藏經》，第48卷，T48，NO.2008，日本大正一切經刊行會，1922～1934年，頁353中～355上。

〔註23〕 參閱王孺童編校：〈傳香懺悔第五〉，《壇經諸本集成・曹溪本壇經精校》，北京：宗教文化出版社，2014年，頁238～243。

〔註24〕 參閱《六祖大師法寶壇經・機緣第七》，《大正新修大藏經》，第48卷，T48，NO.2008，日本大正一切經刊行會，1922～1934年，頁355上～358中。

〔註25〕 參閱王孺童編校：〈參請機緣第六〉，《壇經諸本集成・曹溪本壇經精校》，北京：宗教文化出版社，2014年，頁243～254。

致，只是簡化「品名」而已。「頓漸第八」〔註26〕與「契嵩本」的「南頓北漸第七」〔註27〕，內容基本一致，而在「品名」上淡化「南宗」與「北宗」對立，而強調在「漸法」與「頓法」所針對的對象上。「宣詔第九」〔註28〕與「契嵩本」的「唐朝徵詔第八」〔註29〕，內容基本相同，而在品名上去掉「唐朝」兩字，又將「徵」改為「宣」，在宗寶身處的元代來說，不強化前朝或某朝曾介入禪門的修行事上，是明智之舉。「付囑第十」〔註30〕是合併了「契嵩本」的「法門對示第九」〔註31〕及「付囑流通第十」〔註32〕，合併後強調了六祖惠能所說「三十六對法」的重要性，宗寶合併在最後部分。

「宗寶本」在最後的編目重置中，恰巧只是改動「契嵩本」的「般若」及「三科法門」及「三十六對」對法部分，配合以現存最古「敦煌本」及字數最少的《壇經》來參讀，不難發現六祖惠能思想的精微所在。惠能本意是傳最簡易的「見性法」，就在六祖惠能與志誠的禪機中顯示，改動後的內容，使這真正簡易的曹溪禪法，被隱藏了八百多年。

三、「宗寶本」的歷史意義

（一）「宗寶本」保存一套完整自性論架構

「自性」是《壇經》一個重要概念，從「體用」關係來看，「自性」這個概念從「敦煌本」、「惠昕本」、「契嵩本」至「宗寶本」已經發展成一套完整的架構〔註33〕。「宗寶本」是流布本，在「自性」已經發展成一套成熟階段後，

〔註26〕參閱《六祖大師法寶壇經‧頓漸第八》，《大正新修大藏經》，第48卷，T48，NO.2008，日本大正一切經刊行會，1922～1934年，頁358中～359下。

〔註27〕參閱王孺童編校：〈南頓北漸第七〉，《壇經諸本集成‧曹溪本壇經精校》，北京：宗教文化出版社，2014年，頁255～259。

〔註28〕參閱《六祖大師法寶壇經‧宣詔第九》，《大正新修大藏經》，第48卷，T48，NO.2008，日本大正一切經刊行會，1922～1934年，頁359下～360上。

〔註29〕參閱王孺童編校：〈唐詔徵詔第八〉，《壇經諸本集成‧曹溪本壇經精校》，北京：宗教文化出版社，2014年，頁259～261。

〔註30〕參閱《六祖大師法寶壇經‧付囑第十》，《大正新修大藏經》，第48卷，T48，NO.2008，日本大正一切經刊行會，1922～1934年，頁360上～362中。

〔註31〕參閱王孺童編校：〈法門對示第九〉，《壇經諸本集成‧曹溪本壇經精校》，北京：宗教文化出版社，2014年，頁261～263。

〔註32〕參閱王孺童編校：〈付囑流通第十〉，《壇經諸本集成‧曹溪本壇經精校》，北京：宗教文化出版社，2014年，頁263～269。

〔註33〕參閱姜伯勤：〈敦煌本《壇經》所見慧能在新州的說法〉，《六祖慧能思想研究——「慧能與嶺南文化」國際學研討會論文集》，廣州：學術研究雜誌社，

它把這套理論從元代一直保存至今,對中國禪宗思想的發展或是中國思想史來說,都具深層歷史的意義。

在中國禪宗來說,關於「自性」具有「體用」概念,羅時憲先生解說:

> 《壇經》中所言之自性蓋攬阿賴耶識及真如二者而言。以阿賴耶識統一切有為法;而真如為一切有為法之實體,亦即是阿賴耶識之實體。就用邊言,阿賴耶識能生萬法;就體邊言,真如不生不滅。體與用不即不離。故以自性一名而兼攬體用也。〔註34〕

在「宗寶本」《六祖壇經》中保存了「自性」的內容,當中包含了「阿賴耶識」及「真如」兩個內涵。這兩個內涵分別統攝一切「有為法」及「無為法」。「阿賴耶識」統攝「有為法」;「真如」統攝「無為法」的實體,亦同時是「阿賴耶識」的實體。從中再分為「體用」來說,「真如」是「體」具「不生不滅」,所以「體用」亦具「不即不離」的相即圓融特質。「阿賴耶識」的「用」能生萬法。因此,「自性」一名包含了「體」與「用」關係。

進一步來看,《壇經》中「自性」、「本性」或簡稱「性」在「體用」上都各具「阿賴耶識」及「真如無為」的內涵。羅時憲先生分別引述了55條作為證明(第46條是我補上,共56條)。可見「宗寶本」保存了一套「自性」架構的深層歷史意義。同時,以「體用」來直達中國「心性之學」的本源。現舉數例如下(餘下例句,請閱附錄三,本論文頁173～181。):

1. 菩提自性本來清淨。〔註35〕
2. 弟子自心常生智慧,不離自性,即是福田。〔註36〕
3. 自性若迷,福何可救。〔註37〕

1997年,頁262。

〔註34〕見羅時憲:〈《六祖壇經》管見〉,《學術論文集》,《羅時憲全集》第11卷,香港:佛教志蓮圖書館:羅時憲弘法基金有限公司,1998年,頁105。

〔註35〕見羅時憲:〈《六祖壇經》管見〉,《學術論文集》,《羅時憲全集》第11卷,香港:佛教志蓮圖書館:羅時憲弘法基金有限公司,1998年,頁105。(亦見於《六祖大師法寶壇經·行由品第一》,《大正新修大藏經》,第48卷,T48,NO.2008,日本大正一切經刊行會,1922～1934年,頁347下。)

〔註36〕見羅時憲:〈《六祖壇經》管見〉,《學術論文集》,《羅時憲全集》第11卷,香港:佛教志蓮圖書館:羅時憲弘法基金有限公司,1998年,頁105。(亦見於《六祖大師法寶壇經·行由品第一》,《大正新修大藏經》,第48卷,T48,NO.2008,日本大正一切經刊行會,1922～1934年,頁348上。)

〔註37〕見羅時憲:〈《六祖壇經》管見〉,《學術論文集》,《羅時憲全集》第11卷,香港:佛教志蓮圖書館:羅時憲弘法基金有限公司,1998年,頁105。(亦見於

4. 祖已知神秀入門未得，不見自性。〔註38〕

5. 祖曰：汝作此偈，未見本性。……無上菩提須得言下識自本心，見自本性，不生不滅。於一切時念念自見，萬法無滯，一真一切真，萬境自如如。如如心即是真實。若如是見，即是無上菩提之自性也。〔註39〕

6. 復兩日，有一童子於碓坊過，唱誦其偈。惠能一聞，便知此偈未見本性。〔註40〕

7. 祖見眾人驚怪，恐人損害，遂將鞋擦了偈，曰：「亦未見性。」〔註41〕

8. 祖以袈裟遮圍，不令人見，為說《金剛經》，至「應無所住而生其心」。惠能言下大悟一切法不離自性。〔註42〕

「宗寶本」所保存關於「自性」的完整理論，使禪宗「自性」緊扣「真如」和「阿賴耶識」的義理完備，因此羅時憲先生列出「自性」的五十多條說明與「真如」和「阿賴耶識」的關係〔註43〕，從佛理最核心處，以「自性」一

《六祖大師法寶壇經・行由品第一》，《大正新修大藏經》，第 48 卷，T48，NO.2008，日本大正一切經刊行會，1922～1934 年，頁 348 中。）

〔註38〕見羅時憲：〈《六祖壇經》管見〉，《學術論文集》，《羅時憲全集》第 11 卷，香港：佛教志蓮圖書館：羅時憲弘法基金有限公司，1998 年，頁 105。（亦見於《六祖大師法寶壇經・行由品第一》，《大正新修大藏經》，第 48 卷，T48，NO.2008，日本大正一切經刊行會，1922～1934 年，頁 348 中及下。）

〔註39〕見羅時憲：〈《六祖壇經》管見〉，《學術論文集》，《羅時憲全集》第 11 卷，香港：佛教志蓮圖書館：羅時憲弘法基金有限公司，1998 年，頁 105。（亦見於《六祖大師法寶壇經・行由品第一》，《大正新修大藏經》，第 48 卷，T48，NO.2008，日本大正一切經刊行會，1922～1934 年，頁 348 下。）

〔註40〕見羅時憲：〈《六祖壇經》管見〉，《學術論文集》，《羅時憲全集》第 11 卷，香港：佛教志蓮圖書館：羅時憲弘法基金有限公司，1998 年，頁 106。（亦見於《六祖大師法寶壇經・行由品第一》，《大正新修大藏經》，第 48 卷，T48，NO.2008，日本大正一切經刊行會，1922～1934 年，頁 348 下。）

〔註41〕見羅時憲：〈《六祖壇經》管見〉，《學術論文集》，《羅時憲全集》第 11 卷，香港：佛教志蓮圖書館：羅時憲弘法基金有限公司，1998 年，頁 106。（亦見於《六祖大師法寶壇經・行由品第一》，《大正新修大藏經》，第 48 卷，T48，NO.2008，日本大正一切經刊行會，1922～1934 年，頁 349 上。）

〔註42〕見羅時憲：〈《六祖壇經》管見〉，《學術論文集》，《羅時憲全集》第 11 卷，香港：佛教志蓮圖書館：羅時憲弘法基金有限公司，1998 年，頁 106。（亦見於《六祖大師法寶壇經・行由品第一》，《大正新修大藏經》，第 48 卷，T48，NO.2008，日本大正一切經刊行會，1922～1934 年，頁 349 上。）

〔註43〕參閱羅時憲：〈《六祖壇經》管見〉，《學術論文集》，《羅時憲全集》第 11 卷，

概念融攝，從古至今，從上而下，從體見用，有一氣呵成的圓滿性。在《中國哲學十九講》中牟宗三先生提出「如來藏自性清淨心」中的「自性」既是清淨，則非虛妄染污，是屬真常心。這是從《大乘起信論》「一心開二門」從「識心」中翻出「智心」，是佛教內部教義的推進〔註44〕。因此羅先生對《六祖壇經》「自性」的解說，應是以「一心」兼容唯識與真常心系統而言的，但這觀點亦存有不同意見，有待跟進〔註45〕。

另外，六祖惠能的「自性論」能夠保存下來，讓我們了解「自性論」融攝大乘經典的情況。姜伯勤在《石濂大汕與澳門禪史》認為六祖惠能在新州說法，將「自性論」推至一個新階段，在「頓漸第八」云：「學道之人，一切善念惡念，應當盡除。無名可名，名於自性。無二之性，是名實性。於實性上建立一切教門，言下便須自見。」〔註46〕其中的「無二之性，是名實性」，是綜合了「中觀」、「三論宗」、「般若學」與「涅槃宗」的佛性說，加上大乘佛教各重要經典如《金剛經》、《涅槃經》、《維摩詰經》、《梵網經》、《法華經》等。這些道理，六祖惠能把「佛性」演譯成「自性」、「實性」、「不二之性」與「般若」的無相與「中觀」的「不立二邊」，融合成「自性般若」〔註47〕新概念〔註48〕。

姜伯勤認為六祖惠能的「自性論」與竺道生「一切眾生皆有佛性」各有淵

香港：佛教志蓮圖書館：羅時憲弘法基金有限公司，1998 年，頁 114。羅先生云：「上舉《壇經》這及自性者五十五條中，『自性』一語，有應作『真如』解者，有應作『第八阿賴耶識』解者，有兼有以二者解之於理皆可通者。」
〔註44〕 參閱牟宗三：《中國哲學十九講》，臺北：臺灣學生書局，1997 年，頁 283～284。
〔註45〕 本文的考委之一楊祖漢教授，在考評時，他接受我的觀點，但他本人表示不太同意羅時憲的說法，因時間緊迫而未及詳述，有待來日討論。
〔註46〕 參閱《六祖大師法寶壇經·頓漸第八》，《大正新修大藏經》，第 48 卷，T48，NO.2008，日本大正一切經刊行會，1922～1934 年，頁 359 下。
〔註47〕 參閱《六祖大師法寶壇經·般若第二》，《大正新修大藏經》，第 48 卷，T48，NO.2008，日本大正一切經刊行會，1922～1934 年，頁 350 上。
〔註48〕 參閱姜伯勤：《石濂大汕與澳門禪史》，上海：學林書局，1999 年，頁 542。姜氏認為「惠能在新州說法的意義在於：他把佛經中的『自性論』發展到新的階段。《壇經》說：『一切盡除，無名可名，名於自性無二之性，是名實性，於實性上建立一切教門，言下便須自性』。無二之性與實性說，綜合了鳩摩羅什所傳中觀及其後學三論宗的不立兩邊的學說和無相學說，又可以追溯到兩晉般若學的涅槃佛性說，是《金剛經》、《涅槃經》、《維摩詰經》、《梵網經》和三論的新的詮釋。」

源。前者的核心思想來自「如來藏自性清淨心」系統，後者則是以「三論宗」與《涅槃經》為主要思想基礎。因此姜氏認為如果說六祖惠能是「繼承了道生的自性論之『一切眾生皆有佛性』」，並不準確，因為兩人都是說「佛性」人人皆有，但不能說是「繼承」，而是各自有傳承系統來立論。至於「禪宗」與「三論宗」的關係，並不止於此，而在「法統史」的建立上。這部分在本論文的第七章「禪宗與三論宗思想」中會以陳寅恪的說法作進一步的說明。至於說六祖惠能「繼承」五祖弘忍的心法，是理所當然的事，但說到《大乘起信論》的「一心開二門」的「心真如門」及「心生滅門」，姜氏就不能認同，因二者皆不是與六祖惠能所說的「自性論」同一層次來說。姜氏特別強調「尤其是繼承了牛頭禪『無念即無心，無心即真道』、『法界性自然』的思想」，這似乎沒有必然關係〔註49〕。六祖惠能所說的「無念」與「無心」皆以「般若」來貫通，而「般若」是佛教大小乘共用的見性方法，因此，並不一定是從牛頭禪師而來的，反而與「三論宗」的「般若學」有相通之處。

最後，姜伯勤指出惠能與神秀的「看心」與「自性」，內容迥然不同。其實，《壇經》在「頓漸第八」云：「師謂眾曰：法本一宗，人有南北。法即一種，見有遲疾。」〔註50〕就是說明「法」本無分別，分別在於接引的學人的「根性」上而不在於說法者所說的「法」上。可見惠能與神秀的「看心」與「自性」禪法目的都只有一種，就是使學人由迷轉覺而已。姜氏又指出，禪宗六祖惠能的「自性說」對中國思想上的「本體論」及「心性論」有重大的貢獻，但他沒有說明在佛教或禪宗的「本體論」定義。黃連忠指出佛教或禪宗的「緣起性空」，思想上沒有「本體論」的說法，但可以運用「佛教哲學式的『本體論』思想」，說「本體」是一個「法體」概念，就是「不生不滅的佛性」，這仍然是屬於「緣起性空」的範疇內。至於說明「諸

〔註49〕參閱姜伯勤：《石濂大汕與澳門禪史》，上海：學林書局，1999 年，頁 542～543。姜氏云：「六祖新州說法中的自性學說，繼承了道生的自性論之『一切眾生皆有佛性』、《大乘起信論》的自性論之『心真如相』、『所謂心性，不生不滅』，繼承了五祖弘忍的自性論之心體等於自體和『心生滅門』的思想，尤其是繼承了牛頭禪『無念即無心，無心即真道』、『法界性自然』的思想。惠能的『見性』說與神秀的『看心』說不僅在禪定上有巨大區別，在『自性』說上也迥然不同，對中國思想史上的『本體』論的追尋和心性論的發展有重大的貢獻。」

〔註50〕見《六祖大師法寶壇經‧頓漸第八》，《大正新修大藏經》，第 48 卷，T48，NO.2008，日本大正一切經刊行會，1922～1934 年，頁 358 中。

法的體法」的體性是「空幻無生」，則違背了佛教或禪宗的立場〔註51〕。姜氏沒有說明六祖惠能「自性論」的所謂「本體論」在中國思想史上有何具體貢獻，就立下有重大貢獻的結論〔註52〕，似乎稍欠說服力。

「宗寶本」依「契嵩本」作為底本，融攝大乘佛教的各宗派思想在經文內，如空宗的《金剛經》「至應無所住而生其心」〔註53〕及惠能曰：「法師講涅槃經，明佛性，是佛法不二之法」〔註54〕關於涅槃宗的《涅槃經》。又有律宗的《菩薩戒經》（即《梵網經》）云：「我本元自性清淨」〔註55〕、「如來自性清淨心」的《淨名經》（即《維摩詰經》）云：「即時豁然，還得本心」〔註56〕、「華嚴宗」的《法華經》及淨土宗的「淨土」思想與「唯識宗」的「轉識成智」等。六祖惠能的「自性論」與中觀及三論宗有密切相連關係。

姜伯勤認為惠能與「敦煌本」、「惠昕本」、「契嵩本」與「宗寶本」《壇經》中的「自性論」形成，是中國佛教與道家精神及至莊子之學所影響而成的結果〔註57〕。這個意見，如在佛教立場來說是不能成立的。因為佛教最初在東漢時從印度傳入中國，初傳入時要與中土的文化融合，將佛教教義與儒家或道家相比附，被稱為「格義佛教」。由於佛教中人意識這比附不能發揮佛教的

〔註51〕 參閱黃連忠：〈禪宗佛性本體論的特質與根本見地關係之探討〉，南投：《正觀雜誌》第 16 期，2001 年 3 月 25 日，頁 31～32。黃氏云：「佛教或禪宗基本的立場是反法一個『物質或精神或抽象的形上實體』，也不認為有『存在的唯一不變的本原』，因此討論宇宙萬事萬物的『本質與現象』是無法成立的命題。換句話說，佛教或禪宗並無西方哲學 ontology 的『本體論』，但並不因此表示沒有佛教哲學式的『本體論』思想，只是佛教的『本體』是指『法體』，是指『不生不滅的佛性』，是屬於緣起性空的思想，是指『諸法的體法』，而此體性是『空幻無生』。」

〔註52〕 參閱姜伯勤：《石濂大汕與澳門禪史》，上海：學林書局，1999 年，頁 542～543。

〔註53〕 參閱《六祖大師法寶壇經・行由第一》，《大正新修大藏經》，第 48 卷，T48，NO.2008，日本大正一切經刊行會，1922～1934 年，頁 349 上。

〔註54〕 參閱《六祖大師法寶壇經・行由第一》，《大正新修大藏經》，第 48 卷，T48，NO.2008，日本大正一切經刊行會，1922～1934 年，頁 349 下。

〔註55〕 參閱《六祖大師法寶壇經・般若第二》，《大正新修大藏經》，第 48 卷，T48，NO.2008，日本大正一切經刊行會，1922～1934 年，頁 351 上。

〔註56〕 參閱《六祖大師法寶壇經・般若第二》，《大正新修大藏經》，第 48 卷，T48，NO.2008，日本大正一切經刊行會，1922～1934 年，頁 351 上。

〔註57〕 參閱姜伯勤：《石濂大汕與澳門禪史》，上海：學林書局，1999 年，頁 543。姜氏云：「應該指出的是，惠能及幾種版本《壇經》中的『自性論』的形成，是兩晉南北朝以來中國大乘佛學智慧與中國道家精神相互激發的結果，也是莊子之學影響的結果。」

精粹，建元十八年（382）起，在道安法師（312～385）主持下，先後譯出《阿毘曇心》16 卷、《阿毗曇抄》14 卷、《阿毗曇八揵度》（《發智論》的異譯本）20 卷、《鞞婆沙阿毘曇》14 卷。據哈磊在〈格義之學興衰及其佛學背景的演變〉一文中，說：

> 以上 4 部合計 64 卷，從卷數上來說並不算多，但卻是中國佛史上第一次系統、全面地譯介阿毗曇，使漢地的佛教學者第一次看到了佛教三藏中論藏的基本面貌。〔註58〕

這裡說明了一點，就是在魏晉南北朝時期，佛教的精英如道安法師，已經立志，要擺脫儒道二家與佛教概念比附情況，使佛教思想的精粹得以重現。華方田的〈中國佛教宗派──三論宗〉一文中，提及「真正使中國佛教擺脫『格義』的餘緒而步入正軌的關鍵人物是鳩摩羅什」〔註59〕。他說：

> 公元 401 年，即後秦姚興弘始三年，鳩摩羅什受姚興之請來到長安。
> 從公元 401 年鳩摩羅什到長安，直到公元 413 年去世的十幾年裡，他和弟子們共譯出佛經 300 多卷。〔註60〕

鳩摩羅什（344～413）繼道安的翻譯佛經事業，在十多年間與弟子們在長安翻譯出 300 多卷而且是「高質量的佛經翻譯」〔註61〕，他亦是三論宗中土的第一代祖師〔註62〕。由此再證佛教在魏晉南北朝時，已經確立佛教中國化的基礎及具獨立性。因此，姜氏所謂三百多年後的惠能及以後不同版本《壇經》中的「自性論」，仍受到「中國道家精神相互激發的結果，也是莊子之學影響

〔註58〕見哈磊：〈格義之學的興衰及其佛學背景的演變〉，成都：四川大學學報（哲學社會科學版），2017 年第 1 期，總第 208 期，頁 35。

〔註59〕參閱華方田：〈中國佛教宗派──三論宗〉，北京：《佛教文化》，2005 年第 2 期，總第 76 期，頁 15。華氏云：「真正使中國佛教擺脫『格義』的餘緒而步入正軌的關鍵人物是鳩摩羅什。鳩摩羅什是中國佛教史上重要的佛經翻譯家和佛學理論家，他的翻譯代表了隋唐以前中國佛經翻譯的最高水平。他所主持譯的佛教典籍，成為以後中國佛教學派和宗派用來建立各自的哲學理論和宗教學說重要依據，對中國佛教的宗哲學和教義的形成，乃至中文化思想的發展，都產生了巨大而深刻的影響。」

〔註60〕見華方田：〈中國佛教宗派──三論宗〉，北京：《佛教文化》，2005 年第 2 期，總第 76 期，頁 16。

〔註61〕參閱華方田：〈中國佛教宗派──三論宗〉，北京：《佛教文化》，2005 年第 2 期，總第 76 期，頁 16。

〔註62〕參閱華方田：〈中國佛教宗派──三論宗〉，北京：《佛教文化》，2005 年第 2 期，總第 76 期，頁 15。

的結果」，這個說法有待商榷。

（二）「宗寶本」保存「頓漸法」的大乘入世義

從「敦煌本」至「宗寶本」一直都保存了禪宗認為在家或在寺修行都可以的教義。季羨林（1911～2009）在〈中國佛教史上的《六祖壇經》〉，提到他在香港中文大學講學時，其中之一的題目是《從大乘佛教起源談到宗教發展規律》。這題目中包括了六個問題：「佛教的創立（小乘佛教）」、「小乘佛教的基本教義」、「小乘向大乘過渡」、「居士佛教」、「頓悟與漸悟」、「宗教發展規律」〔註63〕。這意味著禪宗從小乘向大乘過渡後，而進入居士佛教，即是從出世轉入世的思想。季氏認為「居士佛教」（Layman Buddhism），是大乘的一大特點。這可以解決了「物質生產」及「人的生產」的問題〔註64〕。季氏的結論是：

> ……得出了一個宗教發展的規律：用盡可能越來越小的努力或者勞
> 動達到盡可能越來越大的宗教需要的滿足。〔註65〕

這個宗教發展的規律，是從現實主義著眼，與佛教思想發展及禪宗宗趣無必然關係。

從「敦煌本」上，六祖惠能從初遇五祖弘忍，說「佛性無南北」的佛性平等觀。在惠能來說，地域根本不是思想上或佛法上的分界線，至「宗寶本」仍說「法即一種」〔註66〕，所以亦無頓法與漸法的分別。但在「契嵩本」之後，因要確立南宗為正宗，將南宗與北宗的禪法對立。由於「宗寶本」仍在「頓漸品」保存了「法即一種」，使禪宗的「頓漸法」是針對學人而說，而不是說法者，貫徹禪宗思想發展的趨向。由於「頓漸法」是《六祖壇經》的重要概念，亦證明大乘佛教的出世轉入世的根據。季羨林分三層來說明「頓漸法」與禪宗的關係，他說：

> 頓悟與漸悟是《六祖壇經》的關鍵問題。〔註67〕

〔註63〕參閱季羨林：〈中國佛教史上的《六祖壇經》〉，《禪與文化》，北京：中國言實出版社，2006 年，頁 105。

〔註64〕參閱季羨林：〈中國佛教史上的《六祖壇經》〉《禪與文化》，北京：中國言實出版社，2006 年，頁 106。

〔註65〕見季羨林：〈中國佛教史上的《六祖壇經》〉《禪與文化》，北京：中國言實出版社，2006 年，頁 106。

〔註66〕見《六祖大師法寶壇經・頓漸第八》，《大正新修大藏經》，第 48 卷，T48，NO.2008，日本大正一切經刊行會，1922～1934 年，頁 358 中。

〔註67〕見季羨林：〈中國佛教史上的《六祖壇經》〉《禪與文化》，北京：中國言實出版社，2006 年，頁 107。

頓悟與漸悟的問題同中國的禪宗有密切的關係。〔註68〕

到了禪宗六祖慧能，中國的禪宗和頓悟學說達了一個轉折點。〔註69〕
總言之，六祖惠能在《六祖壇經》中所說的「頓漸法」，成為頓悟學說一個關鍵的轉折點。

季氏認為「頓悟」與「漸悟」與宗教發展規律，就是省時省力，而成就人人皆能成佛。他的根據在於中國佛教的多次大規模排佛行動，主因在於經濟而非宗教，只有禪宗提倡勞動，壽命最長，這是禪宗順應宗教發展的規律〔註70〕。

（三）「宗寶本」傳承禪宗「坐禪」與「禪定」的精神

六祖惠能對「坐禪」的定義，在「敦煌本」《壇經》云：

> 此法門中，何名座（坐）禪。此法門中一切無礙，外於一切境界上
> 念不去為座（坐）。見本姓（性）不亂為禪。〔註71〕

至於「宗寶本」《壇經》則云：

> 善知識！何名坐禪？此法門中，無障無礙。外於一切善惡境界。心
> 念不起，名為坐。內見自性不動，名為禪。〔註72〕

在「敦煌本」與「宗寶本」《壇經》中，「禪定」的定義都是「外離相曰禪」，「內不亂曰定」，即是「外禪內定」，所以名為「禪定」〔註73〕。「坐禪」與「禪定」這是無形相的禪法，世人著相，以「坐禪」為必修課，不知這此是修行

〔註68〕見季羨林：〈中國佛教史上的《六祖壇經》〉《禪與文化》，北京：中國言實出版社，2006年，頁107。

〔註69〕見季羨林：〈中國佛教史上的《六祖壇經》〉《禪與文化》，北京：中國言實出版社，2006年，頁107。

〔註70〕參閱季羨林：〈中國佛教史上的《六祖壇經》〉《禪與文化》，北京：中國言實出版社，2006年，頁108。

〔註71〕見《南宗頓教最上大乘摩訶般若波羅蜜經六祖惠能大師於韶州大梵寺施法壇經》，《大正新修大藏經》，第48卷，T48，NO.2007，日本大正一切經刊行會，1922～1934年，頁339上。

〔註72〕見《六祖大師法寶壇經‧坐禪第五》，《大正新修大藏經》，第48卷，T48，NO.2008，日本大正一切經刊行會，1922～1934年，頁353中。

〔註73〕參閱《南宗頓教最上大乘摩訶般若波羅蜜經六祖惠能大師於韶州大梵寺施法壇經》，《大正新修大藏經》，第48卷，T48，NO.2007，日本大正一切經刊行會，1922～1934年，頁339上。及見《六祖大師法寶壇經‧坐禪第五》，《大正新修大藏經》，第48卷，T48，NO.2008，日本大正一切經刊行會，1922～1934年，頁353中。

實踐中其中一項選擇工夫。六祖惠能是以「摩訶般若波羅蜜」的禪法貫穿所有修行法門,「坐禪」與「禪定」工夫皆如是。

其實,「坐禪」與「禪定」不離「定慧等學」,即是「定慧體一不二」的禪理。六祖惠能的坐禪之法與傳統「先定後慧」或是「先慧後定」的坐禪方法是不同的。錢穆先生指出禪者智隍(生卒年不詳)以「坐禪」為修行工夫,在未拜訪六祖惠能之前,是在五祖弘忍門下受業二十年,「自謂已得正受,庵居長坐」。這表明在六祖惠能之前禪門修行工夫都是以「坐禪」為主,並認為這是禪門的「正受」禪法〔註74〕。

錢先生在「宗寶本」〈頓漸品〉中記志誠引述神秀的禪法是「住心觀淨,長坐不臥」。又引《宋高僧傳》:「神秀遇忍,以坐禪為務,乃歎伏曰:『此真吾師。』是則坐禪之教,正是東山法門。」這裡證明五祖弘忍教授弟子們「東山法門」的禪法,正是「坐禪」工夫〔註75〕。見的在於說明六祖惠能所謂的「坐禪」,並不同於五祖或以上的禪法。

唐君毅先生認為,在宗寶本《六祖壇經》的「無念」與「禪定」關連性,在於「真如自性起念」這概念上。他說:

> 壇經曰:「於諸境上心不染,曰無念」……自性原是真如,故離煩惱
> 之念,即依真如自性起念。〔註76〕

唐先生又認為當「無念」與「無相」的呈現,亦即是禪定工夫呈現,因此他說:「坐禪非閉目靜坐」,禪宗的工夫在於「無念」上〔註77〕。這指出禪

〔註74〕 參閱錢穆:〈記《壇經》與《大涅槃經》之定慧等學〉,《中國學術思想論叢(四)》,《錢賓四先生全集》(19),臺北:經緯出版社,1998年,頁221。錢先生云:「六祖既主定慧等學,則自不贊成由定得慧之坐禪法。〈機緣品〉禪者智隍初參五祖,自謂已得正受,庵居長坐,積二十年。六祖弟子玄策告以非是,智隍遂謁六祖。是則先從遊於五祖之門者,亦仍以坐禪為要可知。」

〔註75〕 參閱錢穆:〈記《壇經》與《大涅槃經》之定慧等學〉,《中國學術思想論叢(四)》,《錢賓四先生全集》(19),臺北:經緯出版社,1998年,頁221~222。錢先生云:「又〈頓漸品〉神秀命其門人志誠去曹溪參決,六祖問曰:『汝師若為示眾?』對曰:『常指誨大眾,住心觀淨,長坐不臥。』師曰:『住心觀淨,是病非禪。』是神秀亦以住心觀淨為教。《宋高僧傳》神秀遇忍師,以坐禪為務,乃歎伏曰:『此真吾師。』是則坐禪之教,正是東山法門。」

〔註76〕 見唐君毅:《哲學論集》,臺北:臺灣學生書局,1991年,頁330~331。

〔註77〕 參閱唐君毅:《哲學論集》,臺北:臺灣學生書局,1991年,頁331。唐先生云:「『于境而離境』即無境界相,是即無相,無相無念而心不亂即禪之工夫。故曰:『外離相為禪,內不亂為定』,禪定之工夫要在能即念即相而離相離念,坐禪非閉目靜坐之謂。」

宗的「坐禪」非形式上的，而是與「心性」相應的「內禪外定」的修行方式。

在「宗寶本」上，繼承禪宗的實踐修行工夫的「坐禪」與「禪定」與「敦煌本」的義理一貫。

（四）「宗寶本」傳承禪宗精神與「宋明理學」兼容共存

「宗寶本」傳承禪宗精神至今，當中經歷禪宗從隋唐至五代、宋至元從盛轉衰的情況。這情況麻天祥在〈宋代禪宗思想的綜合與滲透〉中引述湯用彤的見解：

> 隋唐以後，外援既失，內部就衰，雖有宋初之獎勵，元代之尊崇，
>
> 然精神非舊，佛教僅存軀殼而已。〔註78〕

麻氏認同湯用彤所謂隋唐以後至元代佛教精神已經轉變，佛教只餘一「軀殼」已失原來佛教的宗趣。麻天祥又在〈元明禪宗思想之變異〉中，認為禪宗思想在兩宋時已經出現變異，滲透了儒家思想，以理學形式出現。因此在元明時，禪宗思想在變異中發展〔註79〕。這些變異影響着禪宗思想的發展，而導致變異的出現，其中有五個原因，麻氏說：

1. 禪僧以帝師參政。
2. 崇尚神通而助長迷信。
3. 禪化之全真道。
4. 禪淨雙修之念佛禪。
5. 儒釋結合的陽明禪。〔註80〕

對於以上的五個原因，外在與內在的因素都存在，使禪宗的思想出現變化。如果將這五個原因對比元明的「宗寶本」，禪宗核心精神仍然在此版本中傳承下去，沒有被這些原因動搖，便可知「宗寶本」對禪宗所作出的貢獻及保護禪宗宗趣。

季羨林在〈中印文化交流史·同化問題〉一文中，卻認為禪宗從五代到宋代不斷有燈史的出現，是為了確立「傳法燈」的譜系，此時禪宗是「興盛

〔註78〕見麻天祥：《禪宗文化大學講稿》，北京：中國人民大學出版社，2007 年，頁44。

〔註79〕參閱麻天祥：《禪宗文化大學講稿》，北京：中國人民大學出版社，2007 年，頁95。

〔註80〕見麻天祥：《禪宗文化大學講稿》，北京：中國人民大學出版社，2007 年，頁95～98。

至極」〔註81〕。季氏又引述日本學者鐮田茂雄對禪宗看法，說：

> 借用日本學者鐮田茂雄的一句話：「禪宗成了宋代佛教界的元雄。」
> 但是，中國禪宗發展還沒有盡期，它一直發展下去。到了元代，仍
> 然借用鐮田的話：「在元代佛教諸派中，禪宗最繁榮。」在明代，「活
> 躍於明代的僧侶，幾乎都是禪宗系統的人。」〔註82〕

從季氏與鐮田氏的分析，禪宗從唐代至明代仍然非常活躍，即使「宋明理學」
已經形成另一具大的新思潮，禪宗的思想仍然未止息。他們兩人的見解與麻
氏及湯氏的見解截然不同，但以「宗寶本」的精神面貌來看，它是與「宋明
理學」兼容在其中而不衰。

在〈佛教對於宋代理學影響之一例〉，季羨林引述馮友蘭（1895～1990）
在《中國哲學史》下冊中指出韓愈（768～824）和李翱（774～836）的思想
以宋明理學為基礎，結論是「其學說所受佛學之影響尤為顯然」〔註83〕。又
引述清人尹銘綬（1865～？）《學規舉隅》卷上〈克治〉中提及朱子之說，認
為前人以黑白豆分善惡念，是「死法」，應以讀書窮理作工夫。季氏指出這「死
法」，其實是《大藏經》中《賢愚經》第十三卷中「優波毱提品第六十」所述
故事提及所謂其「死法」的出處。換言之，這說明了佛教與「宋明理學」的
關係密切〔註84〕。季氏再說：

> 宋代的濂、洛、關、閩四大家，無不努力排佛。然而，倘若細細地
> 研究他們的學說，又幾乎無不有佛教成份，受佛教或深或淺的影響。
> 這也是盡人皆知的事實，中外學者無不承認的。這當然也是中國同
> 化的結果。〔註85〕

佛教在宋代一方面受到儒家學者的排斥，但他們同時吸收佛教思想，卻是事
實，季氏指這是同化的結果。但無論怎樣排斥佛教，最後在「同化」的原則

〔註81〕 參閱季羨林：〈中印文化交流史・同化問題〉，《禪與文化》，北京：中國言實
出版社，2006年，頁361。
〔註82〕 見季羨林：〈中印文化交流史・同化問題〉，《禪與文化》，北京：中國言實出
版社，2006年，頁361。
〔註83〕 參閱季羨林：〈佛教對於宋代理學影響之一例〉，《禪與文化》，北京：中國言
實出版社，2006年，頁110。
〔註84〕 參閱季羨林：〈佛教對於宋代理學影響之一例〉，《禪與文化》，北京：中國言
實出版社，2006年，頁111。
〔註85〕 見季羨林：〈中印文化交流史・同化問題〉，《禪與文化》，北京：中國言實出
版社，2006年，頁362。

下，是兼容並存的。

　　季羨林在〈中印文化交流史・同化問題〉一文中，有以下的想法：

> 禪宗為甚麼流行逾千年而經久不衰呢？我認為，這就是同化的結
> 果。可以歸納兩層意思。首先，一部分禪宗大師……規定和尚必須
> 參加生產勞動……中國禪宗一改，與信徒群眾的隔閡就除掉了。這
> 也符合宗教發展的規律。因此，在眾多的佛教派中，禪宗的壽命獨
> 長。其次──這也是最主要的原因──禪宗越向前發展，越脫離印
> 度的傳統，以至完全為中國所同化……〔註86〕

其實佛教從印度傳入中國，被視為外來文化，但禪宗最後經千年而仍然流布，
是在「同化」中得以融入中國文化中，季氏歸納了兩點：一是禪宗僧人自食
其力；二是脫離印度的佛教傳統，與中國「同化」。

　　「宗寶本」成為流布本，它經歷不同的歷練後，至今仍傳承着中國禪宗
的精神，保護着禪宗各代前賢的傳宗要旨，完成了它的歷史意義。

本章小結

　　「宗寶本」是現今的流通本，亦可說是集禪宗思想的大成。「宗寶本」以
「契嵩本」為底本，其中只改動編目，內容方面沒有很大的變動。「宗寶本」
具有四方面的歷史意義：其一是保存一套完整自性論架構，其二是保存「頓
漸法」的大乘入世義，其三是傳承禪宗「坐禪」與「禪定」的精神，其四是
傳承禪宗精神與「宋明理學」兼容共存。在「自性論」中開展「頓漸法」，又
從「頓漸法」中見大乘入世思想的意義。禪宗以「體用」傳承「坐禪」與「禪
定」的工夫。這工夫不在形式上，而在「心性」中。最後禪宗的精神從唐至
今得以傳承，「宗寶本」實在是穿越了時代的不同考驗，與「宋明理學」的思
潮共容共存，並同化於中國文化中，成為禪宗的保護者。這顯然具有深遠的
歷史意義。

〔註86〕見季羨林：〈中印文化交流史・同化問題〉，《禪與文化》，北京：中國言實出
　　　　版社，2006年，頁361。

第七章 《六祖壇經》的「法統史」與「禪宗」思想遞變的關係

一、「法統史」與《壇經》各版本關係

　　胡適在〈中國禪學之發展〉一文中，認為中國古代禪宗的歷史不能完全相信，其中一個原因在於「正統派的人，竟往往拿他們的眼光來擅改禪學的歷史」〔註1〕。胡氏所說是事實，就如禪宗最重要的經典《六祖壇經》就是被歷代禪師按照他們對禪學的見解及當時所搜集的資料後，不斷地改動而形成各個版本的出現。因此，中國禪宗思想的發展，在六祖惠能以後，即《六祖壇經》出現後，除了傳承「直指人心」禪法外，「法統史」的確立亦最為重要。不然，中國禪宗在傳承上，在追源溯本時，會被質疑它的可靠性。正如胡適在研究古代禪學史時，他說：

> 我們現在拿敦煌本一看，還可以看出當時禪宗爭法統的激烈。大家都知道中國只有六代，至於印度，究有多少代呢？有的說八代，……有二十八代說。但師子殺頭了，於是有二十三代說、二十四、二十五，二十九代說，甚至有五十一代說。優勝劣敗，折衷起來，於是採取二十八代說。〔註2〕

〔註 1〕 參閱胡適：〈中國禪學之發展〉，《禪宗思想與歷史》（52）（禪學專集之六），《現代佛教學術叢刊》，臺北：大乘文化出版社，1978 年，頁 244～245。

〔註 2〕 見胡適：〈中國禪學之發展〉，《禪宗思想與歷史》（52）（禪學專集之六），《現代佛教學術叢刊》，臺北：大乘文化出版社，1978 年，頁 256。

胡氏找出了禪宗歷史中存在問題，他從「敦煌本」《六祖壇經》中找出「當時禪宗爭法統的激烈」，他審視的角度不是從六祖惠能的禪法著眼，而在佛教的法脈傳承根源上找問題，他只認為二十八代祖之前的二十三代祖，在於還有一點根據〔註3〕。

胡適除了對「契嵩本」的研究外，更認為二十八代祖有二種說法，他以唐代敦煌的材料及日本材料，證明契嵩所編寫的〈傳法正宗定祖圖〉是偽造的〔註4〕。按照胡氏從歷史考證來看《六祖壇經》記載的「法統史」，他在〈《壇經》考之二（記北宋本的《六祖壇經》）〉中，以「惠昕真本是人間第二最古的《壇經》」及「《壇經》的普遍傳本都是契嵩以後又經後人增改過的」〔註5〕，以表列「敦煌本」、「惠昕本」、「明藏本」及「附唐僧宗密所記世系」作傳法世系對比，「敦煌本」與「惠昕本」印度諸祖全同，只有兩點不同〔註6〕。還有他對「惠昕本」的評價是「雖已改換了舍那婆斯一名，但其餘各祖都與敦

〔註3〕 參閱胡適：〈中國禪學之發展〉，《禪宗思想與歷史》（52）（禪學專集之六），《現代佛教學術叢刊》，臺北：大乘文化出版社，1978 年，頁 256。胡氏云：「二十八祖之前二十三祖，還有一點根據，因見於付《付法藏因緣傳》（按：此書六卷，元魏吉迦夜等譯）。」

〔註4〕 參閱胡適：〈中國禪學之發展〉，《禪宗思想與歷史》（52）（禪學專集之六），《現代佛教學術叢刊》，臺北：大乘文化出版社，1978 年，頁 257。胡氏云：「《付法藏因緣傳》所說的，也不見得可靠。即就該書記載而言，到了二十三代師子和尚，因為國王反對佛教，他被國王殺了，罽賓國的佛法那時也就絕了。後來講佛法傳授的，因為講不過去，不得不捏造幾代，以便傳到達磨；當中加了四代，至達磨便是二十八代。此二十八代，就有兩種說法，現在所的與從前的不同。我上次說過：保存古代禪學史的，一為唐代敦煌的材料，一為日本材料。從上面兩種材料，足以證明現在所傳的二十八代，始於北宋杭州契嵩和尚的偽造（按：契嵩始作〈傳法正宗定祖圖〉，定西天之廿八祖，謂《付法藏傳》可焚云），即將原有之二十四、五、七代改易，將二十六代升上去，並捏造兩代。此種說法，曾經宋仁宗明令規定（按：嘉祐七年，1062，奉旨把〈定祖圖〉收入藏經內），從《傳燈錄》一傳傳到現在。由此可見佛家連老祖宗都可以作假！」

〔註5〕 參閱胡適：〈壇經考之二（記北宋本的六祖壇經）〉，《六祖壇經研究論集》（1）（禪學專集之一），《現代佛教學術叢刊》，臺北：大乘文化出版社，1976 年，頁 16。

〔註6〕 參閱胡適：〈壇經考之二（記北宋本的六祖壇經）〉，《六祖壇經研究論集》（1）（禪學專集之一），《現代佛教學術叢刊》，臺北：大乘文化出版社，1976 年，頁 18～20。胡氏云：「所不同者只有兩點：（1）敦煌本的舍那婆斯（31）此本（惠昕本）作婆舍斯多；（2）敦煌本僧伽羅叉（33）與婆須密多（31），此本兩人的次第互倒。證以宗密所記，敦煌本是誤倒的，此本不誤。」

煌本相同，這又可見此本之近古了」〔註7〕。這表示胡氏是認同「敦煌本」與「惠昕本」為現存最古的兩個《六祖壇經》版本，而認為「契嵩本」及其以後的版本是契嵩以「曹溪大師別傳」來校改《壇經》〔註8〕。這樣的結論，「契嵩本」及其後的版本在禪宗史上的價值及意義或被動搖。

　　除了胡適之外，陳寅恪亦對「敦煌本」及「宗寶本」的「法統史」與《付法藏因緣傳》相比較，目的在於「釐清禪宗法統建構的思想資源和演變邏輯」〔註9〕，並且引出「禪宗」思想的源頭與「三論宗」是相同的。從這點引伸出《六祖壇經》中所載的「法統史」的基石更見穩固。

二、從「禪宗」的「法統史」與「三論宗」關係說起

　　本文在第三至六章分別對「敦煌本」、「惠昕本」、「契嵩本」及「宗寶本」的《六祖壇經》作出定位，已經找到禪宗思想遞變的「內在軌跡」，並與大乘佛教的思想融和，但我們通常是強調「般若」的空宗和「佛性」的涅槃宗，至於「三論宗」的思想，多數以中觀「不立二邊」的學說來說明，並未說明它與禪宗思想有深遠淵源。本文的思想入路為「體用」，而「三論宗」在此卻能證成禪宗的「心性」存在，這正如梁啟超在〈翻譯文學與佛典〉一文中，指出「三論宗」「入唐轉衰，其一部分入『天台宗』，一部分入『禪宗』焉」的理路〔註10〕，而梁氏在其文中並未進一步說明其中的具體內容。其後看到一篇論文，就是陸揚〈陳寅恪的文史之學──從 1932 年清華大學國文入學

〔註 7〕參閱胡適：〈壇經考之二（記北宋本的六祖壇經）〉，《六祖壇經研究論集》（1）（禪學專集之一），《現代佛教學術叢刊》，臺北：大乘文化出版社，1976 年，頁 21。

〔註 8〕參閱胡適：〈壇經考之二（記北宋本的六祖壇經）〉，《六祖壇經研究論集》（1）（禪學專集之一），《現代佛教學術叢刊》，臺北：大乘文化出版社，1976 年，頁 16。

〔註 9〕參閱陸揚：〈陳寅恪的文史之學──從 1932 年清華大學國文入學試題談起〉，《文史哲》2015 年第 3 期，（總第 348 期），頁 43。

〔註10〕參閱梁啟超：《梁啟超全集・翻譯文學與佛典》第十三卷，北京：北京出版社，1999 年，頁 3721。梁氏云：「自羅什譯中百十二門三論，後百餘年間傳習極盛，至隋吉藏（嘉祥大師）大成之，創『三論宗』，此宗入唐轉衰，其一部分入『天台宗』，一部分入『禪宗』焉，自法華涅槃輸入後，研究極盛，六朝時有所謂『法華宗』、『涅槃宗』者，至隋智顗（智者大師）神悟獨運，依法華創『四教五時』之義，立止觀之法，學者以顗居天台，名之曰『天台宗』，其後唐湛然（荊溪）益大弘之，中國人前無所受而自創一宗者，自『天台』始也。此為隋代之重要事業。」

試題談起〉一文，他在文中指出陳寅恪在 1932 年 8 月所擬的清華大學入學試題，已透露陳氏對文史之學的轉型，是受了「胡適對佛教史方面的研究」的影響〔註11〕。由於胡適對佛教研究，正始於禪宗，於是引起我的關注。因此，梁氏與陳氏的觀點，對本文在「心性」與「法統史」這二方的思路可作論證的檢視。

上述陸揚一文，有三點提及陳寅恪對「禪宗與三論宗的關係」的看法：其一是，禪宗的道理，採自三論宗；其次是，陳寅恪對禪宗的研究，在於釐清禪宗法統建構的思想資源和演變邏輯，方法是著眼點放在三論宗對禪宗的日後影響上；最後，並最重要的是，「這是學術界極少關注的角度」〔註12〕。

（一）〈論禪宗與三論宗之關係〉一文的由來

陳寅恪〈論禪宗與三論宗之關係〉一文，編錄於《陳寅恪集講義及雜稿》，編錄者說明這篇文章是作者未完成的草稿〔註13〕，也就是陳氏所遺留的學術問題。既然梁啟超及陳寅恪兩人都認為「三論宗」與「禪宗」之間具有相互的關係，我試以《壇經》的思想為根據，研究陳氏觀點的所在。陳氏說：

> 自敦煌本《壇經》、《楞伽師資記》、《曆代法寶記》諸書發見後，
> 吾人今日所傳禪宗法統之歷史為依託偽造，因以證明。其依託偽
> 造雖已證明，而其真實之史蹟果何如乎？此中國哲學史上之大問
> 題尚未能解決者也。予意禪宗之興起與三論宗不無關係。茲刺取
> 舊籍所載涉於此問題者次第略加說明，以供治中國哲學史者之參
> 考。〔註14〕

陳氏指出，從敦煌本《壇經》、《楞伽師資記》、《曆代法寶記》被指是禪宗「法統」的歷史是「依託偽造」。陳氏所指的「其依託偽造雖已證明」，是說胡適在這方面做了研究，而且有所論證。如〈論禪宗史的綱領〉、〈中國禪學發展〉、〈楞伽宗考〉、〈《楞伽師資記》序〉、〈禪宗史的一個新看法〉及〈禪宗在中國：

〔註11〕 參閱陸揚：〈陳寅恪的文史之學——從 1932 年清華大學國文入學試題談起〉，
《文史哲》2015 年第 3 期，（總第 348 期），頁 33。

〔註12〕 參閱陸揚：〈陳寅恪的文史之學——從 1932 年清華大學國文入學試題談起〉，
《文史哲》2015 年第 3 期，（總第 348 期），頁 43。

〔註13〕 參閱陳寅恪：〈論禪宗與三論宗之關係〉，《陳寅恪集·講義及雜稿》，北京：
生活·讀書·新知三聯書店，2002 年，頁 431～439。

〔註14〕 見陳寅恪：《陳寅恪集·講義及雜稿》，北京：生活·讀書·新知三聯書店，
2002 年，頁 431。

它的歷史和方法〉等〔註15〕。因此，陳氏認為在禪宗的歷史中，某些資料雖
證明其中的「法統」有「依託偽造」，但亦應包含「真實之史蹟」，並說此為
「中國哲學史上之大問題尚未能解決者」。他因而特意提出「禪宗與三論宗」
的史實，作為確立禪宗的法統依據。他的方法是「取舊籍所載涉於此問題者
次第略加說明」，目的是「以供治中國哲學史者之參考」。

（二）陳寅恪論述二宗的關係

1. 從「法統史」二宗的關係

陳寅恪在〈論禪宗與三論宗之關係〉一文中，首先引隋碩法師（生卒年
不詳）〔註16〕《三論遊戲意義》云：「佛滅度後，傳持法藏，有二十三人。」
〔註17〕然後又說：

> 而傳持法藏始末為論，有二十三人也。始自摩訶迦葉，終訖仰（仰
> 當作師，字形之誤也）子比丘也。問：馬鳴付屬何人？乃至提婆付
> 屬何人？答：馬鳴去世付屬比羅比丘。比羅比丘去世，付屬龍樹。
> 龍樹去世，付屬提婆。提婆去世，付屬羅什。（什當作侯□記作羅侯
> 〔羅〕，侯不作喉，與什字相似。此書為言三論宗著作，故與鳩摩羅
> 什聯想致誤。）如是相承，乃至付屬師子比丘也。問：法勝呵梨乃
> 至旃延達摩付屬何人？答：此並是諸論議師，異部相承，非傳法藏，
> 皆為馬鳴、龍樹之所破也。〔註18〕

〔註15〕 參閱胡適：〈論禪宗史的綱領〉，頁 15〜18；〈中國禪學發展〉，頁 33〜62；〈楞
　　　　伽宗考〉，頁 63〜68；〈《楞伽師資記》序〉，頁 149〜155；〈禪宗史的一個新
　　　　看法〉，頁 98〜107；〈禪宗在中國：它的歷史和方法〉，頁 110〜111，《胡適
　　　　卷》，武漢：武漢大學出版社，2008 年。

〔註16〕 參閱《佛光大辭典》，「碩法師」：「唐代僧。生卒年不詳。擅長中論、百論、
　　　　十二門論，著有中論疏十二卷、三論遊意義等。日本平安時代之三論學僧安
　　　　澄（763〜814）所作中論疏記等，數度引用師之見解。據日本典籍記載，師
　　　　為吉藏之弟子，然未見於僧傳。今據上記資料，並綜觀其思想、學說，考證
　　　　師或係唐代住於清禪寺之慧賾法師（580〜636）。據續高僧傳卷三記載，慧賾
　　　　係荊州江陵人，俗姓李。自幼聰慧異常，十二歲任大法席主。隋代開皇（581
　　　　〜600）年中住於江陵寺，唐代時移住清禪寺。於貞觀十年示寂，世壽五十七。
　　　　著有般若燈論等。」，2011 年，頁 5848。https://www.fgs.org.tw/fgs_book/fgs_
　　　　drser.aspx。

〔註17〕 參閱陳寅恪：〈論禪宗與三論宗之關係〉，《陳寅恪集‧講義及雜稿》，北京：
　　　　生活‧讀書‧新知三聯書店，2002 年，頁 431。

〔註18〕 見陳寅恪：〈論禪宗與三論宗之關係〉，《陳寅恪集‧講義及雜稿》，北京：生
　　　　活‧讀書‧新知三聯書店，2002 年，頁 431〜432。

陳氏在此作了詳細的案語，他說在前節《三論遊意義》引文是論據「北魏吉迦夜、曇曜共譯之付法藏因緣傳」〔註19〕。《付法藏因緣傳》六卷，是元魏吉迦夜（生卒年不詳）等譯，此書內容是記載大迦葉（生卒年不詳）等二十四人的付法因緣〔註20〕。至於第二節的引文，是見於僧祐（445～518）出《三藏記集》卷第十二〈薩婆多部師記目錄序〉中，陳氏目的是說明「自法勝呵梨以下，所據為長安城內齊公寺薩婆多部佛大跋陀羅師宗相承略傳的傳承關係」。他解釋他所引的內容，是基於「三論宗」本身是「大乘論宗」，在南北朝時，連「小乘論薩婆多部既有師承傳授之記載」，更何況「中國人為最富於以歷史性之民族，故大乘論宗尤不能無有法統之歷史」作為原因，亦為論據。他更進一步說明，《付法藏因緣傳》本來並非記載三論宗的傳授內容，但「其中述及龍樹、提婆，因得以附會之為三論宗之法統史」。這「法統史」中所述的《薩婆多部師資相承傳》是「三論宗傳授史者所不採」〔註21〕。

在這裡，陳氏說出「三論宗」與「禪宗」的關係就在於「後來禪宗以其中有達磨多羅諸名，因雜糅《付法藏因緣傳》及《薩婆多部師資相承傳》二書，以為教外別傳之祕史」。《薩婆多部師資相承傳》這部書已佚，幸好僧祐在《祐錄》的卷第十二〈薩婆多部師記目錄序〉中，才見當中的人物。而《付法藏因緣傳》又有「三論宗」的「法統史」，而禪宗引用「達磨多羅」等僧人，

〔註19〕參閱陳寅恪：〈論禪宗與三論宗之關係〉，《陳寅恪集・講義及雜稿》，北京：生活・讀書・新知三聯書店，2002 年，頁 432。

〔註20〕參閱《佛光大辭典》「付法藏因緣傳」：「付法藏因緣傳，凡六卷。元魏吉迦夜、曇曜共譯。又稱付法藏因緣經、付法藏傳、付法藏經、付法傳。收於大正藏第五十冊。乃敘述釋尊入滅後，迦葉、阿難等二十三位印度祖師嫡嫡付法相傳之事蹟與傳法世系。其最後一祖師子尊者，為罽賓國王彌羅掘殺害，付法遂至此斷絕。古來天台宗、禪宗均重視本傳，以此為付法相承之規準。智顗摩訶止觀所述西天二十四祖即根據本書（加上旁系之摩田提），道原景德傳燈錄亦採用本書二十三祖之傳承，另加上婆須蜜、婆舍斯多、不如密多、般若多羅、菩提達磨等五人，而成禪門付法西天二十八祖。然本傳內容與阿育王傳多所類似，似非由梵文翻譯而來，或依口傳，或參照該書而作。又宋代明教大師契嵩根據禪經與寶林傳之說，謂本書乃曇曜之偽作，並另撰傳法正宗記九卷，傳法正宗定祖圖一卷，重定西天之付法二十八祖，且宣稱付法藏一書已可付之一炬。〔出三藏記集卷二、大唐內典錄卷四、開元釋教錄卷五、卷六、卷十三〕」，2011，P1537。https://www.fgs.org.tw/fgs_book/fgs_drser.aspx。

〔註21〕參閱陳寅恪：〈論禪宗與三論宗之關係〉，《陳寅恪集・講義及雜稿》，北京：生活・讀書・新知三聯書店，2002 年，頁 432。

而成為禪宗的「秘史」。「師子比丘」在「宗寶本」《壇經》為西天第二十四代
祖，這說法正與《付法藏因緣傳》、「敦煌本」《歷代法寶記》及《傳燈錄》所
記從「摩訶迦葉」至「師子比丘」，皆為二十四人〔註22〕。陳寅恪以「宗寶本」
《壇經》與《付法藏因緣傳》作比較，指出所記載的是二十四位祖師，然後
再以「敦煌本」《壇經》比對。陳氏補充說：

> 詳繹付法藏因緣傳之文，實只二十三代。蓋阿難傳之於商那和修，商
> 那和修又傳之優波毱多。末田地為罽賓別傳，應不與王舍城之法統合
> 計。嚴格言之，自是二十三人，二十三代。今本壇經雖不計末田地而
> 加入婆須密多，亦為二十四代。惟敦煌本之壇經雖有末田地，而無彌
> 遮迦，故止二十三代。碩法師所稱之二十三代，不知與敦煌本壇經之
> 二十三代內容次第是否悉相符合，今不可知。獨其為二十三代而非二
> 十四，則禪宗最初之計算方法亦同於三論宗，可注意者也。〔註23〕

陳氏指出《付法藏因緣傳》的「法統史」，其實是二十三代而不是二十四代，
這分別在於「末田地為罽賓別傳」應該不計算在「王舍城」佛教嫡系的法統
中。在「宗寶本」《壇經》不包括「末田地」而加入「婆須密多」，仍然是二
十四代。至於「敦煌本」《壇經》則包括「末田地」但沒有「彌遮迦」，而只
有二十三代。至於《三論遊戲意義》云：「佛滅度後，傳持法藏，有二十三
人」的傳法次序與「敦煌本」《壇經》是否相同，則不得而知。陳氏認為值
得我們留意的是「獨其為二十三代而非二十四」，就是在「敦煌本」《壇經》
記載時，已知「法統」傳人是二十三而非二十四，可見「禪宗最初之計算方
法亦同於三論宗」。這是陳氏所說「禪宗」與「三論宗」的思想關係的第一
點，值得我們注意是這兩宗的傳承問題，不在於「法統史」上，在此爭論是
無休止的，只能在「體用」中而見「法統」，而不在文本上。在「二十三代」
的考證上，胡適與陳寅恪都在此作考證，「敦煌本」《壇經》所記的「法統史」
二十三代與「三論宗」相同，亦與《付法藏因緣傳》相同。

2. 從《續高僧傳》見二宗人物關係

陳寅恪強調「禪宗」與「三論宗」關係，又繼續說：「禪宗與三論宗之法

〔註22〕 參閱陳寅恪：〈論禪宗與三論宗之關係〉，《陳寅恪集‧講義及雜稿》，北京：
生活‧讀書‧新知三聯書店，2002 年，頁 432。

〔註23〕 見陳寅恪：〈論禪宗與三論宗之關係〉，《陳寅恪集‧講義及雜稿》，北京：生
活‧讀書‧新知三聯書店，2002 年，頁 432～433。

統史同采用《付法藏因緣傳》，必非偶然之事。蓋新禪宗之初起與三論宗有密切相互之關係，今猶可以藉三論宗大師之傳記窺見一斑。」〔註24〕這裡所指的「新禪宗」，是指六祖惠能及其以下的禪宗，與三論宗的思想有密切的關係。陳氏以三論宗大師慧布〔註25〕（518～587）及法朗〔註26〕（507～581）作論述理據，他引述「道宣（596～667）《續高僧傳》卷九〔註27〕三論宗大師慧布傳略〔註28〕」、「《續高僧傳》卷九〔註29〕〈法朗傳〉」〔註30〕及「《續高僧傳》

〔註24〕參閱陳寅恪：〈論禪宗與三論宗之關係〉，《陳寅恪集·講義及雜稿》，北京：生活·讀書·新知三聯書店，2002 年，頁 433。

〔註25〕參閱《佛光大辭典》「慧布」：「慧布（518～587）南朝陳代僧。廣陵（江蘇江都）人，俗姓郝。二十一歲出家，初從楊都建初寺瓊法師學成實論；後從攝山止觀寺僧詮聽中論、百論、十二門論等三論，均能洞達玄旨，故時人稱其為得意布、思玄布。常樂坐禪，誓不講話，端坐如木。後北遊訪鄴都慧可禪師，又遊學齊國，寫章疏六馱，攜還江南。返楊都後，適侯景作亂，雖受困厄，而弘濟之業不為稍減。至德年中（583～586），迎請恭禪師，建立攝山棲霞寺，名聞遠馳，陳主諸王並受飯戒，奉之如佛。禎明元年，絕穀不食而寂，世壽七十。法苑珠林卷八十二謂世壽七十餘。〔續高僧傳卷七、釋氏稽古略卷二〕，2011，頁 6024。https://www.fgs.org.tw/fgs_book/fgs_drser.aspx。

〔註26〕參閱《佛光大辭典》「法朗」：「法朗（507～581）南朝僧。徐州沛郡（今江蘇沛縣東）人，俗姓周。二十一歲出家，初從大明寶誌禪師習禪，又從僧詮學三論教學與華嚴、大品等經。陳武帝永定二年（558）十一月奉敕入京駐錫興皇寺，宣講華嚴、大品、中論、百論、十二門等諸經論，發揮往哲所未談之奧秘，疏通後進所損略之難義，常隨之眾，多達千餘人。闡揚前述之經論，前後二十餘年，各二十餘遍。於宣帝太建十三年示寂，世壽七十五。後世為表尊崇，遂以寺名『興皇』尊稱之。師一生致力於三論宗之弘揚，尤善演布龍樹之宗義。著有中論玄義、四悉檀義各一卷。其門下有二十五哲，知名者有吉藏、羅雲、法安、慧哲、法澄、道莊、智矩、慧覺、真感、明法師、小明法師、曠法師等。〔勝鬘寶窟卷上本、中論序疏（吉藏）、續高僧傳卷七、三論祖師傳集卷下〕」，2011 年，頁 3386。https://www.fgs.org.tw/fgs_book/fgs_drser.aspx。

〔註27〕按：由於未註用何種版本，如以《大正新修大藏經》本，則應為《續高僧傳》卷七而不是卷九。參閱《大正新修大藏經》第 50 卷，T50，NO.2060《續高僧傳卷第七》，日本大正一切經刊行會，1922～1934 年，頁 480。

〔註28〕參閱陳寅恪：〈論禪宗與三論宗之關係〉，《陳寅恪集·講義及雜稿》，北京：生活·讀書·新知三聯書店，2002 年，頁 433。陳氏云：「承攝山止觀寺僧詮法師大乘海嶽聲譽遠聞，乃往從之聽聞三論。學徒數百翹楚一期，時人為之語曰：『詮公四友，所謂四句朗，領語辯，文章勇，得意布，布稱得意最為高也』。常樂坐禪遠離囂擾。誓不講說護持為務。末遊北鄴更涉未聞。於可禪師所暫通名見。便以言忤其意。可曰：『法師所述可謂破我除見莫過此也，乃縱心諸席備見宗領。』周覽文義並具胸襟。又寫章疏六馱。負還江表。並遣朗公令其講說。因有遺漏重往齊國。廣寫所闕齎還付朗。自無所畜。衣鉢而已。專修念慧獨止松林。蕭然世表學者欣慕。」

卷十九〔註31〕〈僧可傳〉」〔註32〕。這三段引文是陳氏證明慧布曾到鄴地二次，
年份雖然不可確定，但他曾遇慧可（487～593）禪宗二祖共研佛理。因此，
陳氏說：

> 據慧布、法朗傳之文可推知，三論宗自河西法朗、僧詮以來，即有一
> 種祕傳心法，專務禪定，不尚文字之意味。南北朝儒家及佛教講說經
> 典章句，義疏之學盛行一時，廣博繁重，遂成風氣。〔註33〕

陳氏認為，在慧布及法朗的傳記中，得知「三論宗」流傳一種秘傳的「心法」，
以「禪定」為主，而且不重文字的傳譯。按當時的學術風氣，不論是儒家及
佛教都以「經典章句」、「義疏」作為學習的對象。由於這樣的學習風氣，會
引致偏重考證，而疏於義理的參研。他又說：

> 蓋當時儒佛二家之教義雖殊，而所以治學經皆用同一方法，既偏重
> 於文字之考證，遂少致力於義理之研究。故僧詮、慧布之所以誓不
> 涉言，誓不講說，頓迹幽林，專修念慧，皆不過表示其對於當日佛
> 教考據家之一種反動，而矯正之之意。〔註34〕

雖然儒家佛家各有不同的教義，但治學的方法都偏重文字考證而少在探求義
理的精粹。由此推論，陳氏認為三論宗僧詮與慧布是以「誓不涉言，誓不講
說，頓迹幽林，專修念慧」作為一種反動的態度，目的在於矯正當時佛家偏

〔註29〕 按：由於未註用何種版本，如以《大正新修大藏經》本，則應為《續高僧傳》
卷七而不是卷九。參閱《大正新修大藏經》第 50 卷，T50，NO.2060《續高
僧傳卷第七》，日本大正一切經刊行會，1922～1934 年，頁 477。

〔註30〕 參閱陳寅恪：〈論禪宗與三論宗之關係〉，《陳寅恪集·講義及雜稿》，北京：
生活·讀書·新知三聯書店，2002 年，頁 433～434。陳氏云：「初攝山僧詮
受業朗公（道朗），玄旨所明惟存中觀。自非心會析理，何能契此清言。而頓
迹幽林禪味相得，及後四公（指法朗、玄辯、法勇、慧布）往赴三業資承。
爰初誓不涉言，及久乃為敷演。故詮公命曰：『此法精妙識者能行，無使出房
輒有開示』。故經云：『計我見者莫說此經，深樂法者不為多說。良由藥病有，
以不可徒行。朗等奉旨無敢言厝。』」

〔註31〕 參閱《大正新修大藏經》第 50 卷，T50，NO.2060《續高僧傳卷第十六》，日
本大正一切經刊行會，1922～1934 年，頁 552。

〔註32〕 參閱陳寅恪：〈論禪宗與三論宗之關係〉，《陳寅恪集·講義及雜稿》，北京：生活·
讀書·新知三聯書店，2002 年，頁 434。陳氏云：「遂流離鄴衛，亟展寒溫。」

〔註33〕 見陳寅恪：〈論禪宗與三論宗之關係〉，《陳寅恪集·講義及雜稿》，北京：生
活·讀書·新知三聯書店，2002 年，頁 434。

〔註34〕 見陳寅恪：〈論禪宗與三論宗之關係〉，《陳寅恪集·講義及雜稿》，北京：生
活·讀書·新知三聯書店，2002 年，頁 434。

重文字治學的風氣。在此，陳氏是指禪宗的「不立文字」與三論宗僧詮及慧布的「反動態度」，不僅「此種態度相似，實本之於一之教義繼續承襲，非出於偶然」〔註35〕。這是陳氏所說「禪宗」與「三論宗」的思想關係的第二點。這點與禪宗的「識心見性」不是建立於文字上，而是在於「心性」的「念」上呈現「慧」的「體用」關係相同。所謂秘傳「心法」，都是「以心印心」，不落在言詮及文字上。

3. 從「頓悟說」與「一闡提皆有佛性」見二宗佛理會通關係

陳寅恪還說到禪宗以《楞伽經》及《金剛經》傳授心法。對利根者來說，禪宗「用楞伽方法超四句義以立言，即根本打消問題」。〔註36〕正如《宗寶本》《壇經》中的「菩提本無樹，明鏡亦非臺」為禪宗的中心教義，這亦「不出龍樹（生卒年不詳）、提婆（生卒年不詳）中觀空宗之旨，而般若金剛所以為其法要，此適足明其為三論宗之繼承者也」。〔註37〕此為陳氏所說「禪宗」與「三論宗」的思想關係的第三點，亦是「體用」關係所在。

再者，陳寅恪又以「頓悟說」來說明「三論宗」與「禪宗」關係。他說：「至於頓悟之說，在佛教本為非常可怪之異義，亦三論宗之創說也」〔註38〕。而這「頓悟說」是由三論宗創始者的弟子竺道生所提出的。他對竺道生的評價是「支那佛教之獨立，及後來儒佛混一之哲學之構成，實賴斯人」〔註39〕。這是說明竺道生的「頓悟說」與中國文化相融合，成為中國佛教，並與儒家「心性之學」混為一談，成中國哲學的論題。在此證明，中國文化中的「心性之學」儒家與佛家會通在於「頓悟」，此「頓悟」源於「三論宗」，而又與禪宗相關，此亦證明六祖惠能思想融通在中國文化根源上的理據。陳氏再說：

> 道生所著諸書今已不傳，然據僧傳所載，知其所發明，皆印度思想
> 上之根本問題，而與中國民族性有重要之關係者也。茲就一闡提人

〔註35〕參閱陳寅恪：〈論禪宗與三論宗之關係〉，《陳寅恪集‧講義及雜稿》，北京：生活‧讀書‧新知三聯書店，2002 年，頁 434。

〔註36〕參閱陳寅恪：〈論禪宗與三論宗之關係〉，《陳寅恪集‧講義及雜稿》，北京：生活‧讀書‧新知三聯書店，2002 年，頁 434。

〔註37〕參閱陳寅恪：〈論禪宗與三論宗之關係〉，《陳寅恪集‧講義及雜稿》，北京：生活‧讀書‧新知三聯書店，2002 年，頁 435。

〔註38〕參閱陳寅恪：〈論禪宗與三論宗之關係〉，《陳寅恪集‧講義及雜稿》，北京：生活‧讀書‧新知三聯書店，2002 年，頁 435。

〔註39〕參閱陳寅恪：〈論禪宗與三論宗之關係〉，《陳寅恪集‧講義及雜稿》，北京：生活‧讀書‧新知三聯書店，2002 年，頁 435。

皆得成佛及頓悟成佛論二者言之。〔註40〕

除了「頓悟說」之外，竺道生曾明確地指出「一闡提」皆有佛性而皆得成佛的佛理。陳氏指出這觀點是針對印度佛教「種姓階級」的舊論，而變成中國之眾生皆有佛性之說，這正是「生公之排斥舊說自創新義」〔註41〕。這裡並沒有再申明「三論宗」與「禪宗」關係，但在禪宗《壇經》上，惠能的「佛性即無南北」之說，與「人人皆有佛性」的意義相同。這亦可以說，禪宗惠能與三論宗的弟子竺道生的見解相同。在「頓悟」說上，他們的禪法是不同的。竺道生的禪法是「漸修」，在證果時「頓悟」；惠能的禪法是「頓修」及「頓悟」。

三、陳寅恪的〈論禪宗與三論宗之關係〉與胡適的禪宗史研究

從陳寅恪的〈論禪宗與三論宗之關係〉一文，我們得知陳氏試圖重建禪宗的「法統史」，來回應胡適對禪宗的歷史的考據。胡適在各種最新的敦煌文獻中或日本的寺廟中都能發現新的資料，寫了多篇文章如：〈論禪宗史的綱領〉〔註42〕、〈中國禪學發展〉〔註43〕、〈《楞伽師資記》序〉〔註44〕、〈楞伽宗考〉〔註45〕、〈禪宗史的一個新看法〉〔註46〕及〈禪宗在中國：它的歷史和方法〉等〔註47〕，幾乎將中國禪宗史重新改寫。因此，陳氏以「三論宗」的重要人物如慧布、僧詮及竺道生來說明禪宗的思想淵源與中國佛教存在深厚關係，尤其在三論宗的「法統史」上具一致性。

〔註40〕見陳寅恪：〈論禪宗與三論宗之關係〉，《陳寅恪集・講義及雜稿》，北京：生活・讀書・新知三聯書店，2002年，頁436。

〔註41〕參閱陳寅恪：〈論禪宗與三論宗之關係〉，《陳寅恪集・講義及雜稿》，北京：生活・讀書・新知三聯書店，2002年，頁438。

〔註42〕參閱胡適：〈論禪宗史的綱領〉，《胡適卷》，武漢：武漢大學出版社，2008年，頁15～18。

〔註43〕參閱胡適：〈中國禪學發展〉，《胡適卷》，武漢：武漢大學出版社，2008年，頁33～62。

〔註44〕參閱胡適：〈《楞伽師資記》序〉，《胡適卷》，武漢：武漢大學出版社，2008年，頁149～155。

〔註45〕參閱胡適：〈楞伽宗考〉，《胡適卷》，武漢：武漢大學出版社，2008年，頁63～68。

〔註46〕參閱胡適：〈禪宗史的一個新看法〉，《胡適卷》，武漢：武漢大學出版社，2008年，頁98～107。

〔註47〕參閱胡適：〈禪宗在中國：它的歷史和方法〉，武漢：武漢大學出版社，2008年，頁110～111。

（一）胡適對禪宗「法統史」研究

胡適在〈論禪宗史的綱領〉一文中，提及他回信給湯用彤時，說：「先生謂（禪宗）傳法偽史，『蓋皆六祖以後，禪宗各派相爭之出產品』，此與鄙見完全相同。」〔註48〕又說：「唐代所出傳法之說的根據為：（1）達摩多羅《禪經》，（2）《付法藏傳》。師子以下之諸人則出於捏造，無所依據。」〔註49〕這正是陳寅恪論禪宗與三論宗的關係的第一點，他是以禪宗引用「達摩（磨）多羅」為禪宗秘史，並以《付法藏因緣傳》、「敦煌本」、「宗寶本」《壇經》來說明的傳法系統，達摩多羅《禪經》記載二十三代，與「三論宗」所記相同；而《付法藏因緣傳》記載是二十四代，亦與《付法藏因緣傳》、「敦煌本」《歷代法寶記》及《傳燈錄》的內容相同，說「所記『摩訶迦葉』至『師子比丘』，皆為二十四人」〔註50〕。這證明陳寅恪熟悉胡適的觀點及論據，同時亦為禪宗在中國佛教史上找出一個較穩固的基礎。由於「三論宗」的傳法系統與「敦煌本」及「宗寶本」《壇經》在「法統史」上有交接點，這使陳氏的論點得以確立。

湯用彤與胡適對六祖的討論以後，禪宗才有所謂傳法偽史的出現，起因在於宗派爭端。這些爭端，湯氏曾認為在於「體用」觀不同所致〔註51〕。

（二）胡適對禪宗的《高僧傳》與《續高僧傳》見解

胡適在論述禪宗的史料時，多抱懷疑態度，同時他亦做了很多細密考證，證明考證的真確性。他曾說：

> 佛家對於老祖宗都可以做假，其他自可想而知。常言以為達摩未來以前，中國沒有禪學，也是錯誤。關於古代禪宗的歷史，有兩部可靠的書：一是梁慧皎作的《高僧傳》（止於西元 519 年），一為唐道宣作的《續高僧傳》（自序）說：「始距梁之始運，終唐貞觀十九年」，（即止於 645 年）。〔註52〕

〔註48〕 參閱胡適：〈論禪宗史的綱領〉，《胡適卷》，武漢：武漢大學出版社，2008 年，頁 16。

〔註49〕 參閱胡適：〈論禪宗史的綱領〉，《胡適卷》，武漢：武漢大學出版社，2008 年，頁 17。

〔註50〕 參閱陳寅恪：〈論禪宗與三論宗之關係〉，《陳寅恪集‧講義及雜稿》，北京：生活‧讀書‧新知三聯書店，2002 年，頁 432。

〔註51〕 參閱湯用彤：《漢魏兩晉南北朝佛教史》，上海：上海書店，1991 年，頁 333。

〔註52〕 見胡適：〈中國禪學之發展〉，《禪宗思想與歷史》（52）（禪學專集之六），《現代佛教學術叢刊》，臺北：大乘文化出版社，1978 年，頁 258。

這點亦正是陳寅恪在〈論禪宗與三論宗之關係〉中，引述《續高僧傳》的三論宗法師慧布、僧詮及禪宗二祖慧可的足跡，以證禪宗的「不立文字」的佛理，是與三論宗慧布與僧詮對當時的佛教偏重經典、義疏的文字工夫，進行一種反動，以不言而專禪定來實踐修行。正因為胡適說《續高僧傳》是「古代禪宗的歷史」其中一部「可靠的書」，而陳氏亦用此書來為禪宗作禪法的依據，這是他說明禪宗與三論宗關係的第二點。

（三）胡適對禪宗的「頓悟說」與「自性說」見解

胡適又在〈中國禪學發展〉中提到主張頓悟及「一闡提皆有佛性」的竺道生，他說：

> 到五世紀前半期，慧遠有一個弟子，同時並是鳩摩羅什的弟子，叫做道生（歿於 434 年）……。道生很聰明，得南北兩派之真傳，以為佛教還要簡單化。……把印度佛教變成中國佛教，印度禪變成中國禪，非達摩亦非慧能，乃是道生！他創了幾種很重要的教義，如「頓悟成佛」、「善不受報」、「佛無淨土」等……頓悟的，叫做頓宗；主漸修的，叫做漸宗。那時《涅槃經》從印度輸入，尚不完全，僅譯成了一半；生公以為《涅槃經》中，說過「一闡提人（icchantika，即不信佛教的）皆具佛性」，便為極端的頓悟說。〔註53〕

竺道生是淨土宗初祖慧遠（334～416）及三論宗初祖鳩摩羅什的弟子。他天資聰敏吸收了二宗真傳，而要將佛理簡單化。胡適認為是竺道生將佛教中國化並將禪宗中國化的人物。在此觀點上，錢穆先生也曾說：「佛學中國化，要歸功於竺道生，他儼然成為佛門中的孟子。」〔註54〕，原因是「『一闡提人皆得成佛』，此猶孟子『人皆可以為堯、舜』」〔註55〕。胡適提出了竺道生幾項重要的教義，如「頓悟成佛」、「善不受報」、「佛無淨土」等等意見，其中以「頓悟成佛」的「頓悟說」及「一闡提」皆有佛性、皆能成佛的意見，值得特別注意。由於竺道生是三論宗初祖鳩摩羅什的弟子，因此他的論說亦與禪宗《壇經》所說的「頓悟」、「自性說」義理相通。這亦是陳寅恪之前所說禪

〔註53〕 見胡適：〈中國禪學發展〉，《胡適卷》，武漢：武漢大學出版社，2008 年，頁46。

〔註54〕 參閱錢穆：〈大乘佛法與竺道生〉，《中國學術思想史論叢（三）》，《錢賓四先生全集》（19），臺北：經聯出版社，1998 年，頁 373。

〔註55〕 參閱錢穆：〈大乘佛法與竺道生〉，《中國學術思想史論叢（三）》，《錢賓四先生全集》（19），臺北：經聯出版社，1998 年，頁 389。

宗與三論宗相互關係的第三點所在。

本章小結

　　《六祖壇經》的「法統史」與「禪宗」思想遞變的關係，這是關乎整個佛教及禪宗的基石，具根源性的探索，不能忽視。「敦煌本」、「惠昕本」及「宗寶本」記載的「法統史」曾被胡適作對比研究，以「惠昕本」只有一名祖師與「敦煌本」不同，判斷為最接近古本之一。從另一角度來看，本章涉及陳寅恪先生遺留的一個課題，他主要論述「禪宗」與「三論宗」在「法統史」上的關係，又涉及《續高僧傳》二宗人物關係、「頓悟說」與「一闡提皆有佛性」見二宗佛理會通關係的討論。這是從佛教內部證「禪宗」的「法統史」地位，當中的討論是回應胡適對禪宗研究的見解。因此本章的內容是輔助了解禪宗思想的發展脈絡，並對各版本作較深入的理解，釐清「法統史」在佛教的內部及禪宗的內在關係。

　　陳寅恪〈論禪宗與三論宗之關係〉的內容，正與胡適研究禪宗史的重要觀點互相呼應。這正如陸揚在〈陳寅恪的文史之學——從 1932 年清華大學國文入學試題談起〉一文中，指出陳寅恪所擬的清華大學入學試題上，透出陳氏對文史之學的轉型至佛教史的研究，正是受了胡適對佛教史方面的研究的影響〔註 56〕。他們的觀點，都重視禪宗的「法統史」研究，但在文本的「法統史」上爭論不止。「法統」建立在「心性」上，能以「體用」而見才是「法統」。陳氏是以「三論宗」的「頓悟說」建立與「禪宗」的關係，「三論宗」的慧布、法朗對偏重考證，疏於義理的參研，是持反對態度的。

　　本章可說是回應了葛兆光〈仍在胡適的延長綫上：有關中國學界中古禪史研究之反思〉一文的看法。葛氏指出「禪宗史研究還是沒有走出胡適的時代」，原因胡適是研究研宗史的「開創者」，所以今日中國禪宗史的研究課題，「仍然走在胡適的延長綫上」〔註 57〕。葛氏認為胡適是「依然是禪宗史研究的開創者」是對的，原因是胡氏以嚴謹的治學態度，重新整理禪宗及佛教的史料，使禪宗或佛教的史料能進入學術界的不同研究領域受到關注，並且了豐富中國思想史、佛教史、禪史、哲學史及文化史等內容，建立相關的研究

〔註 56〕參閱陸揚：〈陳寅恪的文史之學——從 1932 年清華大學國文入學試題談起〉，《文史哲》2015 年第 3 期，（總第 348 期），頁 33～49。
〔註 57〕參閱葛兆光：〈仍在胡適的延長綫上：有關中國學界中古禪史研究之反思〉，香港：《嶺南學報》第七輯，2017 年 5 月，頁 16。

系統；胡氏打開了這一道門，讓研究者能從這入口，進入更大的研究領域。
但這不是「只是在胡適的延長綫上活動」，因為這樣就變成平面擴展，而不能
有更高層次的思想探究。任何學術研究，若不能提升至思想層面來討論，則
難以深刻，有時甚至只是搬字過紙式的文字併合而已。胡適對禪宗思想理解
雖不甚透徹，但他的研究精神及求真思想，正是建立了一個研究禪宗史系統
的範式。

第八章 「敦煌本」至「宗寶本」《六祖壇經》的中國禪宗思想遞變

　　「敦煌本」至「宗寶本」《六祖壇經》的中國禪宗思想遞變，可分為二途：一從整體析論，「敦煌本」至「宗寶本」對中國禪宗思想演進的內容及影響；二是討論「敦煌本」至「宗寶本」各個版本的特殊性及在中國禪宗思想的定位。從整體析論，又可分四方面：「從簡到繁」、「從出世轉入世」、「從無相至有相」及「從唐到宋」的過渡。至於從每個版本的特殊性來看，在本文開始的思路，一直是由「敦煌本」至「宗寶本」內容的增刪及比較，考察哪處被改動、字數多少等資料，然後安立在各版本範圍之內，理所當然地以為由上向下貫通的思路是通行無礙的，但最後發覺各版本的思想具個別獨特的精神面貌。直接地說，以中國禪宗、六祖思想、心性之學、體用四個條件來套在這四個版本上，只有「敦煌本」全備。其他三個版本，要加上其他的條件如以儒援佛、法統史等來考察，才能定位。這並不代表這三個版本不是中國禪宗，而是在中國禪宗思想遞變的過程中，各版本的分工不同，前者為創始人，後者為守護者，各盡其職。因此，在中國禪宗思想的遞變中，這四個版本又再分三途，一為「心性之學」的「敦煌本」；二為守護禪宗的「惠昕本」及「宗寶本」；三為中國禪宗立正統史及會通儒家思想的「契嵩本」。這三途只有「敦煌本」觸及中國文化「道樞」的中心點，以「般若」活智推動軸心向前，站在中國文化的縱軸上，成為中國文化的一部分。至於其他版本是站在橫軸上，使中國禪宗的思想發展，成為有系統的中國禪宗史，並保存在中國文化中的歷史意義。

　　研究中國禪宗思想的邅變，我試從《六祖壇經》各版本中，找出一些相同與相異的資料，再參閱前人研究的成果，幫助自己更能了解禪宗的旨趣、中國思想史與禪宗史的關係。錢穆先生在《中國思想史·自序》中，說：

> 有人說，中國思想無條理，無系統，無組織。其實只要真成為一種思想，便不會無條理，無系統，無組織。又有人說，中國思想無進展，無變化。……又有人說中國思想定一尊，無派別，無分歧。其實思想本身決然會生別與分歧，即使定於一尊……仍會有別分歧。〔註1〕

錢先生指出有人批評中國思想無條理、無系統、無組織、無進展、無變化、定一尊、無派別、無分歧。錢先生認為「只要真成為一種思想」之後，這些批評就不能成立。因為凡成為思想必然有系統，在系統中自能見條理及組織；又凡思想必有進展及變化，中國歷史的每一期，皆有能思想的不同人物，證明思想具進展性及變化性。最後，錢先生指出「思想」本身就必然具特殊性及分別性，即其一人物入於某一派別中，當進入系統後，亦會出現分歧。換言之，思想是存在每一人的心靈上，具活動性、變化性及特殊性。按個人來說，固然是如此，何況是整個中國不同時期及不同區域的人，更應當如此。

　　錢先生在《中國思想通俗講話·自序》中又說：

> 思想必然是公共的，尤其是所謂時代思想，或某學派的思想等……更屬顯然。凡屬大思想出現，必然是吸收了大多數人思想而形成，又必散播到大多數人心中去，成為大多數人的思想，而始完成其使命。……正所謂先知先覺，先得眾心之所同然。然後以先知覺後知，以先覺覺後覺……發掘出多數心靈之內蘊，使其顯豁呈露，而闢出一多數心靈之新境界。某一時代思想或學派思想，其影響力最大者……因此遂成其為大思想。〔註2〕

錢先生說明「思想必然是公共的」，即是說某時代或某學派的思想，如成為大多數人的思想，也就是當時期的主流思想。這主流思想是具有使命的，就是它先吸收大多數人思想後而形成的，又從這中心點散播開展，再成為大數人的思想

〔註1〕見錢穆：《中國思想史·自序》，《錢賓四先生全集》（24），臺北：經聯出版社，1998年，頁12～13。

〔註2〕見錢穆：《中國思想通俗講話·自序》，《錢賓四先生全集》（24），臺北：經聯出版社，1998年，頁3。

的一個往復循環，才成為一大思想。不論是「先知覺後知」或是「先覺覺後覺」，皆以「心靈」作溝通的橋樑，最後啟發心靈內的本質，使生命境界得以提升。在此情況下，某一時代思想或是學派思想，必具有吸收多數人的思想外，又能廣泛散播這思想，形成一股最大的影響力，成為一大思想。

　　錢先生所言的中國思想，主要在「心靈」具活動性、變化性及特殊性，在吸收與散播思想的「先覺覺後覺」往復中，漸漸形成一大思想。中國文化以儒家、道家及佛家為三大主流，其中以佛教最為特別。錢穆先生說：

> 佛教是中國文化大流裏面很重要的一派。中國因環境關係，文化自創
> 自造，很少與其他民族之異文化接觸。只有佛教，惟一的自外傳入，
> 經過中國人一番調和融化，成為此後中國文化裏一主潮。〔註3〕

在中國文化與思想中，佛教已經成為重要的一派。在古代，中國文化與思想向來是自創自造，少與其他民族交流，唯有佛家是例外的。佛教是一外來的思想，它再經過長時期與中國文化調和融化，最後成為中國的一大思想及一大主潮。

　　在佛教中國化的醞釀期，具有不同的思想進程，形成中國佛學的特點。當中有不斷的調整、統一及簡化的過程，形成的中國佛教史、思想史及文化史。錢先生說：

> 故中國佛學之特點，第一即是佛學之「調整化」與「統一化」。亦可
> 說只是佛學之「簡淨化」。……此即中國傳統文化「天人合一觀」之
> 又一面的應用。若簡淨化而臻其極，則「萬法本於一心」，此即王弼
> 注《易》所謂「得象忘言，得意忘象」……禪宗「不立文字，直指
> 本心」，即由此起。此在以後宋學，程、朱即猶天台、華嚴，專用一
> 部兩部書如《大學》、《西銘》之類，統括儒家全部義。……陸、王
> 則猶禪宗，簡之又簡，淨之又淨……他們的「一以貫之」是重在「一」
> 上。此乃所以為中國佛學之第一點。〔註4〕

佛學與中國文化能調和融合，它是經過「調整化」與「統一化」，最後是「簡淨化」。如天台宗及華嚴宗的「判教」，就是將中國大乘佛教內的各宗派，進

〔註3〕見錢穆：〈佛教之傳入與道佛之爭〉，《中國學術思想史論叢（三）》，載於《錢賓四先生全集》（19），臺北：經聯出版社，1998年，頁360。

〔註4〕見錢穆：〈佛教之中國化〉，《中國學術思想史論叢（三）》，載於《錢賓四先生全集》（19），臺北：經聯出版社，1998年，頁393。

行「調整化」與「統一化」的自然及合理的演進過程。這過程亦是將佛教內部的各種異說，正如錢先生指出，這是以「用歷史線索貫串而階層化之」的過程，亦正合於中國傳統文化「天人合一觀」的應用方法。在「淨簡化」上，中國佛教以禪宗的「不立文字，直指本心」，即「萬法本於一心」作為至極。這點正是王弼注《易》「得象忘言，得意忘象」的見解。佛教天台、華嚴的「統一化」，其後亦適用於北宋程顥（1032～1058）、程頤（1033～1107）兄弟以《西銘》及朱熹（1130～1200）以《大學》教學為中心；禪宗的「淨簡化」，亦影響了宋代陸九淵（1139～1192）及明代王守仁（1472～1529）。錢先生認為前者是以「貫」為宗旨；後者以「一」為重點，兩者皆受中國佛教影響。

　　胡適在〈禪宗在中國：它的歷史和方法〉一文中，說：「禪學運動是中國佛教史中一個不可分割的部分，而中國佛教史又是中國一般思想史中一個不可分割的部分。我們只有把禪放在它的歷史背景中去予以研究，理解才行。」他又建議我們以「時空關係」來研究禪宗史，這樣才能「得到知性和理性的了解與評鑒」〔註5〕。這個研究方法，應適用於任何史學領域或史學史研究，但在禪宗而言，它是一宗教史、思想史及文化史，它是超越一些概念及形式而在發展的，單從「歷史背景」或「時空關係」只能看見它的表象而不見其精神所在。因此，我在此文的前幾章中，嘗試以禪宗核心經典的《六祖壇經》來看每一段時期禪宗傳承「頓法」的方式，藉以了解禪宗思想。現作以下的論述：

一、《六祖壇經》「從簡到繁」的中國禪宗思想遭變

　　在中國禪宗思想中，以《六祖壇經》各版本作依據來了解中國禪宗思想的遭變，應是合理的做法。《六祖壇經》保存了六祖惠能的思想，他的思想，可作為探討中國禪宗思想的依據。因此，本文透過《六祖壇經》了解惠能思想的原貌，以「敦煌本」作為開端。原因從版本上，它是現存最古的版本，對比「敦煌寫本」譜系又是原初的版本。「敦煌本」《壇經》估計成書年份在六祖離世後至八十年來流傳及完成，文字簡樸，宗旨明澈。

〔註 5〕參閱胡適：〈禪宗在中國：它的歷史和方法〉，《胡適卷》，武漢：武漢大學出版社，2008 年，頁 111。胡氏云：「假如我們把禪學運動放回它的『時空關係』之中，這也就是說將它放在它的適當歷史背景中，把它和它之似是瘋狂的教學方法視作『歷史事實』去加以研究的話，然後也只有然後，我們對於中國智慧和宗教史中的此一偉大運動，始可得到知性和理性的了解與評鑒。」

　　禪宗的主要經典《六祖壇經》，就是以「淨簡化」的形式表示中國禪宗精粹，亦代表吸收中國大乘佛教各宗派精神後的一次大融化的進程。胡適曾說：禪宗的極盛的黃金時代，即從唐至宋及元明《六祖壇經》皆在中國禪宗發展史具一重要位置，中國佛教的流程是由繁至簡為演變路線的一個階段，再由簡變為繁是另一階段，而禪宗正是站在最簡化的開端，但其後禪宗內容思想的變化，又使這簡化的形態漸變為繁〔註6〕。這個現象，我們可從《六祖壇經》的思想遞變而見中國禪宗的思想進程。

（一）從積存到消化

　　從中國佛教史來說，六祖惠能是佛教從印度傳入中國四百多年後，一大轉變的關鍵人物。他將佛教以前的所有經典，全歸於自性中的「一念」由迷轉悟的樞紐。錢穆先生曾說：「中國思想史裏的神，卻永遠是人生的。」〔註7〕這表明中國人的主體精神仍然是放在「人」上，而不是「神」。在《六祖壇經》中，六祖惠能是主要的人物，亦正是中國思想中所謂「人文本位精神」的代表人物。錢穆先生說：

> 禪宗只就人的本心本性指點，就生命之有情處下種，教人頓悟成佛。
> 此種教義，遠從生公以來，是中國思想裏的人文本位精神滲透到佛
> 教裏去以後所轉化表現出來的一種特色與奇采。若我們講禪宗，必
> 要從達摩祖師講起，那將把捉不到中國思想之固有的特殊精神。但
> 此種精神，也必然要輪到一位蠻荒偏陬不識字人的身上，纔始能十
> 足表現。〔註8〕

錢先生認為禪宗「直指人心」的「頓悟成佛」教義是從竺道生而來，是中國思想的「人文本位精神」滲透入佛教中而轉化出的特色及異采。在禪宗來說，

〔註 6〕參閱胡適：〈中國禪學的發展〉，《胡適卷》，武漢：武漢大學出版社，2008 年，頁 55。胡氏云：「中國禪學，從七世紀至十一世紀，就是從唐玄宗起至宋徽宗時止，這四百年，是極盛的黃金時代。」；參閱胡適：〈禪宗史的一個新看法〉，《胡適卷》，武漢：武漢大學出版社，2008 年，頁 106。胡氏又云：「佛教極盛時期（公元 700～850 年）的革命運動，在中國思想史上、文化史上，是很重要的。這不是偶然的。經過革命後，把佛教中國化、簡單化後，才有中國的理學。」

〔註 7〕參閱錢穆：《中國思想史·慧能》，《錢賓四先生全集》（24），臺北：經聯出版社，1998 年，頁 151。

〔註 8〕見錢穆：《中國思想史·慧能》，《錢賓四先生全集》（24），臺北：經聯出版社，1998 年，頁 151～152。

就只有在惠能身上才能體現這種精神，六祖惠能將佛教宗教性的崇拜性及出世性，一轉說成是平等性及入世性，這些轉變，「已把佛學大大轉一彎」及「即完全是現世人文的精神」及「中國人的傳統精神完全從佛教裏解放」〔註9〕。從此而知，中國大乘佛教到了六祖惠能時，已經是進入消融一切佛理而轉入中國傳統精神，亦即是中國佛教的道理由積存至消融的一個階段。

這消融期的最初現象，反映在「敦煌本」《六祖壇經》中，當時六祖開示說法，弟子法海記錄，經中只有11619字，不分段落，全一卷。當中的內容，除了六祖惠能生平事蹟外，並包含《楞伽經》、《金剛經》、《淨名經》、《法華經》、《梵網經》、「如來藏自性清淨心」系統的「自性說」，以「定惠體一不二」來貫穿佛性與般若，以正信來開示為「功德」內容，以「外禪內定」來說「禪定」內容，以「禪機」來開示學人。「敦煌本」《六祖壇經》的11619字所承載的，可說是中國佛教與印度佛教的精神及見性心法的淨簡版本。

到了「惠昕本」時，基本保留了「敦煌本」的內容，它將經文分二卷十一門，並增加了「識自本心」、「五年隱行」、「五祖搖櫓相送」、「四會隱身」等內容，而這些內容幾乎都與六祖生平事蹟有關，只有「識自本心」部分與佛理相關，但沒有記錄惠能的第二首「心偈」。至於「惠昕本」保留惠能開示志誠的禪機內容，未作重大改動，使禪宗頓悟的精神猶在。按字數而言，「敦煌本」與「惠昕本」比較，後者增加了約3700字〔註10〕；一說增加18條異文，合計1505字〔註11〕。這是從淨簡中，開始步入繁雜的階段。

在「契嵩本」時，已經出現較明顯的刪改及增加的經文內容，「惠昕本」與「契嵩本」（德異本），沒分卷而分成十品，多了約6500字。《六祖壇經》的字數，由最初「敦煌本」的11619字，變成約22,000或19,600字，差不多

〔註9〕 參閱錢穆：《中國思想史‧慧能》，《錢賓四先生全集》（24），臺北：經聯出版社，1998年，頁159～160。錢先生云：「六祖只把人心的知見，完全從外在、他在的對象中越離，而全體回歸到內在、自在的純粹知見即心本體上來。此一心本體，卻是絕對平等的。宗教必然帶有崇拜性，到六祖始說成絕對平等。宗教必然帶有出世性，而六祖卻說成不待出世。知見只是在此世中的知見，只不著於此知見而已。六祖這些說法，已把佛學大大轉一彎，開始轉向中國人的傳統精神，即平等的，即入世的。即完全是現世人文的精神。也可說，到六祖，中國人的傳統精神完全從佛教裏解放。」

〔註10〕 參閱胡適：〈胡適卷‧《壇經》考之二（記北宋本的《六祖壇經》），武漢：武漢大學出版社，2008年，頁330。

〔註11〕 參閱哈磊：〈德異本《壇經》增補材料之文獻溯源考證〉，成都：《宗教學研究》，2015年第4期，頁105。

增加了一倍字數。當然這不單止增加了內容，同時亦刪減了一些內容，如我一直認為重要的六祖惠能與志誠禪機那部分，最重要的一句「煩惱即是菩提」被刪去，此後的學人，就無法得見如何運用禪機的「見性心法」傳承了。至於被加進經文中的內容，則以「惠昕本」作基礎，一共有 39 條新內容〔註12〕。哈磊引述增加部分來自 18 種不同的傳記、別錄及碑文等內容，其中多以六祖惠能生平事蹟及與弟子的參問事蹟為主。這又明顯地使淨簡版本的「敦煌本」，進入了一個繁雜的結果。

最後的「宗寶本」，則以「契嵩本」為底本，分為十品，內裏的改動，是將「般若品第二」從「契嵩本」的「悟法傳衣第一」抽出，分立一品，並將「契嵩本」的「法門對示第九」及「付囑流通第十」合成「付囑第十」。「宗寶本」是明代以後的流通本，約有 20,200 字〔註13〕。這字數與「契嵩本」字數相約，加強了《大般涅槃經》及「轉識成智」的部分。在「宗寶本」成為現今的流通本而言，《壇經》由「敦煌本」至「宗寶本」的由簡至繁已經完成。

在前章節中，拾文及哈磊曾提到應有一本文繁的「古本」《壇經》，推斷「從簡到繁」之前，應有一段「從繁到簡」的流程，現在從「敦煌本」至「宗寶本」只是一個重覆的路程而已。從文本上的記載，這看法是有可能的，這本所謂「文繁」的《壇經》，只見於宋代之後，在改版者的「序」上出現，或說在朱翌的〈南華五十頌〉曾描述這本「古文」《壇經》內容，但到目前為止，暫未發現這原本。從思想上來看，在第七章的「三論宗」與「禪宗」關係上，已經顯示禪宗遠從慧可二祖，與三論宗的慧布、永朗大師交往時，已經開始醞釀脫離「偏重義疏」的文字框架，而著重「修慧」的簡約方向。禪宗的思想發展，從初祖達摩至六祖惠能是一個去蕪存菁的過程，最後六祖惠能將最直接最簡約的佛法，以「心法」呈現來接引學人。這就是現存最古的「敦煌本」《六祖壇經》，而後來版本的「文繁」則是後增，那不用多說。因此，中國禪宗思想的遷變，在《六祖壇經》的版本上來說是「從簡到繁」。最後中國思想史從佛教中再轉向「宋明理學」的方向。

在「正統禪宗（南宗頓教）」及「簡淨化」的原則下，錢先生所指的佛界

〔註12〕 參閱哈磊：〈德異本《壇經》增補材料之文獻溯源考證〉，成都：《宗教學研究》，2015 年第 4 期，頁 105。

〔註13〕 參閱胡適：〈禪宗史的一個新看法〉，武漢：武漢大學出版社，2008 年，頁 99。胡氏云：「現在通行的《壇經》是根據一個明朝的版，有二萬二千字，最古本的《壇經》只有一萬一千字，相差一倍。」

最高智慧六祖惠能所傳的「心法」，我認為應只保留在現存世的最早古本的「敦煌本」中，至於其他版本，則是保留了六祖惠能的資料及與其他弟子的事蹟及禪宗的發展史。《壇經》的記載形式為「語錄體」，最後演變成日後宋代理學家的「語錄」如《朱子語類》〔註 14〕等，從中可見儒家《論語》的語錄形式，也有被佛學轉化的現象〔註 15〕。

　　錢穆先生認為「一大思想」就是自成一系統性的思想，「傳統性」與「創造性」就成了文化傳承的關鍵，世代延綿不斷，有隱有顯互相更迭。「創造性」能使「傳統性」得以繼續發揚，並能保存「傳統性」而不失其原貌。錢先生指出「創造性」若能遠勝「傳統性」，亦可稱為「革命性」。這「革命性」包含「傳統性」及「創造性」使人從桎梏思想中出現突破的缺口再重現生機，「《壇經》思想，便是一例」。這點我極為銘心而記〔註 16〕。《壇經》思想，主要人物，就是六祖惠能。「宗寶本」《壇經》經歷惠昕、契嵩及宗寶等人的改動，不論是刪減或添加，六祖惠能的思想原貌暫時只能在「敦煌本」中見其精粹。我們要了解《壇經》的精粹，才知道六祖惠能思想的重要，才能了解《壇經》在中國文化、宗教及思想史的位置。

　　錢穆先生〈六祖壇經大義〉曾指出，在中國學術思想史上有兩大偉人，一位是唐代禪宗六祖惠能，另一位是南宋儒家朱熹。六祖惠能是禪宗的開山祖師，朱熹是宋代理學集大成者。他們代表了「一儒一釋」的中國學術思想源頭，從中開出不同路向的學術思想研究。他們兩人的思想淵源，從南方一直向北

〔註14〕 參閱朱熹：《朱子語類》，北京：中華書局，1994 年。

〔註15〕 參閱錢穆：〈佛教之中國化〉，《中國學術思想史論叢（三）》，《錢賓四先生全集》（19），臺北：經緯出版社，1998 年，頁399。錢先生云：「慧能是達摩以下禪宗的第六代祖師。（達摩—僧（慧）可—僧璨—道信—弘忍—慧能。）其實是正統禪宗（南宗頓教）的開創者。他是一不識字的行者，他所宣揚的佛法，正是當時流行在社會上的中國佛學界的一般理論，而為他所把捉而簡淨化了，自然也是經他的最高智慧而明確與精深化了。他的教旨，保留在他的僧徒代他記錄的《壇經》裏。這也是將來宋學家『語錄』之先聲，亦可說是孔門《論語》之佛學化。」

〔註16〕 參閱錢穆：〈再論關於壇經之真偽問題〉，《中國學術思想論叢（四）》，《錢賓四先生全集》（19），臺北：經緯出版社，1998 年，頁214。錢先生云：「凡屬一大思想，必然具有傳統性，但亦同時具有『創造性』。所謂創造性，亦只是從傳統中創造出來……若其思想中之創造性，遠勝過了其傳統性，我們亦可稱之為是一種『革命性』。但極富革命性之思想中，仍不害其含有傳統性。《壇經》思想，便是一例。」

方伸展,「此乃中國文化由北向南之大顯例」,這是兩人相同的地方。惠能一
生顯示「不識字」的形象,恰巧與博極群書的朱熹,成為一個兩極化的鮮明
對比〔註17〕。這又即時使人聯想到「一陰一陽之謂道」此消彼長的奧義〔註18〕。

　　錢先生進一步解釋構成學術思想互相循環的兩大循環:一是「積」,一是
「消」。在「一積一消」的運化中,學術思想才能融通及不停地前進,六祖惠
能思想具有「能消能化」的「大消化」功用,而朱熹則系統地「能積能存」
的「大積存」建構,兩人的相輔相成,正是對後世學術思想貢獻的所在〔註19〕。
我們既知六祖惠能在中國學術思想史的定位,也要知道惠能作為佛教禪宗的
重要人物,他對整個佛教及禪宗的貢獻在於以「簡易方法」來消融四百多年
佛教的佛理。

　　錢先生指出六祖惠能將佛教從印度傳入中國後,四百多年積存下來的佛
教教理,以「簡易方法」即「不立文字,以心印心,當下直指,見性成佛」
作為實踐佛理的傳承方法,完成「一番極大的消的工作」。當下的影響性具有
三方面:一是「全體佛教徒,幾乎全向禪宗一門,整個社會幾乎全接受了禪
宗的思想方法」;二是「從慧能以下,乃能將外來佛教融入於中國文化中而正
式成為中國的佛教」;三是「慧能以前,四百多年間的佛教,犯了『實』病,

〔註17〕　參閱錢穆:〈六祖壇經大義〉,《中國學術思想論叢(四)》,《錢賓四先生全集》
　　　　(19),臺北:經緯出版社,1998 年,頁 183。錢先生云:「在後代中國學術
　　　　思想史上有兩大偉人,對中國文化有其極大之影響,一為唐代禪宗六祖慧能,
　　　　一為南宋儒家朱熹。六祖生於唐太宗貞觀十二年,卒於玄宗先天二年,當西
　　　　曆之七世紀到八世紀之初,距今已有一千兩百年。朱子生於南宋高建炎四年,
　　　　卒於寧宗慶元六年,當西曆之十二世紀,到今也已七百八十多年。慧能實際
　　　　上是唐代禪宗的開山祖師,朱子則是宋代理學之集大成者。一儒一釋,開出
　　　　此下中國學術思想種種門路,亦可謂此下中國學術思想莫不由此兩人導源。
　　　　言其同,則慧能是廣東人,朱子生卒皆在福建,可說是福建人,兩人皆崛起
　　　　於南方。此乃中國文化由北向南之大顯例。言其異,慧能不識字,而朱子博
　　　　極群書,又恰成一兩極端之對比。」
〔註18〕　參閱金景芳:《周易·繫辭傳》新編詳解,瀋陽:遼海出版社,1998 年,頁23。
〔註19〕　參閱錢穆:〈六祖壇經大義〉,《中國學術思想論叢(四)》,《錢賓四先生全集》
　　　　(19),臺北:經緯出版社,1998 年,頁 183~184。錢先生云:「學術思想有
　　　　兩大趨向互相循環,一曰積,一曰消。孟子曰:『所過者化,所存者神。』存
　　　　是積,化是消。學術思想之前進,往往由積存到消化,再由消化到積存。正猶
　　　　人之飲食,一積一消,始能營養身軀。同樣,思想積久,要經過消化工作,才
　　　　能使之融滙貫通。觀察思想史的過程,便是一積一消之循環。六祖能消能化,
　　　　朱子能積能存。所以中國傳統文化的儒、釋融合,如乳投水,經慧能大消化之
　　　　後,接著朱子能大積存,這二者對後世學術思想的貢獻,也是相輔相成的。」

經慧能把它根治了」。這說明六祖惠能不止能承先啟後，以「革命性」的「簡易方法」統一全體佛教徒傳承的原則，並且根治了佛教傳入中國四百多年在教理「積實」的問題，作一消解而轉化成實踐在日常生活上〔註 20〕。解決了中國佛教的「積實」的問題後，禪宗本身內部的發展，我們可以回歸於《壇經》的演變最後被定型及在現今的流通本上，作一總結性的研究。

（二）從「不立文字」與「增添整理」成系統化

在宗教中，往往會問信仰是否虔誠，因為虔誠的程度與體悟的多少有密切的關係。不過，在中國佛教中的竺道生，就提出「信」與「悟」的說法，使佛教中國化的轉向及關鍵亦在此。錢穆先生解釋：

> 生公說：見解名悟，聞解名信。
>
> 現在是重在「見」，不重在「聞」；重在「我」與「內」，不重在「他」
> 與「外」了。此一轉變，在佛教進展上，有絕大關係。〔註21〕

錢先生認為竺道生提出的「見解名悟，聞解名信」的看法，使佛教的進展有了一轉變，就是重「見」、「我」及「內」，不重「聞」、「他」及「外」；竺道生好像儒家的孟子，從傳統思想中突破出新見解。這一轉變，造就了後來的禪宗六祖慧能、神會成為佛門中的陸九淵與王守仁，為佛學開出新思路〔註22〕。

錢先生又說：

> 竺道生在佛學上之大貢獻有二：一是他提出「頓悟」義，一是他提
> 出「佛性人人本有」義。他說：「見解名悟，聞解名信。信解非真，
> 悟發信謝……悟不自生，必藉信漸。用信伏惑，悟以斷結」。（慧達
> 《肇論疏》引生公語）……生公特提「悟」「信」兩途，「信」是信

〔註20〕參閱錢穆：〈六祖壇經大義〉，《中國學術思想論叢（四）》，《錢賓四先生全集》（19），臺北：經緯出版社，1998 年，頁 184。錢先生云：「自佛教傳入中國，到唐代已歷四百多年。在此四百多年中，求法翻經，派別紛歧。積存多了，須有如慧能其人者出來完成一番極大的消的工作。他主張不立文字，以心印心，直截了當的當下直指。……如此的簡易方法，使此下全體佛教徒，幾乎全向禪宗一門，……把過去吃得太多太膩的全消化了。也可說，從慧能以下，乃能將外來佛教融入於中國文化中而正式成為中國的佛教。也可說，慧能以前，四百多年間的佛教，犯了『實』病，經慧能把它根治了。」

〔註21〕見錢穆：〈大乘佛法與竺道生〉，《中國學術思想史論叢（三）》，《錢賓四先生全集》（19），臺北：經緯出版社，1998 年，頁 389。

〔註22〕參閱錢穆：〈大乘佛法與竺道生〉，《中國學術思想史論叢（三）》，《錢賓四先生全集》（19），臺北：經緯出版社，1998 年，頁 390。

奉外面教言,「悟」則發乎內心知見。生公說「悟發信謝」……悟了,
信便如花般謝了。這便沖淡了宗教的信仰精神。這便是把佛教轉向
到中國傳統思想來的一個主要關鍵〔註23〕。

錢先生認為竺道生在佛教上的貢獻,在於他所提出的「頓悟」說及「一闡提
皆有佛性」說兩方面。並引述竺道生之說,「見解名悟,聞解名信。信解非真,
悟發信謝」,當中的「悟」與「信」是「悟發信謝」一個此消彼長的關係。「信」
是以言教導,使信眾起信心;「悟」是內心自見本性。因此,錢先生特別指出
竺道生「信解非真」這點,往往是信眾認為最重要的,但佛家重點在覺悟而
不在知解上。當自悟後,「信便如花般謝了」,「沖淡了宗教的信仰精神」。重
信仰,人的心會往外找依據;當悟時,人的心定於內而安穩。錢先生在此強
調,「這便是把佛教轉向到中國傳統思想來的一個主要關鍵」所在。

　　禪宗就是從此轉向中提升至以「不立文字」作「頓法」的「以心傳心」內
容,這內容似無還有,似有還無,正合禪宗的真精神。原因如錢先生所說,「思
想本屬一種無聲的語言」,並且「中國文字與語言之間隔遠」「成為思想之間接
紀錄」〔註24〕。換言之,文字只是思想的間接工具。因此,錢先生再深一層說:

正為中國的文字,只是思想之紀錄,而中國人之思想常是「默而識
之」的……因此中國文字所表達者,常是思想之結論。……中國文
字是思想之紀錄,而中國思想則是生活經驗之結晶。西方人的思
想……文字領導思想,思想再領導經驗……非從實際醞釀出觀
念。……而理論前面的觀念,卻未必深入生活之內裏。〔註25〕

禪宗的「不立文字」,就是錢先生所說的「默而識之」,也就是從「心通」到「默
識」的過程。禪宗是說「心法」,這「心法」是超越文字及語言所能表達的境
界,一落言詮,就已失其本意。因為文字及語言都各自有局限性,不能完全表
達全部的意思。錢先生認為「中國文字所表達者,常是思想之結論」,這裡明
顯表示了六祖惠能為何不識字,仍能明白大乘佛法精要的原因,因為文字不是

〔註23〕見錢穆:〈竺道生〉,《中國思想史》,《錢賓四先生全集》(24),臺北:經緯出
　　　　版社,1998年,頁143。
〔註24〕參閱錢穆:〈佛教之中國化〉,《中國學術思想史論叢(三)》,《錢賓四先生全
　　　　集》(19),臺北:經緯出版社,1998年,頁394。錢先生云:「印、歐文字與
　　　　語言之間隔近,中國文字與語言之間隔遠。思想本屬一種無聲的語言,因此
　　　　西方文字乃為思想之直接代替,而中國文字則成為思想之間接紀錄。」
〔註25〕見錢穆:〈佛教之中國化〉,《中國學術思想史論叢(三)》,《錢賓四先生全集》
　　　　(19),臺北:經緯出版社,1998年,頁396～397。

思想，而只是「思想之結論」，我們往往誤解以為有文字就等於有思想，而不知是先有思想，才用文字作思想的表達，過分重視文字，是本末倒置了。

由此而知，六祖惠能所說的「心法」，就是一套「三世諸佛，十二部經，亦在人性中，本自具有」〔註26〕。余英時說：「惠能對經典的態度當與馬丁·路德相去不遠，即自由解經而不『死在句下』。」〔註27〕惠能以向「內」、向「我」為主的心性思想，以「悟」代替知解的一套思想方法，這方法本應是以「不立文字」的形式傳播，但學人最終亦以文字為此套思想作一結論，而記錄在「敦煌本」《六祖壇經》上。「敦煌本」無分章及分立各品，但在「惠昕本」、「契嵩本」及「宗寶本」先後分卷、分門或分品，這正是禪宗從「不立文字」，再以「簡淨化」遺留「見性」方法在「敦煌本」上。六祖惠能說：「一切經書及文字，小大二乘十二部經。皆因（人）置，因智惠性故，故然能建立我。」〔註28〕但後來被不斷地「增添整理」成系統化後，最後的流通本是「宗寶本」。這現象反映著中國禪宗思想邅變從「心法」轉成「文字」，即是從「悟」轉回「信」，從「內」轉回「外」，從「我」轉回「他」的思想轉向。最終促使中國思想從唐代佛教最興盛時期，轉向「宋明理學」的另一路向，使中國思想的進程，仍在傳統「心性之學」上繼續發展。

二、《六祖壇經》從佛教出世思想轉向入世思想的邅變

禪宗除了「不立文字」，還有「教外別傳」，就是「教下」之外的一種傳法方式。「教下」是指如天台宗、華嚴宗等宗派，它們皆以經典作依據，與禪宗以「心性」為據有所不同，這就是「教」以外的一種「特別」傳法方式，謂之「教外別傳」。因此，禪宗在六祖惠能的說法中，最能表達這種「教外別傳」的精神。佛家常言出世或西方淨土信仰，但在《六祖壇經》中，表達在寺或在家修行皆可；打破西方淨土的觀念。錢穆先生說：

宗教既依他力，所蘄嚮必在外。六祖告韋使君：「佛言隨其心淨則佛

〔註26〕 參閱《大正新修大藏經》第 48 卷，T48，NO.2007《南宗頓教最上大乘摩訶般若波羅蜜經六祖惠能大師於韶州大梵寺施法壇經》，日本大正一切經刊行會，1922～1934 年，頁 340。

〔註27〕 參閱余英時：〈中國宗教的入世轉向〉，《國學與中國人文》，《余英時文集》第十二卷，桂林：廣西師範大學出版社，2014 年，頁 134。

〔註28〕 參閱《大正新修大藏經》第 48 卷，T48，NO.2007《南宗頓教最上大乘摩訶般若波羅蜜經六祖惠能大師於韶州大梵寺施法壇經》，日本大正一切經刊行會，1922～1934 年，頁 340 中。

> 土淨，使君東方人，但心淨則無罪。雖西方人，心不淨，亦有愆。
>
> 東方人造罪念佛，求生西方，西方人造罪念佛，求生何國？」如是
>
> 則皈依薪嚮，一無所著，西方極樂世界之念可歇……。〔註29〕

宗教給信眾作為依靠，因此須依他力、祈求，嚮往外在的天堂或淨土。錢先生指出六祖惠能一反傳統，將他力轉內力，切斷向外祈求及往生淨土，而說「佛言隨其心淨則佛土淨」，則是直指心等於淨土，只要心淨則即在淨土。這就是「教外別傳」的精神。

錢先生又說：

> 余嘗謂唐代禪宗，實佛教出世思想之反動，乃東土之宗教革命。……宗教必依他力，《壇經》則曰：「自性迷即是眾生，自性覺即是佛。慈悲即是觀音，喜捨名為勢至，能淨即釋迦，平直即彌陀。」——返向自心，由外轉內，捨他歸己，即心即佛，教味淡，理味深……。〔註30〕

由於六祖惠能發揮這種「教外別傳」的精神，錢先生指禪宗將出世思想轉入世，這是「佛教出世思想之反動」，就是一場「東土之宗教革命」。宗教必依他力，但禪宗卻主張自力。《壇經》云：「自性迷即是眾生」，「悟」則是「觀音菩薩」、「大勢至菩薩」、「釋迦佛」、「阿彌陀佛」的「慈悲喜捨」、「能淨」及「平直」的心境。以這種方式傳法，出現教味淡、理味深、思考高的理境。

不同版本的《六祖壇經》，經文雖被後來者所改動，但仍然保持著佛教由出世轉向入世思想的這種精神。這種精神誠如錢先生所說是佛教的一種革新，更與中國文化及思想相融合。由於這一種轉變，使佛理更深化在中國思想及文化中，而形成中國佛教及中國禪宗成為中國思想的三大主流之一，與我們的生活息息相關。因此，「敦煌本」《六祖壇經》惠能說：

> 善知識！若欲修行，在家亦得，不由在寺，在寺不修。如西方心惡之人，在家若修行，如東方人修善。〔註31〕

〔註29〕見錢穆：〈再論禪宗與理學〉，《中國學術思想史論叢（四）》，《錢賓四先生全集》（19），臺北：經緯出版社，1998年，頁323。

〔註30〕見錢穆：〈再論禪宗與理學〉，《中國學術思想史論叢（四）》，《錢賓四先生全集》（19），臺北：經緯出版社，1998年，頁323。

〔註31〕見《大正新修大藏經》第48卷，T48，NO.2007《南宗頓教最上大乘摩訶般若波羅蜜經六祖惠能大師於韶州大梵寺施法壇經》，日本大正一切經刊行會，1922～1934年，頁341下。

惠能所說修行在心，不受任何限制，無論在家或在寺，出世或入世，都是修心為本，其他是形式或一種宗教薰染現象，未與佛教主旨契合。這是佛教從出世轉入世間的重要思想。因此，余英時說：

> 惠能「若欲修行，在家亦得，不由在寺」之說，在當時佛教界真是驚天動地的一聲獅子吼。佛教精神從出世轉向入世便在這句話中正式透顯了出來。後來的禪師們反來覆去講的也都離不開這個意思。〔註32〕

這說明惠能的思想，在當時是劃時代性及具突破性的佛家精神，這種精神，就是從出世轉入世的轉向，而禪宗思想以後發展的路向，就一直如此。

六祖惠能對佛法有深入理解，並融會貫通在生活上，與人文生活相結合，於是變成中國文化的一部分。從不同版本《六祖壇經》的〈無相頌〉，我們更可以了解禪宗在各時期對入世的看法，現分列如下：

《六祖壇經》版本	〈無相頌〉
敦煌本	法無在世間，於世出世間，勿離世間上，外求出世間。邪見出世間，正見出世間，邪正悉打卻，此但是頓教，亦名為大乘。〔註33〕
惠昕本	法元在世間，於世出世間，一切盡打卻，菩提性宛然。〔註34〕
契嵩本	佛法在世間，不離世間覺，離世覓菩提，恰如求兔角。正見名出世，邪見是世間，邪正盡打卻，菩提性宛然。此頌是頓教，亦名大法船。〔註35〕
宗寶本	佛法在世間，不離世間覺，離世覓菩提，恰如求兔角。正見名出世，邪見是世間，邪正盡打卻，菩提性宛然，此頌是頓教，亦名大法船。〔註36〕

不同版本《六祖壇經》的〈無相頌〉，都是將「世間」與「出世間」的觀

〔註32〕見余英時：〈中國宗教的入世轉向〉，《國學與中國人文》，《余英時文集》第十二卷，桂林：廣西師範大學出版社，2014年，頁134。

〔註33〕見《大正新修大藏經》第48卷，T48，NO.2007《南宗頓教最上大乘摩訶般若波羅蜜經六祖惠能大師於韶州大梵寺施法壇經》，日本大正一切經刊行會，1922～1934年，頁342上。

〔註34〕見王孺童編校：《壇經諸本集成·惠昕本壇經精校》，北京：宗教文化出版社，2014年，頁191。

〔註35〕見王孺童編校：《壇經諸本集成·曹溪本壇經精校》，北京：宗教文化出版社，2014年，頁232。

〔註36〕見《大正新修大藏經》第48卷，T48，NO.2008《六祖大師法寶壇經》，日本大正一切經刊行會，1922～1934年，頁351下。

念打破。「敦煌本」強調「勿離世間上，外求出世間」及「邪正悉打卻」；而「惠昕本」則說「一切盡打卻，菩提性宛然」；至於「契嵩本」與「宗寶本」同說：「邪正盡打卻，菩提性宛然」，將「世間」與「出世間」之二分，合而為一，而見自本性。我們從排列中的版本，看出「惠昕本」明顯在這部分作出刪改，並加上「菩提性宛然」這一句，以後的版本皆有此句。「契嵩本」其後加回被「惠昕本」刪去的句子或相關內容，這似乎「契嵩本」有參考接近「敦煌本」的版本來整理《壇經》。經過《壇經》各種版本的比較，我們大抵可以看到，「惠昕本」刪去的部分，正是《壇經》中「佛法在世間」的重要入世思想，也是大乘頓教的重要內容。

在編排的位置上，「敦煌本」的〈無相頌〉是在「南能北秀」的「法即一宗」內容之前，屬於中段位置。至於「惠昕本」則在「八、示西方相狀門」，屬於下卷，全經為後段位置。但到了「契嵩本」時，此頌則在最前部分的「悟法傳衣第一」，最後的「宗寶本」則從「悟法傳衣第一」，分出在「般若第二」中。從「契嵩本」的編排，亦是顯示了「佛法在世間」的重要性，特意把〈無相頌〉提放在最前端部分，是為了顯明宗旨。佛教從出世轉入世，從唐代至宋明，一直提升這個宗旨的重要性。

余英時在〈中國宗教的入世轉向〉中，對六祖惠能的轉向入世思想有這樣的見解。他說：

> 大體說來，自魏晉至隋唐這七八百年，佛教（還有道教）的出世精神在中國文化中是佔有主導地位的。……以人生最後的精神歸宿而言，這一時期的中國人往往不歸於釋，即歸於道。但在這幾百年中，中國社會在劇烈地起着變化，佛教本身也不斷地在變化中。唐代中國佛教的變化，從社會史的觀點看，其最重要的一點便是從出世轉向入世。惠能（638～713）所創立的新禪宗在這一發展上尤其具有突破性或革命性的成就。有人稱他為中國的馬丁·路德是不無理由的。〔註37〕

余氏指出，唐代中國佛教的變化，是從出世轉向入世，在這一轉向發展上，惠能作出突破性或革命性的成就。惠能所創立的新禪宗，可說是配合當時中國動盪社會的需求，而佛教思想從出世變為入世，更易成為人生最後的精神歸宿。

〔註37〕見余英時：《國學與中國人文·中國宗教的入世轉向》，桂林：廣西師範大學出版社，2014年，頁133。

三、《六祖壇經》從無相至有相的思想遭變

　　六祖惠能在中國佛教史上是擔起上承下開的角色，而各種版本《六祖壇經》則在禪宗的思想留下內部思想遭變的軌跡。錢穆先生將南北朝隋唐佛學，分成三期，分別是小乘、大乘及中國僧人自創闢的「新佛學」。這意味著大乘佛教再深化一層成為「中國佛教」，而且是具有中國傳統文化及思想的佛教。他說：

> 佛學在中國之發展，大體可分為三期。一是小乘時期，以輪迴果報福德罪孽觀念為主，宗教氣味最濃，此與中國俗間符籙祭祀陰陽巫道相配合。二是大乘時期，自釋道安、鳩摩羅什以下，先空宗，自羅什盡譯《三論》⋯⋯。至隋代嘉祥大師吉藏而三論宗達於大成。次有宗，較遲，直到唐代玄奘、窺基而法相、唯識大盛。此以世界虛實，名相有無，為思辨之主題⋯⋯乃與中國莊、老玄學相扶會。三為天台、賢首、禪宗，為中國僧人自己創闢之新佛學⋯⋯其主要側重點，乃在人生界之自我精修⋯⋯生活上的實踐⋯⋯實為更富於中國味。⋯⋯台、賢、禪三宗則偏行偏證。佛學在中國流衍愈盛，卻愈富中國味，這一層大可注意。〔註38〕

印度佛教在中國發展，分成三期。第一期為小乘時期，專以輪迴、因果、福德及罪孽的觀念，教導學人使他們止惡防非，多行善業；此期宗教氣氛最重，並與中國民間的祭祀相融合。至於第二期是大乘時期，從道安、鳩摩羅什開始，先有「般若」空宗，再由鳩摩羅什譯出《中論》、《百論》、《十二門論》，合稱《三論》，而到隋代「三論宗」由吉藏大師發揚其義理；其後發展出有宗，法相宗、唯識宗值唐代玄奘及窺基法師而大盛。由於唯識以名相與思辨為主，富哲學味與中國莊、老哲學互相並行。至於第三期，錢先生特別指出此「為中國僧人自己創闢之新佛學」，當中包括天台宗、華嚴宗及禪宗。當中包含大乘佛教義理，並重人生自我修行，重生活實踐，富於中國味，而且都是「偏行偏證」。錢先生強調「佛學在中國流衍愈盛，卻愈富中國味，這一層大可注意」。這層「中國味」從《六祖壇經》來看，就是指「人性」與「人事」。

　　禪宗的《六祖壇經》以「自性般若」來融通自性與法之間的二分狀態，由於「般若」屬空宗，掃蕩一切相。因此，惠能說：「我此法門從上以來，先

〔註38〕見錢穆：〈南北朝隋唐之佛學〉，《中國思想史》，《錢賓四先生全集》（24），臺北：經聯出版社，1998年，頁141～142。

立無念為宗,無相為體,無住為本。」〔註39〕由於禪宗要接引學人,必然從無相的境界轉向於「人性」與「人事」兩方面,才能普渡眾生。所以,錢穆先生說:「總而言之,慧能講佛法,主要只是兩句話,即『人性』與『人事』,他教人明白本性,卻不教人屏棄一切事。」〔註40〕這正是《六祖壇經》將無相的思想轉化成有相的人性與人事,實踐在生活之中的思想。

從「敦煌本」至「宗寶本」的《六祖壇經》本以佛理為主,漸走上「人性」與「人事」的記載,將「無相」的思想轉成有相的「人事」史蹟。當「人事」為實時,無相的「空」便無法顯示出來。錢穆先生說:

> 佛學之中國化,亦有數理由。……印歐常由文字演生出理論,雖有
> 奇妙高勝之趣,而不免遠於人事。中國思想則用踐履得觀念,由觀
> 念成記載。就文字論,若簡單零散,不成片段,而平易親切,語語
> 著實。於是禪宗語錄遂為中國佛學論著最後之歸趨。〔註41〕

「敦煌本」《六祖壇經》起初由實踐修行而留片言記載成頓教的觀念,本來是「簡單零散,不成片段」的宗門筆記,到「宗寶本」時,以偏重「人事」的記錄,加上六祖與各弟子的隨機說法,仍能保持「平易親切,語語著實」的筆法,最後將筆記的話語編定成有系統性的經典,以廣流傳,此亦是從無相而成有相論著的一面。

四、《六祖壇經》從唐朝盛勢至宋明理學後的思想遷變

《六祖壇經》的思想精粹在於以禪機方式來接引學人,「以心印心」的方式默言傳承頓法。由於「禪機」只是禪師與學人之間在「機鋒」中契悟,旁人未能領悟箇中意思,所記都只是根據所見所聞而不知內裡玄機,有人甚至誤以為學所記載的機鋒或行為,便是修禪。《六祖壇經》從「敦煌本」之後,一直出現不同的版本,文字往往愈多,這本應更清晰具閱讀性,但卻模糊了「頓法」的精粹。錢穆先生說:

> 中國禪宗祖師們的所謂機鋒、棒喝,是有名玄秘的。其實,這些都

〔註39〕參閱《大正新修大藏經》第48卷,T48,NO.2008《六祖大師法寶壇經》,日本大正一切經刊行會,1922~1934年,頁353上。

〔註40〕參閱錢穆:〈六祖壇經大義〉,《中國學術思想論叢(四)》,《錢賓四先生全集》(19),臺北:經緯出版社,1998年,頁193。

〔註41〕見錢穆:〈南北朝隋唐之佛學〉,《中國思想史》,《錢賓四先生全集》(24),臺北:經聯出版社,1998年,頁142。

是真實話，給人看作不真實。都是淺顯話，給人看作不淺顯。認為
諸祖師故作玄虛，話背後還有更多的秘密意義。這真叫諸祖師一片
婆心無處交代，只有更增了他們的憤激。〔註42〕

機鋒、棒喝都是代替文字或語言來開示學人，看似「玄秘」，其實是最平實、
最淺顯、最真心的表達方式，可是平實、淺顯卻被看作不平實、不顯淺，以
為諸祖師是故弄玄虛，背後還有密語密義未交代，這實在是未能「以心契心」。
這種情況，一直在六祖惠能以後、禪宗傳承中不斷地出現，使平實、淺顯的
「心法」無法宏展，中國思想終於從中國佛學最盛的禪宗，轉向至「宋明理
學」〔註43〕。因此，錢穆先生說：

故我謂唐代中國佛學，早已遠離宗教信仰，越過哲理思辨，而進入
心性修養與自我教育之路徑。他們雖各分宗派，但儘有許多大義互
相通假。他們早已是宋、明儒學之先驅者。後人多說宋學與禪學有
關，其實台、賢兩宗，一樣與宋學有甚深關係。到此，佛學遂確然
成其為中國文化之一要流。〔註44〕

當唐代中國佛學以「心性」為修養及自我教育的依據時，就是「宋明理學」
的先驅者。錢先生指出「宋明理學」不單止受禪宗所影響，亦與天台宗及華
嚴宗的義理有非常深的關係性。印度佛教從外來的文化，變成中國佛教，又
能上承中國傳統文化而下開「宋明理學」，成為中國思想史、文化史及宗教史
不能分割的一部分，實是世代以「心性」傳承的成果。

五、《六祖壇經》四個版本在中國禪宗思想遷變的特殊面貌

在思想研究中，我嘗試以「先立其大」來看中國禪宗思想與中國文化的

〔註42〕見錢穆：〈慧能以下之禪宗〉，《中國思想史》，《錢賓四先生全集》（24），臺北：
經聯出版社，1998 年，頁 160～161。
〔註43〕參閱錢穆：〈慧能以下之禪宗〉，《中國思想史》，《錢賓四先生全集》（24），臺
北：經聯出版社，1998 年，頁 162。錢先生云：「禪宗時期，正是中國佛學的
最盛時期，卻被那輩祖師們都無情地毒罵痛打。打醒了，打出山門，各各還
去本分做人，遂開出此宋代的新儒家。後人卻把宋學歸功到韓愈闢佛，這不
免又是一番糊塗，又是一番冤枉。所以我說禪宗是中國佛教史上一番大革命。
若把西方馬丁路德們的宗教革命來與相比，我們不能不說畢竟是中國禪師們
高明些。」
〔註44〕見錢穆：〈佛教之中國化〉，《中國學術思想史論叢（三）》，《錢賓四先生全集》
（19），臺北：經緯出版社，1998 年，頁 410。

關係，再從版本的分別上看當中的變化。中國禪宗是中國文化的一部分，它與中國文化的共同點，在於「心性之學」，這「心性之學」源遠流長。從中國文化的基底來說，此「心性之學」記存在《尚書‧大禹謨》中，就是「人心惟危，道心惟微，惟精惟一，允執厥中」〔註45〕的十六字心法，它被視為中國文化縱軸的開端，而佛教以一個外來的宗教形態一直被安立在橫軸中開展，直至中國禪宗六祖惠能的突破性思維，才將中國佛教大乘思想完全融合於中國文化中，成為中國文化主流不可分割的一部分。

　　李潤生先生認為禪宗思想有三大特色，第一點，「就是凡夫本身具足一切如來法身功德的體與用」〔註46〕，所有眾生都具有，所以人人成佛的條件是一樣的，能否開悟的關鍵在於「一念」，這裡要證明「心性」存在，與開顯「體用」關係。在於如何打破眾生的迷執，而轉念。在討論佛教的「體用」時，吳明先生認為佛教的基本思想是「緣起性空」，本屬橫攝虛說的「體用」，但到了禪宗六祖惠能讚嘆「自性」的內容及特質時，吳先生則指出這是「開天門、見天光」一奇偉的中國心靈〔註47〕，這就是上通「天人合一」的中國心性之學的。鄧國光先生認為「經過佛法的洗禮，體用的觀念成為銷解一切存有的利器」〔註48〕，並且引述湯用彤先生的見解，指出中國學術的爭論，不離「體用」觀念〔註49〕。因此，各《壇經》版本都有獨特的精神面貌，只能以「體用」關係如何證明「心性」存在來在中國禪宗思想中作一定位及分析。

　　「敦煌本」不分章目，全一卷，當中記錄六祖惠能的生平事蹟並不多，主要是記錄他在大梵寺說法，首說「佛性平等觀」破南北的地域對立、破「和尚」與「獦獠」的身份對立，因為在二邊的對立中，而不能自見佛性本「一」。

〔註45〕 參閱〔唐〕孔穎達：〈大禹謨第三〉，《尚書正義》，上海：上海古籍出版社，2007年，頁132。

〔註46〕 參閱李潤生：〈禪宗與如來藏〉，《佛學論文集（下）》，Ontario，Canada：加拿大安省佛教法相學會，2001年，頁810。

〔註47〕 參閱吳明：〈從佛教體用義之衡定看唐、牟之分判儒佛〉，香港：《新亞學報》第28卷，上編，2010年，頁93及頁109。

〔註48〕 參閱鄧國光：〈「體用」：從佛學判教到經學義理〉，《亞洲禪學研討會論文集》，香港：中國文化研究院，2013年，頁407～416。

〔註49〕 參閱鄧國光：〈「體用」：從佛學判教到經學義理〉，《亞洲禪學研討會論文集》，香港：中國文化研究院，2013年，頁407～416。參閱湯用彤：《漢魏兩晉南北朝佛教史》，上海：上海書店，1991年，頁333。湯氏云：「魏晉以訖南北朝，中華學術異說繁興，爭論雜出，其表面上雖非常複雜，但其所爭論不離體用觀念。」

又立「三無」「無念為宗、無相為體、無住為本」為禪宗的原則，以「頓法」透過禪機以接引學人啟動每人生命中潛藏的智慧，佛家名「般若智」，這是佛教大小乘的「共法」來見性。「敦煌本」中保留了六祖惠能第二首「心偈」及志誠「說了即不是」禪機，這些資料保存著禪宗「心性」所在。這「心性」以「體用」來開展，惠能以「定惠體一第一」指出「定惠」是一體，是「一」而不是「二」，說明「佛性」是「一」，以「般若智」見自性本源清淨，了解「如來藏自性清淨心」的內容。當「定惠」是「一」時為悟的生命現象，在「迷」時，見「定」與「惠」有分別，而說「先定發惠」或是「先惠後定」。在先立「定惠體一」為最前或最先時，之後的學人作任何形式的修行實踐來提高生命境界，都不妨礙「心性」中「體用」的全幅開展，就是「即體即用」。

由於要針對學人的迷執，要懂一套方法來傳承的所謂「頓法」。這「頓法」與「漸法」都是假立的，所以六祖惠能說「法即一種」，禪宗只傳一種直指人心的「心法」，而「迷悟有遲疾」是指學人的迷執各有不同。反而迷人以為說法者說二種「法」，悟者卻了了分明。在世能遇着佛在世，人生一大幸事，但畢竟人受不同的條件所限制，被困於因果串系中而不能自拔。因此，佛法的傳承，要靠門下弟子領會才能開展。在六祖惠能離世前，他囑咐十大弟子以一套思想方法來破眾生迷執，這套思想方法不離佛教核心思想，就是「三科」、「六入」及「十二處」的概念，用來了解生命的構成與及一切法，都是「一切唯識」及主體與客體的關係，又以「三十六對」對法當下破學人的迷執，從外向內轉來明心見性。迷悟關鍵在一念中，所以六祖惠能說「前念」、「念念」及「後念」這一串系的概念，特顯「念念」在「當下」的重要性，強調念是不能斷絕的，「一念絕即從別處往生」；而一念住，即被相所繫，這些相是包括人與事及一切法的相，即是包括有形或無形。「無形」可以說思想或意念。所以這無形不同無相，佛家指「無相」即「一相」，「一相」即「無相」。

總括言之，唐代的「敦煌本」主要是禪宗以「心法」來傳宗，這「宗」以「心性」貫通印度佛教及中國佛教大乘各宗派，亦同時銜接中國文化的「道樞」成為中國禪宗及同時成為中國文化的一部分。在「敦煌本」強調是「心性」的「體用」中的「定惠體一不二」的概念，以「般若智」這活智的動力，推動這中國文化的齒輪一直向前。

到了宋代的「惠昕本」將經文分成上下二卷，再分十一門及重點地增加了「自性」的詮釋及特質，其中增加「無二之性」、「實性」這部分在「敦煌

本」是沒有的，而宋代的「惠昕本」作了補充。還有增加「自性五分法身香」內容，分別為「戒香」、「定香」、「惠香」、「解脫香」及「解脫知見香」〔註50〕，以「香」作一假相來形容「自性」的五個特質。但「惠昕本」就只保存了惠能的第一首心偈，在「體用」上只強調了「體」的「自性」，而「般若智」等部分與「敦煌本」大致相同，只是一些實踐修行的內容及傳承的人物次序有所調動。另外對「念念」概念有不同詮釋，認為「念念相續不斷，是名繫縛」〔註51〕。

「惠昕本」中增加了惠能在法性寺，聽印宗講《涅槃經》及「風旛之辨」的一段。這段在「敦煌本」是無記載的，但在《歷代法寶記》就有記載此「風旛之辨」而知六祖思想已經流傳至河西走廊。換言之，中國禪宗精神在「敦煌本」至「惠昕本」之間從唐至宋代得以延續下去至中國不同的地域及遠至日本。由於此版本在日本大興寺被發現，這與「敦煌本」再被發現時在英國倫敦的情況一樣，使《六祖壇經》似乎被元明「宗寶本」定型的禪宗思想，重新貫注唐宋的禪宗精神。「惠昕本」保存了唐之後《六祖壇經》主要內容，再加上了「自性」部分，但對於「心性」內容，似乎完全貫通於經文上，因此，「惠昕本」成為禪宗思想的守護者。

至於「契嵩本」已佚或暫未發現前，我們研究「契嵩本」時，會選擇在高麗被發現的「德異本」作為文獻依據，因為它是以「契嵩本」作為底本，分成「十品」。由於「契嵩本」的內容豐富，其中增加了不少關於六祖生平、各弟子的機緣對問、各大乘佛教的經典內容如《楞伽經》的「三身四智」內容，這是從「本體至工夫」的一種轉變。「四智」是「依識」而轉「智」，而禪宗本以「念」而轉「智」。雖然唯識都是在講心，但唯識是以妄心為依據，而轉識之後，「智」又分四種與「識」相應。這與「敦煌本」及「惠昕本」只以「般若智」與「佛性」或「自性」直接相應隔了一層。再加上改動了志誠「說了即不是」的禪機，以惠能的禪法勝神秀，加深南北宗對立的局面，這與六祖惠能所說的「佛性無南北」的平等觀出現明顯的矛盾，只因「般若智」無法呈現。按唐君毅先生說，教者與學者皆有般若智，才能出現先覺覺後覺

〔註50〕 參閱王孺童編校：《壇經諸本集成・惠昕本壇經精校》，北京：宗教文化出版社，2014 年，頁 172。

〔註51〕 參閱王孺童編校：《壇經諸本集成・惠昕本壇經精校》，北京：宗教文化出版社，2014 年，頁 169。

的「明心見性」，否則只成為戲論〔註52〕。除了《楞伽經》外，還加上不少關於《涅槃經》的事蹟，如印宗法師講《涅槃經》及請教六祖惠能「不二之法」〔註53〕、與無盡藏尼講解《涅槃經》〔註54〕、惠能開示志道《涅槃經》的「涅槃真樂」〔註55〕、志徹請教《涅槃經》的「常」與「無常」義〔註56〕。

在「契嵩本」中又加上儒家思想如「恩則孝順父母，義則相下相連，讓則尊卑和睦，忍則眾惡無諠」〔註57〕。這樣模糊了禪宗思想，或說是「以儒援佛」，為日後的「宋明理學」作思想過渡的準備。

「宗寶本」《壇經》，它的由來是以「契嵩本」作為底本，為現存的流布本。此經文的內容與「契嵩本」沒有主要性差異，分別只在於編目上的改動，將主要的「般若品」立為第二，使《六祖壇經》以般若智為主的「心性」義理，放回在開始的位置上，使學人進入禪宗「心性之學」時，以「心性」為目標而不失禪宗宗趣。由於「宗寶本」是「流布本」，它完整地保存了中國禪宗六祖惠能所說的第一首「心偈」、「般若」內容、「定惠體一」、「三無」的「無執」實踐論及禪宗「教外別傳」「心法」的教學法，如「三科」及「三十六對」對法等，守護了中國禪宗的主要思想，使禪宗在中國文化的演進中，不致被淹沒及消失，實功不可沒。

在「體用」觀上來研究各版本的《壇經》內容，發現中國禪宗思想遷變分為二途。一是中國大乘佛教的「心性之學」，二是中國禪宗史。從以上分割中，只見唐代的「敦煌本」為「心性之學」與中國文化相通而下通「宋明理學」。宋代的「惠昕本」已經開始偏離禪宗宗趣。至於「契嵩本」是一本「中國禪宗史」，其中的內容包括了六祖惠能生平、十大弟子與六祖的機緣、中國大乘佛教經典如《涅槃經》及《楞伽經》等內容，改編志誠「說了即不是」

〔註52〕參閱唐君毅：《中國哲學原論　原性篇》，臺北：臺灣學生書局，1991 年，頁 300。
〔註53〕參閱王孺童編校：《壇經諸本集成・曹溪本壇經精校》，北京：宗教文化出版社，2014 年，頁 226。
〔註54〕參閱王孺童編校：《壇經諸本集成・曹溪本壇經精校》，北京：宗教文化出版社，2014 年，頁 243。
〔註55〕參閱王孺童編校：《壇經諸本集成・曹溪本壇經精校》，北京：宗教文化出版社，2014 年，頁 250～251。
〔註56〕參閱王孺童編校：《壇經諸本集成・曹溪本壇經精校》，北京：宗教文化出版社，2014 年，頁 257～258。
〔註57〕參閱王孺童編校：《壇經諸本集成・曹溪本壇經精校》，北京：宗教文化出版社，2014 年，頁 235。

禪機加深南頓北漸的分歧，以立南宗為正統，又加入儒家的倫理思想。由於「宗寶本」以「契嵩本」為底本，其中只改動了編目，兩者合併仍是「中國禪宗史」的一途，在此，不作詳論。回想最初的寫下本文的「研究動機」時，曾引述錢穆先生對胡適及鈴木大拙的批評——胡氏不懂禪，而鈴木大拙不懂史〔註58〕。當初只用來提醒自己要注意的要點，最後發覺錢先生或許心中已經有了他對禪宗文獻的定位和結論，只是未作詳細交代而已。

本章小結

「敦煌本」至「宗寶本」《六祖壇經》的中國禪宗思想遷變，可分為二：一是「敦煌本」至「宗寶本」對中國禪宗思想演進的內容及影響，二是「敦煌本」至「宗寶本」的各個版本的特殊性及在中國禪宗思想的定位。前者為可分為「從簡到繁」、「從出世轉入世」、「從無相至有相」及「從唐到宋」的過渡；後者根據每個版本的特殊性，中國禪宗思想的遷變中只能分三途：一為「心性之學」的「敦煌本」；二為守護禪宗的「惠昕本」及「宗寶本」；三為中國禪宗立正統史及會通儒家思想的「契嵩本」。這三途只有「敦煌本」觸及中國文化「道樞」的中心點，以「般若」活智推動軸心向前，站在中國文化的縱軸上，成為中國文化的一部分。至於其他版本則站在橫軸上，使中國禪宗的思想發展，成為有系統的中國禪宗史，並保存在中國文化中的歷史意義。在「體用」觀念上，各版本的《壇經》在中國禪宗思想遷變分為二途：一是中國大乘佛教的「心性之學」，二是中國禪宗史。

中國佛教發展至禪宗時，已經是全盛期，同時亦是頂峰。從中國思想來說，佛教豐富了傳統中國文化的內蘊，而中國傳統文化則使佛教植根至中國土地，開花結果。這果實不止在中國佛教的發展上發揮功能，並且讓中國的儒學在宋代及明代時發揮更大的文化功能。

禪宗的《六祖壇經》本來只是一部佛教內的宗派經典，但在它身上卻出現戲劇性的變化，開始於敦煌的藏經洞在 1900 年被發現後，1907 年 5 月英國探險家斯坦因到藏經洞大量收購洞中的經典及文物，其中包含一本手寫的《六祖壇經》，其後 1922 至 23 年間被日本學者矢吹慶輝在大英博物館發現，學者們開始注意《六祖壇經》，並從它的版本、內容及禪宗史及其相關的資料，進

〔註58〕參閱錢穆：〈評胡適與鈴木大拙討論禪〉，《中國學術思想論叢（四）》，《錢賓四先生全集》（19），臺北：經緯出版社，1998 年，頁 296～297。

行詳細研究，亦與整個敦煌學的文化研究有著息息相關的連繫。可以說，各種版本的《六祖壇經》涉及中國思想史、文化史、佛教史的內容及中國禪宗史的遭變。

中國禪宗史的遭變，從魏晉至隋唐七百年間浩瀚的佛教經典及教義中，經六祖惠能消融大乘佛教精義，而創造出中國禪宗的思想精粹，記載於《六祖壇經》上。從現存最古的「敦煌本」能見六祖惠能思想原貌，亦是最簡淨的版本，其後的「惠昕本」是從日本發現，可見當時中國禪宗的思想不止影響中國本土，亦開始傳播海外。「契嵩本」的原本已經佚失，研究者只能以韓國保留的「德異本」作為底本，而這版本的重要，是可以看到中國佛教由出世轉為入世的思想。但此版本將六祖惠能與志誠「以心印心」的機鋒刪改了，又增添了其他資料，使六祖惠能第一次完整接引學人的學案被遮蔽了。「宗寶本」的內容，基本依「契嵩本」作底本，再加上「轉識成智」的部分，而所有大乘佛教義理及六祖惠能的生平及其各弟子的參問，大致都可以在此版本中找到。中國禪宗史的遭變，在《六祖壇經》各種版本中反映出從簡至繁、從出世轉入世、從無相轉有相的變化過程。中國思想史由禪學交棒至「宋明理學」，完成文化史上的一個任務，並在中國佛教史與禪宗史作了一個圓滿的交代，完成歷史的責任，同時又開拓了另一學術思想研究的領域，顯示了其中的戲劇性和傳奇性。

第九章　總　結

　　本論文分為九章：第一章是「緒論」，中分「研究動機」、「研究範圍」、「研究目的」及「研究方法」四節，作為本文的開端。第二章是「研究回顧與主要參考資料的考察」，分為兩部分：第一部分是回顧過去前人對於相關課題的研究內容及結論，再進展至在第二部分在主要的參考資料上確立研究方向。第三章是「敦煌本」《壇經》的討論，這章以「敦煌本」為基點，以它的主要內容及精神面貌，與各以下的版本作一對比。第四章是「惠昕本」《壇經》的述論，主要找出它的重點內容及思想，並與「敦煌本」比較，找出異同。第五章是「契嵩本」《壇經》的析論，主要了解它是如何構成，再看它的重點內容，與其他版本對比，了解其中的意義所在。第六章是「宗寶本」《壇經》的討論，這章一如前章的考察，再與各版本比較，找出重點作比較考量。第七章是「禪宗」的「法統史」與《六祖壇經》思想遭變的關係探討，是佛教與禪宗的「法統」及「宗脈」的根源性探索，亦是輔助了解禪宗思想的發展脈絡，使本文能有上貫下通的思路，避免桎梏在版本上及前人的研究成果中。第八章是論述「敦煌本」至「宗寶本」《六祖壇經》的中國禪宗思想遭變，內容是比較「敦煌本」至「宗寶本」四版本的異同，並論述它們在中國禪宗思想的發展中的歷史責任及意義。本章屬第九章，是全文的「總結」。

　　心法傳承是無跡可尋的，傳承方式在於口傳心印，提升生命境界從「迷」到「悟」而已，不同於每個人的思想反映在他們的言行中而被記錄下來。《六祖壇經》經歷了多次的改動，其中已經不只是六祖惠能的思想，而是禪宗集大成的歷史記錄。由於每個版本的出現，都按照每代禪宗的發展所需來改動。

假設在時空中，有一縱軸與橫軸，這一縱軸為中國文化的道統中從上而下垂直延伸，而橫軸則為某時某地存在的事物發展，而其中心點即為「道樞」，這「道樞」正是印度佛教能以禪宗轉為中國化的關鍵所在，並預設在「道樞」上向外伸延。本文以四個不同版本的《六祖壇經》為考察基礎，並嘗試藉此探究中國禪宗的遭變。因此，本文確立「敦煌本」《六祖壇經》記載了六祖惠能思想原貌後，其餘版本則為禪宗思想發展的遭變，這部分思想的發展如樹幹與樹枝的連繫性，是不可分離的，但限制於研究範圍及所涉及整個禪宗史的複雜性，未能在本文作詳述。在有限制的條件下，只能以「心性」與「體用」來分判存在於各版的六祖惠能思想的「同」與「不同」來切合《壇經》所說的頓法為主旨。這樣分判，可以分開了解六祖惠能的頓法及各代禪師對禪宗的貢獻，同時也可了解不同版本形成的原因所在，在互相承傳及互補不足。從眾多前賢及學者的研究成果中，本文嘗試以中國文化的道統的「心性之學」與禪宗及六祖惠能思想緊扣，使各個現存的《六祖壇經》在中國禪宗思想遭變，各安其位，各具不同的歷史意義。

本文是以「體用」關係入路，以中國文化核心「心性之學」為縱軸，以各版本的《壇經》為橫軸，考察各版本與中國文化核心的關係，從而了解印度佛教傳來的「禪」如何能成為中國禪宗，並成為中國文化的一部分。中國禪宗定位以《六祖壇經》作文獻依據，以六祖惠能的思想為重心。本文在以「敦煌本」、「惠昕本」、「契嵩本」、「宗寶本」這四本版本的《六祖壇經》作為思想的進路，認為這亦是中國禪宗思想遭變的過程。其中選定「敦煌本」作為基點及開端，以此作為對比研究的文獻。原因在於「敦煌本」為現存最古的《壇經》版本，文字質樸簡約，其中保留了六祖惠能思想原貌，亦是其中的最簡本。

在「敦煌本」《壇經》的討論中，先說明「敦煌本」的由來，再在「敦煌寫本」譜系中，找出大英國博物館所發現、譜系中最接近思想源頭的「敦煌本」，作為本文的文獻基點。在這一章，既略述六祖惠能生平，又詳述惠能的思想重點，分別為「佛性無南北」平等觀，「惠能兩首心偈」體用說，「定惠體一」相即圓融的心性說，「三無」的「無執」實踐論，「有情有佛種」論及「直指人心」的「禪機」。當中引述不同學者如錢穆先生、胡適對六祖惠能的不同評價；潘重規先生對「敦煌本」的看法；陳寅恪、李潤生先生、霍韜晦等對「敦煌本」中的「心偈」研究心得。又以梁啟超對「唐以後殆無佛學」

的原因作一思考點；並在「體用」關係與「心性之學」融通的思考等為本章重點，亦為全文研究範圍的開端。

在「惠昕本」《壇經》的述論中，說明「惠昕本」改編《壇經》的原因，列出此版本的內容與「敦煌本」的主要差異，如保存了惠能的一首「心偈」，增加「自性」與「自性五分法身香」的詮釋與本質，對「念念」概念的不同詮釋，改動經文及傳承人物的次序等。

在「契嵩本」《壇經》的析論中，主要在說明「契嵩本」的由來，其中引述了四說指出「契嵩本」的複雜性，超越了其他版本，並且開拓了另一領域的禪宗文化。這四說指「契嵩本」的對勘內容，包括胡適認為是以〈曹溪大師別傳〉作對勘，哈磊指以禪宗《祖堂集》、《燈錄》等作對勘，張培峰判斷以道家、道教陳琡所編《壇經》作對勘，白光則認為是以「實現三教融合」作對勘。又以「契嵩本」與「敦煌本」及「惠昕本」《壇經》主要差異作對比，指出「契嵩本」有增加六祖惠能生平事蹟，又有與弟子講《楞伽經》「轉識成智」、《大涅槃經》「一闡提皆有佛性」等義理。另外「契嵩本」改動六祖惠能與志誠──「說了即不是」禪機，目的確立南宗正統地位，又使禪宗的「法統史」建立主流的正統史，「以儒援佛」增加儒家倫理思想。「契嵩本」的思想比其他版本較為複雜，可見它的特殊性及歷史意義。

在「宗寶本」《壇經》的論說中，指出它的由來是以「契嵩本」作為底本，為現存的流布本。此經文的內容與「契嵩本」沒有主要性差異，分別只在於編目上的改動，將主要的「般若品」立為第二，使《六祖壇經》以般若智為主的「心性」義理，放回在開始的位置上，使學人進入禪宗「心性之學」時，以「心性」為目標而不失禪宗宗趣。由於「宗寶本」是「流布本」，它完整地保存了中國禪宗六祖惠能所說的第一首「心偈」、「般若」內容、「定惠體一」、「三無」的「無執」實踐論及禪宗「教外別傳」「心法」的教學法，如「三科」及「三十六對」對法之外，其中守護了中國禪宗的主要自性論、頓漸思想，使禪宗在中國文化的演進中，不致被淹沒及消失，實在功不可沒。

在《六祖壇經》的「法統史」與「禪宗」思想遞變的關係中，主要以「敦煌本」、「惠昕本」及「宗寶本」上所記載的「法統史」為重心，又以陳寅恪遺留的一個課題作開展。陳氏論述「禪宗」與「三論宗」在「法統史」上的關係，又從《續高僧傳》見二宗人物關係及「頓悟說」與「一闡提皆有佛性」見二宗佛理會通關係。這些討論，不僅是回應胡適對禪宗史研究的見解，最

重要是以佛教內部根源性的「法統史」內證「禪宗」「法統史」的可靠性而不被其他文獻所動搖。關於陳氏之說，本文只引伸「法統史」的部分及禪宗發展趨向與本文內容相關的部分，其他內容有待日後才作進一步討論。

在「敦煌本」至「宗寶本」中國禪宗思想遞變的考察及論述中，發覺各版本的思想具個別獨特的精神面貌。直接地說，以中國禪宗、六祖思想、心性之學、體用四個條件來套在這四個版本上，只有「敦煌本」全備，其他三個版本，要加上其他的條件如以儒援佛、法統史等來考察，才能定位。不過，這並未代表這三個版本不是中國禪宗，而是在中國禪宗思想遞變的過程中，各版本的分工不同，前者為創始人，後者為守護者，各盡其職。因此，中國禪宗思想的遞變，只能分三途，一為「心性之學」的「敦煌本」；二為守護禪宗的「惠昕本」及「宗寶本」；三為中國禪宗立正統史及會通儒家思想的「契嵩本」。這三途只有「敦煌本」觸及中國文化「道樞」的中心點，以「般若」活智推動軸心向前，站在中國文化的縱軸上，成為中國文化的一部分。至於其他版本則站在橫軸上，使中國禪宗的思想發展，成為有系統的中國禪宗史，並保存在中國文化中的歷史意義。

本論文最後把四個版本《六祖壇經》安立在中國禪宗思想遞變及在中國歷史與文化中，給它們的貢獻作一肯定及定位。在眾多的參考資料中，毀譽參半、似是而非的見解紛紜雜亂，往往影響判斷。個人思路經過多次調整，先後亦曾出現不同的判斷，最終以中國文化核心的「心性之學」定位，以「體用」關係作為判斷的工具，為本論文作出最後結論。由於個人能力和探研時間所限，當中的不足和缺失，實無可避免。懇請師長、前輩讀者，不吝指正。

參考資料

（「專書」以下各類，按編著者姓名筆劃序）

一、古籍

（一）《大正新修大藏經》（簡稱大正藏），日本大正一切經刊行會，1922～1934 年。

1. 《大般若波羅蜜多經》，T05，No.220。
2. 《金剛般若波羅蜜經》，T08，No.235。
3. 《般若波羅蜜多心經》，T08，No.251。
4. 《妙法蓮花經》，T09，No.262。
5. 《勝鬘師子吼一乘大方便方廣經》，T12，No.353。
6. 《大般涅槃經》，T12，No.374。
7. 《維摩詰所說經》，T14，No.415。
8. 《不增不減經》，T16，No.668。
9. 《楞伽經》，T16，No.672。
10. 《究竟一乘寶性論》，T31，No.1611。
11. 《維摩經玄疏》，《大正藏》T38，No.1777。
12. 《佛果圜悟禪師碧巖錄卷第一》，T48，No.2003。
13. 《南宗頓教最上大乘摩訶般若波羅蜜經六祖惠能大師於韶州大梵寺施法壇經》一卷，兼受無相戒弘法弟子法海集記，T48，No.2007。
14. 《六祖大師法寶壇經》，T48，No.2008。
15. 《宗鏡錄》，T48，No. 2016。
16. 《歷代法寶記》，T51，No.2075。
17. 《景德傳燈錄》，T51，No. 2076。
18. 《鐔津文集》，T52，No. 2115。
19. 《楞伽師資記》，T85，No. 2837。

（二）《卍新纂大日本續藏經》東京：株式會社國書刊行會，1975～1989 年。

1. 《圓覺經大疏釋義鈔》，《卍續藏》（Ｘ），第 9 冊，No.0245。
2. 《中華傳心地禪門師資承襲圖》，《卍續藏》（Ｘ），第 1 卷，第 63 冊 No.1225。
3. 《五燈會元》，《卍續藏》（Ｘ），第 80 冊，No.1565。
4. 《曹溪大師別傳》，《卍續藏》（Ｘ），第 1 卷，第 86 冊，No.1598。

（三）禪宗古籍

1. 呂有祥校：《大慧書》，鄭州：中州古籍出版社，2001 年。
2. 邢東風校：《馬祖語錄》，鄭州：中州古籍出版社，2001 年。
3. 胡適編：《神會和尚遺集》，上海：亞東書館，1930 年。
4. 胡適：《神會和尚遺集／胡適校敦煌唐寫本》，臺北：胡適紀念館，1970 年。
5. 孫昌武、〔日〕衣川賢次、〔日〕西日芳男點校：《祖堂集》，北京：中華書局，2008 年。
6. 張子開校：《趙州錄》，鄭州：中州古籍出版社，2001 年。
7. 張華校：《祖堂集》，鄭州：中州古籍出版社，2001 年。
8. 藍吉富主編：《禪宗全書》，臺北：臺灣文殊出版社，1988 年。
9. 蘇軍校：《禪苑清規》，鄭州：中州古籍出版社，2001 年。
10. 蘇淵雷點校：《五燈會元》（全三冊），北京：中華書局，1984 年。

（四）其他古籍

1. 〔唐〕王維撰，陳鐵民校注《王維集校注·能禪師碑并序》，第三冊，北京：中華書局，1997。
2. 〔宋〕朱熹：《朱子語類》，北京：中華書局，1994 年。
3. 〔唐〕孔穎達：《尚書正義》，上海：上海古籍出版社，2007 年。
4. 〔唐〕孔穎達疏；〔魏〕王弼、〔晉〕韓康注；余培德點校，《周易正義》（下），北京：九州出版社，2004 年。
5. 〔宋〕蘇軾：《東坡志林》，青島：青島出版社，2002 年。

二、專書

（一）《六祖壇經》校釋及研究

1. 王孺童編校：《壇經諸本集成》，北京：宗教文化出版社，2014。
2. 白光：《壇經版本譜系及其思想流變研究》，北京：宗教文化出版社，2013 年。
3. 李申合校、方廣錩簡注：《敦煌壇經合校簡注》，太原：山西古籍出版社，1999 年。

4. 李富華：《惠能與壇經》，珠海：珠海出版社，1999 年。

5. 法海錄；丁福保箋註：《六祖壇經箋註》，臺北：文津出版社，1993 年。

6. 林光明、蔡坤昌、林怡馨：《敦博本六祖壇經及英譯》，臺北：嘉豐出版社，2004 年。

7. 果濱：《敦博本與宗寶本《六祖壇經》比對暨研究》，臺北：萬卷樓出版社，2018 年。

8. 周紹良：《敦煌寫本壇經原本》，北京：文物出版社，1997 年。

9. 郭朋：《壇經對勘》，濟南：齊魯書社，1981 年。

10. 郭朋：《壇經校釋》，北京：中華書局，1983 年。

11. 郭朋：《壇經導讀》，成都：巴蜀書社，1987 年。

12. 張曼濤主編：《現代佛教學術叢刊》第 1 冊《六祖壇經研究論集》（禪學專集之一），臺北：大乘文化出版社，1976 年。

13. 張火慶：《六祖壇經》（導讀），臺北：金楓出版社，1987 年。

14. 許鶴齡：《六祖壇經導讀》，宜蘭：佛光人文社會學院，2003 年。

15. 黃連忠：《敦博本六祖壇經校釋》，臺北：萬卷樓圖書有限公司，2006 年。

16. 楊曾文：《敦煌新本六祖壇經》，上海：上海古籍出版社，1993 年。

17. 楊曾文：《新版敦煌新本六祖壇經》，北京：宗教文化出版社，2001 年。

18. 演培：《六祖壇經講記》，臺北：財團法人佛陀教育基金會，2005 年。

19. 楊惠南：《六祖壇經：佛學的革命》，臺北：時報文化出版公司，1996 年。

20. 鄭文寬、榮新江：《敦博本禪籍錄校》，南京：江蘇古籍出版社，1998 年。

21. 潘重規：《敦煌壇經新書及附冊》，臺北：財團法人佛陀教育基金會，2005 年。

22. 霍韜晦講（袁尚華記錄）：《六祖壇經》香港：法住出版社，2003 年。

23. 釋印順：《精校燉煌本壇經》，（收錄於《華雨集（一）》），頁 407～490，臺北：正聞出版社，1993 年。

24. 釋明生主編：《六祖壇經研究集成》，北京：金城出版社，2012 年。

25. 釋明生主編：《六祖慧能與《壇經》論著目錄集成，2014 年。

26. 藍吉富編：《禪宗全書》之《六祖壇經諸本集成》（上及下冊）（第 37 及 38），北京：北京圖書館出版社，2004 年。

（二）禪宗思想

1. 《六祖慧能思想研究：「慧能與嶺南文化」國際學術研討會論文集》廣州：學術研究雜志社 1997 年。

2. 〔日〕土屋太祐：《北宋禪宗思想及其淵源》，成都：巴蜀書社，2008 年。

3. 方立天：《禪宗概要》，北京：中華書局，2011 年。

4. 正果法師：《禪宗大意》，哈爾濱：黑龍江教育出版社，1988 年。

5. 冉雲華：《宗密》，臺北：東大圖書股份有限公司，1988 年。

6. 冉雲華：《中國禪學研究論集》，臺北：東初出版社，1990 年。

7. 邢東風:《禪悟之道──南宗禪學研究》,北京:中國人民大學出版社,1992 年。

8. 任繼愈主編:《中國佛教叢書·禪宗編》,南京:江蘇古籍出版社,1993 年。

9. 《佛光山國際禪學會議實錄》,高雄:佛光出版社,1990 年。

10. 吳立民主編:《禪宗宗派源流》,北京:中國社會科學出版社,1998 年。

11. 吳汝鈞:《游戲三昧:禪的實踐與終極關懷》,臺北:臺灣學生書局,1993 年。

12. 吳汝鈞:《禪的存在體驗與對話詮釋》,臺北:臺灣學生書局,2010 年。

13. 吳言生:《禪學思想淵源》,北京:中華書局,2001 年。

14. 吳怡:《禪與老莊》,臺北:三民書局,1970 年。

15. 邱高興校:《禪源諸詮集都序》,鄭州:中州古籍出版社,2001 年。

16. 杜松柏:《知止齋禪學論文集》,臺北:文史哲出版社,1994 年。

17. 季羨林:《禪與文化》,北京:中國言實出版社,2006 年。

18. 李開濟:《禪宗的思想變革》,臺北:文津出版社,2007 年。

19. 何國銓:《中國禪學思想研究:宗密禪教一致理論與判攝問題之探討》,臺北:文津出版社,1987 年。

20. 周裕鍇:《禪宗語言》,杭州:浙江人民出版社,1999 年。

21. 屈大成:《中國禪入門》,香港:香港城市大學文化中心,2013 年。

22. 姜伯勤:《石濂大汕與澳門禪史》上海:學林書局,1999 年。

23. 洪修平、吳永和:《禪學與玄學》,杭州:浙江人民出版社,1992 年。

24. 洪修平、孫亦平:《如來禪》,杭州:浙江人民出版社,1997 年。

25. 洪修平、孫亦平:《惠能評傳》,南京:南京大學,1998 年。

26. 胡順萍:《永明延壽「一心」思想的內涵要義與理論建構》,臺北:萬卷樓圖書事業股份有限公司,2004 年。

27. 胡適:《禪學指歸》,西安:陝西師範大學出版社,2008 年。

28. 胡適:《胡適卷》,武漢:武漢大學出版社,2008 年。

29. 〔日〕柳田聖山編:《胡適禪學案》,臺北:臺灣正中書局,1975 年。

30. 高柏圓:《禪學與中國佛學》,臺北:里仁書局,2001 年。

31. 夏清霞:《憨山大師佛學思想研究》,上海:學林出版社,2007 年。

32. 麻天祥:《禪宗文化大學講稿》,北京:中國人民大學出版社,2007 年。

33. 陳沛然:《禪到橋頭自然直》,香港:經要文化出版有限公司,2005 年。

34. 陳沛然:《刁禪:破解刁鑽禪公案》,香港:經要文化出版有限公司,2006 年。

35. 張曼濤主編:《現代佛教學術叢刊》第 2 冊《禪學論文集》(禪學專集之二),臺北:大乘文化出版社,1976 年。

36. 張曼濤主編:《現代佛教學術叢刊》第 3 冊《禪學論文集(第二冊)》(禪學專集之三),臺北:大乘文化出版社,1977 年。

37. 張曼濤主編：《現代佛教學術叢刊》第 4 冊《禪學史實考辨》（禪學專集之四），臺北：大乘文化出版社，1977 年。

38. 張曼濤主編：《現代佛教學術叢刊》第 12 冊《禪宗典籍研究》（禪學專集之五），臺北：大乘文化出版社，1977 年。

39. 張曼濤主編：《現代佛教學術叢刊》第 52 冊《禪宗思想與歷史》（禪學專集之六），臺北：大乘文化出版社，1978 年。

40. 張國一：《唐代禪宗心性思想》，臺北：法鼓文化股份實業有限公司，2004 年。

41. 梁瑞明：《華嚴禪哲學導述》——宗密《禪門師資承襲圖》《圓覺疏鈔》「第八、修證門」《禪源諸詮集序》《原人論》譯釋，香港：志蓮淨苑，2018 年。

42. 黃連忠：《宗密的禪學思想》，臺北：新文豐出版有限公司，1995 年。

43. 黃連忠：《禪宗公案體相用思想之研究》，臺北：臺灣學生書局，2002 年。

44. 傅偉勳：《從西方哲學到禪佛教：哲學與宗教一集》，臺北：東大圖書股份有限公司，1986 年。

45. 葛兆光：《禪宗與中國文化》，上海：上海人民出版社，1986 年。

46. 楊曾文：《神會和尚禪話錄》，北京：中華書局，1996 年。

47. 賈晉華：《古典禪研究》，香港：牛津大學出版社，2007 年。

48. 楊惠南：《禪史與禪思》，臺北：東大圖書股份有限公司，1995 年。

49. 董群：《祖師禪》，杭州：浙江人民出版社，1997 年。

50. 董群：《融合的佛教——圭峰宗密的佛學思想研究》，北京：宗教文化出版社，2000 年。

51. 董群：《禪宗倫理》，杭州：浙江人民出版社，2000 年。

52. 董群：《慧能與中國文化》，貴陽：貴州人民出版社，2001 年。

53. 董群：《禪與創新》，臺北：東大圖書股份有限公司，2007 年。

54. 董群：《佛教倫理與中國禪學》，北京：宗教文化出版社，2007 年。

55. 蒙文通：《古學甄微‧中國禪學考》，成都：巴蜀書社，1987 年

56. 趙偉：《心海禪舟：宋明心學與禪學研究》，北京：人民出版社，2008 年。

57. 趙琪：《心學與禪學》，西安：陝西人民出版社，2001 年。

58. 魏道儒：《宋代禪宗文化》，鄭州：中州古籍出版社，1993 年。

59. 蕭萐父、呂有祥：《古尊宿語錄》（上、下），北京：中華書局，1994 年。

60. 顧偉康：《禪宗：文化交融與歷史選擇》，上海：知識出版社，1990 年。

61. 龔雋、陳繼東：《中國禪學研究入門》，上海：復旦大學出版社，2009 年。

（三）禪學發展史

1. 印順：《中國禪宗史》，臺北：正聞出版社，1994 年。

2. 印順：《中國禪宗史》，南昌：江西人民出版社，1999 年。

3. 江燦騰：《胡適禪宗研究的爭辯與發展》，《臺灣佛教百年史之研究》，臺

北：南天書局有限公司，1996 年。

4. 杜繼文、魏道儒：《中國禪宗通史》，南京：江蘇人民出版社，2007 年。

5. 洪修平：《中國禪學思想史綱》，南京：南京大學出版社，1994 年。

6. 洪修平：《禪宗思想的形成與發展》（修訂本），南京：江蘇古籍出版社，2000 年。

7. 洪修平：《中國禪學思想史》（修訂本），北京：中國人民大學出版社，2007 年。

8. 徐文明：《中土前期禪學思想史》，北京：北京師範大學出版社，2004 年。

9. 麻天祥：《中國禪宗思想發展史》，長沙：湖南教育出版社，1997 年。

10. 麻天祥：《中國禪宗思想史略》，北京：中國人民大學出版社，2007 年。

11. 葛兆光：《中國禪思想史──從六世紀到九世紀》，北京：北京大學出版社，1995 年。

12. 葛兆光：《增訂中國禪思想史──從六世紀到十世紀》，上海：上海古籍出版社，2008 年。

13. 楊曾文：《唐五代禪宗史》，北京：中國社會科學出版社，1999 年。

14. 楊曾文：《宋元禪宗史》，北京：中國社科學出版社，2006 年。

15. 劉果宗：《禪宗思想史概說》，臺北：文津出版社，2001 年。

16. 蔡日新：《中國禪宗的形成》，臺北：雲龍出版社，2000 年。

17. 潘桂明：《中國禪思想歷程》，北京：今日中國出版社，1992 年。

18. 龔雋：《禪學發微──以問題為中心的禪思想史研究》，臺北：新文豐出版公司，2002 年。

19. 龔雋：《禪史鈎沈──以問題為中心的思想史論述》，北京：生活‧讀書‧新知三聯書店，2006 年。

20. 龔雋：《中國近現代禪學史研究》，收入《中國禪學研究入門》，上海：復旦大學出版社，2009 年。

（四）佛教研究（禪宗以外）

1. 太虛：《佛學入門》，杭州：浙江古籍出版社，2004 年。

2. 方立天：《佛教哲學》（增訂本），北京：中國人民大學出版社，1991 年。

3. 方東美：《中國大乘佛學》，臺北：黎明文化事業公司，1984 年。

4. 方廣錩輯校：《敦煌佛教經錄輯校》（上、下），南京：江蘇古籍出版社，1997 年。

5. 印順：《如來藏之研究》，台北；正聞出版社，1981 年。

6. 石峻、樓宇烈、方立天整理：《中佛教思想資料選編》，北京：中華書局，1981～1992 年。

7. 冉雲華：《中國佛教文化研究論集》，臺北：東初出版社，1990 年。

8. 冉雲華：《從印度佛教到中國佛教》，臺北：東大圖書股份有限公司，1995 年。

9. 牟宗三：《佛性與般若》上及下冊，臺北：臺灣學生書局，2004 年。

10. 呂澂：《佛學論著選集》，濟南：齊魯書社，1991 年。

11. 吳汝鈞：《中國佛學的現代詮釋》，臺北：文津出版社，1995 年。

12. 李潤生導讀；談錫永主編：《唯識三十頌導讀》，臺北：全佛文化，1999 年。

13. 李潤生：《佛學論文集》（上）及（下），Ontario, Canada：加拿大安省佛教法相學會，2001 年。

14. 李潤生：《中論析義》，北京：中國書店，2007 年。

15. 呂澂：《中國佛學源流略講》，北京：中華書局，1979 年。

16. 呂澂：《印度佛學源流略講》，北京：中華書局，1979 年。

17. 屈大成：大乘《大般涅槃經》研究，臺北：文津出版社，1994 年。

18. 屈大成：《中國佛教思想中頓漸觀念》，臺北：文津出版社，2000 年。

19. 屈大成、談錫永：《大般涅槃經導讀》，北京：中國書店，2007 年。

20. 蔣義斌：《宋儒與佛教》，臺北：東大圖書股份有限公司，1997 年。

21. 郭朋：《隋唐佛教》，濟南：齊魯書社，1980 年。

22. 郭朋：《宋元佛教》，福州：福建人出版社，1981 年。

23. 郭朋：《漢魏兩晉南北朝佛教》，濟南：齊魯書社，1986 年。

24. 麻天祥主編：《歐陽竟無佛學文選》，武昌：武漢大學出版社，2009 年。

25. 陳沛然：《竺道生》，臺北：東大圖書股份有限公司，1988 年。

26. 陳沛然：《佛家哲理通析》，臺北：東大圖書股份有限公司，1999 年。

27. 陳垣：《清初僧諍記》（1941 年刊於《輔仁學誌》第九卷第二期），北京：中華書局，1962 年。

28. 陳桓：《中國佛教史籍概論》，北京：中華書局，1962 年。

29. 陳雷：《契嵩佛學思想研究》，北京：宗教文化出版社，2008 年。

30. 張曼濤主編：《現代佛教學術叢刊》第 47 冊《三論宗之發展及其思想》（三論宗專集之一），臺北：大乘文化出版社，1978 年。

31. 張曼濤主編：《現代佛教學術叢刊》第 48 冊《三論典籍研究》（三論宗專集之二），臺北：大乘文化出版社，1979 年。

32. 湯用彤：《隋唐佛教史稿》，臺北：彌勒出版社，1984 年。

33. 湯用彤：《漢魏兩晉南北朝佛教史》，上海：上海書店，1991 年。

34. 黃夏年主編：《太虛集》，北京：中國社會科學出版社，1995 年。

35. 黃夏年主編：《呂澂集》，北京：中國社會科學出版社，1995 年。

36. 黃啟江：《北宋佛教史論稿》，臺北：臺灣商務印書館，1997 年。

37. 賴永海：《中國佛性論》，上海：上海人民出版社，1988 年。

38. 賴永海：《佛學與儒學》，杭州：浙江人民出版社，1992 年。

39. 藍吉富主編：《大正大藏經解題》（下），臺北：華宇出版社，1984 年。

40. 羅香林：《唐代文化史研究》，上海：商務印書館，1946 年。

（五）學術思想

1. 唐仲容主編：《王恩洋先生論著集》，成都：四川人民出版社，2002 年。
2. 孫正聿：《哲學觀研究》，長春：吉林出版社，2007 年。
3. 梁啟超：《梁啟超全集·翻譯文學與佛典》第十三卷，北京：北京出版社，1999 年。
4. 傅偉勳：《「文化中國」與「中國文化」：哲學與宗教三集》，臺北：東大圖書股份有限公司，1988 年。
5. 傅偉勳：《「從創造的詮釋學到大乘佛學：哲學與宗教四集」》，臺北：東大圖書股份有限公司，1990 年。
6. 傅偉勳：《「佛教思想的現代探索：哲學與宗教五集》，臺北：東大圖書股份有限公司，1995 年。
7. 熊琬：《宋代理學與佛學之探討》，臺北：文津出版社，1985 年。
8. 羅時憲：《學術論文集》，《羅時憲全集》第 11 卷，香港：佛教志蓮圖書館：羅時憲弘法基金有限公司，1998 年。

（六）其他

1. 向子平、沈詩醒編《太虛文選》（全二冊）上海：上海古籍出版社，2007 年。
2. 田浩編：《文化與歷史的追索：余英時教授八秩壽慶論文集》，臺北：聯經出版，2009 年。
3. 牟宗三：《心體與性體》第一冊，臺北：正中書局，1968 年。
4. 牟宗三：《中國哲學十九講》，臺北：臺灣學生書局，1997 年。
5. 牟宗三講（盧雪昆錄音整理）：《四因說演講錄》，上海：上海古籍出版社，1998 年。
6. 余英時：《宋明理學與政治文化》，臺北：允晨文化，2004 年。
7. 余英時：《余英時文集第 12 卷·國學與中國人文》，桂林：廣西師範大學出版社，2014 年。
8. 季羨林、周一良、鄧廣銘等編：《紀念陳寅恪先生誕辰百年學術論文集》，北京：北京大學中古史研究中心編，1989 年。
9. 金景芳：《周易·繫辭傳》新編詳解，瀋陽：遼海出版社，1998 年。
10. 唐德剛譯：《胡適口述自傳》，北京：華文出版社，1992 年。
11. 張曼濤主編：《現代佛教學術叢刊目錄·索引——暨作者簡介》，臺北：大乘文化出版社，1980 年。
12. 康俊書：《笠翁對韵》，成都：天地出版社，2004 年。
13. 唐君毅：《中國哲學原論 原性篇》臺北：臺灣學生書局，1991 年。
14. 唐君毅：《中國哲學原論 原道篇（三）》臺北：臺灣學生書局，1991 年。
15. 陳寅恪：《陳寅恪集·講義及雜稿》，北京：生活·讀書·新知三聯書店，2002 年。

16. 陳寅恪：《陳寅恪集・金明館叢稿初編》，北京：生活・讀書・新知三聯書店，2009 年。

17. 陳寅恪：《陳寅恪集・金明館叢稿二編》，北京：生活・讀書・新知三聯書店，2009 年。

18. 熊十力：《體用論》，臺北：臺灣學生書局，1983 年。

19. 蒙培元：《中國心性論》，臺北：臺灣學生書局，1990 年。

20. 錢穆：《中華文化十二講》，臺北：東大圖書股份有限公司，1985 年。

21. 錢穆：《民族與文化》，臺北：東大圖書股份有限公司，1989 年。

三、宗教史／學術思想史

1. 江燦騰：《臺灣佛教百年史之研究 1895～1995》，臺北：南天書局有限公司，1996 年。

2. 向達：《唐代長安與西域文明》，石家莊：河北教育出版社，2001 年。

3. 香港中文大學歷史系編，《貫古通今　融東會西：扎根史學五十年》，香港：三聯書店，2016 年。

4. 張世保：《西化思潮的源流與評價》，上海：華東師範大學出版社，2005 年。

5. 許紀霖主編：《二十世紀中國思想史論》，上海：東方出版中心，2006 年。

6. 馮友蘭：《中國哲學史》，上海：華東師範大學出版社，2000 年。

7. 陳垣：《陳垣史學論著選》上海：上海人民出版社，1981 年。

8. 陳垣：《敦煌劫餘錄》，臺北：中央研究院歷史語言研究所，1991 年。

9. 黃啟江：《北宋佛教史論稿》，臺北：臺灣商務印書館，1997 年。

10. 錢穆：《莊老通辨》，《錢賓四先生全集》（7），臺北：經聯出版社，1998 年。

11. 錢穆：《中國學術思想史論叢（三）》，《錢賓四先生全集》（19），臺北：經聯出版社，1998 年。

12. 錢穆：《中國學術思想史論叢（四）》，《錢賓四先生全集》（19），臺北：經聯出版社，1998 年。

13. 錢穆：《中國思想史》，《錢賓四先生全集》（24），臺北：經聯出版社，1998 年。

14. 錢穆：《國史大綱》，《錢賓四先生全集》（27）（28），臺北：經聯出版社，1998 年。

15. 錢穆：《中國文化史導論》（修訂本），臺北：臺灣商務印書館，2010 年。

四、學位論文

1. 仇明春：〈《壇經》中所見的《大乘起信論》思想略辯〉（碩士論文），長春：吉林大學，2007 年。

2. 王智勇：〈《金剛經》與《壇經》思想體系的形成〉（碩士論文），蘇州：蘇州大學，2009 年。

3. 王慧儀：〈敦煌本《六祖壇經》心性思想研究〉（碩士論文），香港：新亞研究所，2009 年。

4. 王震：〈敦煌本《壇經》為「傳宗簡本」考〉（碩士論文），蘭州：蘭州大學，2015 年。

5. 王學斌：〈《壇經》思想研究〉（碩士論文），上海：華東師範大學，2009 年。

6. 呂子德：〈禪宗語言觀之研究〉（博士論文），香港：香港中文大學，1992 年。

7. 李璐：〈論漢語世界思想史視域下的百年禪宗研究〉（博士論文），南京：南京大學，2013 年。

8. 周成翰：〈《六祖壇經》宗寶本之禪思想研究〉（碩士論文），新竹：玄奘大學，2009 年。

9. 林綉玉：〈星雲大師的人間佛教思想──以《六祖壇經講話》為核心〉（碩士論文），屏東：國立屏東大學，2016 年。

10. 胡順萍：〈《六祖壇經》思想之承傳與影響〉（碩士論文），臺北：國立臺灣師範大學，1988 年。

11. 胡書銘：〈星雲大師《六祖壇經講話》內涵探析〉（碩士論文），嘉義：南華大學，2017 年。

12. 許兆理：〈惠能的思想及其淵源與歷史背景〉（碩士論文），香港：香港中文學，1968 年。

13. 陳明聖：〈敦博本《六祖壇經》的禪學思想研究〉（碩士論文），嘉義：南華大學，2004 年。

14. 陳禹彤：〈《六祖壇經》版本及其演變之研究〉（碩士論文），新北：華梵大學，2016 年。

15. 張紅立：〈《六祖壇經》版本及得法偈辨析〉（碩士論文），長春：東北師範大學，2011 年。

16. 趙永華：〈《金剛經》與禪宗思想影響的研究〉（碩士論文），昆明：雲南師範大學，2013 年。

17. 鄧兆生：〈《六祖大師法寶壇經》中維摩思想要素之研究〉（碩士論文），香港：新亞研究所，2008 年。

18. 羅二紅：〈旅順博物館藏敦煌寫本《壇經》研究〉（碩士論文），昆明：雲南師範大學，2016 年。

19. 羅中成：〈六祖壇經如來藏之研究〉（碩士論文），新竹：玄奘大學，2014 年。

五、學術期刊論文

（一）《六祖壇經》研究

1. 丁小平：〈《壇經》中的淨土思想〉，成都：《社會科學研究》，2012 年第 2 期，頁 155～159。

2. 王子宜：〈《六祖壇經》的「機鋒」研究〉，石家莊：《社會科學論壇》，2008 年 6 月，頁 134～138。

3. 方廣錩：〈敦煌本《壇經》錄校三題〉，《藏外佛教文獻》第 10 輯，北京：中國人民大學出版社，2008 年，頁 435～458。

4. 方廣錩：〈敦煌本《壇經》校釋疏義〉（首章及第 2 章），《藏外佛教文獻》第 10 輯至 12 及 16 輯，北京：中國人民大學出版社，2008 年，頁 345～432。

5. 方廣錩：〈敦煌本《壇經》校釋疏義〉（第 3 章及第 5 章），《藏外佛教文獻》第 11 輯，北京：中國人民大學出版社，2008 年，頁 325～386。

6. 方廣錩：〈敦煌本《壇經》校釋疏義〉（第 6 章至第 8 章），《藏外佛教文獻》第 12 輯，北京：中國人民大學出版社，2008 年，頁 376～433。

7. 方廣錩：〈敦煌本《壇經》校釋疏義〉（第 9 章及第 12 章），《藏外佛教文獻》第 16 輯，北京：中國人民大學出版社，2011 年，頁 383～436。

8. 方廣錩：〈敦煌本《壇經》首章校釋疏義〉，《中國禪學》，2002 年，北京：中華書局，頁 98～114。

9. 王聲憶：〈神秀慧能呈心偈解析──論禪宗史上壇經兩個傳承系統的可能性〉，瀋陽：《理論界》，2011 年第 1 期，頁 135～141。

10. 田光烈：〈禪宗六祖得法偈之我見〉，北京：《法音》，1990 年 8 月，頁 6～12+46。

11. 田光烈：〈禪宗六祖得法偈之我見〉，北京：《法音》，1990 年 9 月，頁 10～19。

12. 白光：〈試探敦煌出土五種漢文寫本《壇經》的先後親疏關係〉，高雄：《普門學報》第 59 期，2010 年 9 月，頁 1～32。

13. 白光：〈現存法海集記《壇經》的版本譜系研究〉，北京：《中國典籍與文化》，2017 年 01 期，頁 9～13＋2。

14. 史金波：〈西夏文《六祖壇經》殘頁譯釋〉，北京：《世界宗教研究》1993 年第 3 期，頁 90～99。

15. 向帥：〈作為「傳宗簡本」的敦煌本《壇經》考〉，西安：《唐都學刊》，2016 年 1 月第 32 卷，第 1 期，頁 109～115。

16. 李小白：〈禪宗文獻整理與明代禪風之關聯──以宗寶本《壇經》為個案，長安：《古籍整理研究學刊》，東北師範大學古籍整理研究所，2016 年 3 月第 2 期，頁 71～75。

17. 吳強：〈清淨佛性與本來無一物──惠能「得法偈」一辯〉，太原：《五台

山研究》，2001 年 3 月，頁 5～17。

18. 沈氏雪娥：〈《壇經》版本考〉，合肥：《安徽文學》，2008 年第 8 期，頁
    347～348。

19. 李之禹：〈陳寅恪先生給李嘉言的信〉，長沙：《書屋》，2016 年第 2 期，
    頁 52～55。

20. 李志軍：〈「慧能偈」與「神秀偈」〉，信陽：《信陽師範學院學報》（哲學
    社會科學版），2008 年 2 月，第 28 卷第 1 期，頁 59～63。

21. 李明山：〈韋璩與慧能的關係及其對《壇經》創作的作用〉，韶關：《韶關
    學院學報·社會科學》），2010 年 10 月，第 31 卷 第 10 期，頁 5～9。

22. 李明山：〈《六祖壇經》版本考述〉，韶關：《韶關學院學報·社會科學》），
    2011 年 7 月，第 32 卷 第 7 期，頁 5～8。

23. 李明山：〈關於《壇經》作者的論爭與思考〉，韶關：《韶關學院學報·社
    會科學》），2011 年 11 月，第 32 卷 第 11 期，頁 5～7。

24. 李明山：〈六祖慧能的韶州因緣與《壇經》講說〉，韶關：《韶關學院學報·
    社會科學》），2012 年 11 月，第 33 卷 第 11 期，頁 5～10。

25. 何照清：〈《壇經》研究方法的反省與拓展──從《壇經》的版本考證談
    起〉，《中國禪學》第 2 卷，北京：中華書局，2003 年，頁 97～111。

26. 李富華：〈《壇經》的書名、版本與內容〉，《中國禪學》第 1 卷，北京：
    中華書局，2002 年，頁 89～97。

27. 邱小毛、林仲湘：〈《鐔津文集》的成書與國家圖書館藏元刊殘本考〉，長
    春：《古籍整理研究學刊》，2012 年 3 月第 2 期，頁 10～13。

28. 洪修平：〈關於《壇經》的若干問題研究〉，北京：《世界宗教研究》，1999
    年第 2 期，頁 75～88。

29. 拾文：〈《敦煌寫本壇經》是「最初」的《壇經》嗎？〉，北京：《法音》
    第 2 期，1982 年，頁 43～47。

30. 侯沖：〈契嵩本《壇經》新發現〉，北京：《世界宗教研究》，2018 年第 4
    期，頁 54～66。

31. 哈磊：〈古本《壇經》存在的文獻依據〉，成都：《社會科學研究》，2011
    年第 5 期，頁 129～136。

32. 哈磊：〈德異本《壇經》增補材料之文獻溯源考證〉，成都：《宗教學研究》
    2015 年第 4 期，頁 104～114。

33. 孫亦平：〈惠能的「三科」「三十六對」思想研究〉，北京：《佛學研究》，
    1999 年 00 期，頁 155～160。

34. 徐儀明、李昕潮：〈試述《六祖壇經》的佛性論及其歷史意義〉，長沙：《湖
    南社會科學》2015 年第 3 期，頁 40～43。

35. 馬俊：〈《壇經》版本與南禪思想演變關係考論〉，宜春：《宜春學院學報》
    第 39 卷第 5 期，2017 年 5 月，頁 1～6。

36. 陳沛然：〈風動播動會疏〉，臺北：《鵝湖月刊》，1994 年 11 月，第 233

期，頁 35～41。

37. 陳沛然：〈《勝鬘經》之空不空如來藏〉，臺北：《鵝湖月刊》，1995 年 3
月，第 237 期，頁 2～8。

38. 陳沛然：〈三科（五蘊、十二處、十八界）〉，臺北：《鵝湖月刊》，1996 年
12 月，第 258 期，頁 35～39。

39. 陳雷：〈契嵩「儒佛一貫」說的邏輯理路〉，南京：《南京農業大學學報》
（社會科學版），2008 年 3 月第 8 卷第 1 期，頁 92～97。

40. 張子開：〈敦煌寫本《六祖壇經》校讀拾零〉，成都：《四川大學學報》（哲
學社會科科學版），1998 年第 1 期，頁 65～71。

41. 張子開：〈敦煌寫本《六祖壇經》的題名〉，成都：《宗教學研究》，2002
年第 3 期，頁 43～53。

42. 張培鋒：〈《六祖壇經》與道家、道教關係考論〉，成都：《宗教學研究》，
2008 年第 2 期，頁 91～98。

43. 單正齊：〈慧能《壇經》的涅槃學說〉，合肥：《江淮論壇》，2009 年 4 月，
頁 29～35。

44. 傅映蘭、丁小平：〈《壇經》中的出世思想〉，宜春：《宜春學院學報》，第
34 卷第 7 期 2012 年 7 月，頁 61～66。

45. 黃連忠：〈敦博本《六祖壇經》文字校正與白話方法論〉，蘭州：《敦煌學
輯刊》2007 年第 4 期，頁 97～113。

46. 楊曾文：〈中日的敦煌禪籍研究和敦博本《壇經》、《南宗定是非論》等文
獻的學術價值〉，北京：《世界宗教研究》，1988 年第 1 期。（未見原文）

47. 楊曾文：〈六祖壇經諸本的演變和惠能的禪法思想〉，北京：《中國文化》
第 6 期，1992 年第 1 期，頁 24～37。

48. 楊曾文：〈關於元代宗寶是光孝寺住持的考察〉，韶關：《韶關學院學報·
社會科學》，2013 年 1 月，第 34 卷第 1 期，頁 5～8。

49. 樓宇烈：〈胡適禪宗史研究平議〉，北京：《北京大學學報》，1987 年第 3
期，頁 61～69。

50. 蔣宗福：〈敦煌本《壇經》相關問題考辨〉，北京：《宗教學研究》，2007
年第 4 期，頁 83～91。

51. 潘重規：〈敦煌六祖壇經讀後管見〉，北京：《中國文化》第 7 期，1992
年，頁 48～55。（此文亦見《敦煌壇經新書及附冊》，臺北：財團法人佛
陀育基金會，2005 年，頁 11～48。

52. 潘重規：〈敦煌寫本《六祖壇經》中的獦獠〉，北京：《中國文化》第 9 期，
1994 年，頁 162～165。

53. 潘桂明：〈評胡適的禪史研究──1969 年爭論《壇經》的回顧與思考〉，
北京：《中國文化》，1992 年第 6 期。

54. 劉貴傑：〈契嵩思想研究──佛教思想與儒家學說之交涉〉，臺北：《中華
佛學學報》第二期，1998 年 10 月，頁 213～238。

55. 簡德彬：〈釋南禪三偈〉，長春：《社會科學戰線》，1997 年 5 月，頁 128～133。

56. 簡德彬：〈南禪三偈再釋〉，長沙：《船山學刊》，2000 年 4 月，頁 101～107。

57. 羅福成：〈六祖大師法寶壇經〉殘本釋文，《北平圖書館館刊》第 4 卷 3 期，1930 年。

58. 羅義俊：〈關於《壇經》作者的一場爭論——兼評胡適研究方法的若干失誤〉，北京：《世界宗教研究》，1986 年第 4 期。

59. 顧偉康：〈評胡適的禪史研究——1969 年爭論《壇經》的回顧與思考〉，北京：《中國文化》第 6 期，1992 年 1 月，頁 62～67。

60. 顧偉康：〈也談南能北秀此長彼消的原因〉，上海：《史林》2015 年 2 月，頁 54～64＋220。

（二）禪宗研究

1. 丁小平：〈禪悟與經教〉，宜春：《宜春學院學報》，第 36 卷第 1 期 2014 年 1 月，頁 28～32。

2. 丁小平：〈中國佛教信行關係研究——以淨土宗和禪宗為中心〉，成都：《西南民族大學學報》（人文社會科學版），2014 年第 6 期，頁 86～91。

3. 方立天：〈文字禪、看話頭、默照禪與念佛禪〉，《中國禪學》第 1 卷，北京：中華書局，2002 年 6 月，頁 12～21。

4. 方立天：〈慧能創立禪宗與佛教中國化〉，北京：《哲學研究》，2007 年第 4 期，頁 74～79。

5. 王秋菊：〈契嵩《孝論》思想探析〉，南寧：《廣西社會科學》，2002 年第 4 期，頁 76～79。

6. 王路平：〈論中國禪宗的緣起壇變〉，貴陽：《貴州社會科學》，2001 年第 2 期總第 170 期，頁 45～51。

7. 白光，洪修平：〈大陸地區慧能與禪宗及《壇經》研究述評〉，《河北學刊》，石家莊：河北學刊雜誌社，2016 年第 36 卷第 2 期，頁 21～26。

8. 牟宗三：〈如來禪與祖師禪〉（上），臺北：《鵝湖月刊》，1976 年 2 月第 8 期，頁 3～6。

9. 牟宗三：〈如來禪與祖師禪〉（下），臺北：《鵝湖月刊》，1976 年 3 月第 9 期，頁 3～10。

10. 江燦騰：〈戰後臺灣禪宗史研究的爭辯與發展——從胡適博士到印順導師〉，《中國禪學》第 2 卷，北京：中華書局，2003 年 5 月，頁 257～277。

11. 江燦騰：〈薪火相傳：胡適初期禪學史研究的最新動態及其作為跨世紀現代性宗教學術研究典範的傳承史（1925～2011）再確認〉，臺南：《成大宗教與文化學報》，第 17 期，2011 年 12 月，頁 195～256。

12. 邢東風：〈談談與禪有關的幾個問題〉，《思想政治課教學》，北京：北京

師範大學，1989 年第 9 期，頁 43～45。

13. 邢東風：〈中國佛教南宗禪的無法之法〉，《哲學研究》，北京：中國社會科學哲學研究所，1991 年第 6 期，頁 61～68。

14. 邢東風：〈禪的可說與不可說──兼談現代禪學研究的方法問題〉，《哲學研究》，北京：中國社會科學哲學研究所，1996 年第 1 期，頁 40～44。

15. 邢東風：〈參究與研究：把握禪的兩種方式〉，《北京大學學報》（哲學社會科學版），北京：北京大學，1996 年第 3 期，頁 87～91。

16. 邢東風：〈近年禪宗歷史研究新進展〉，《世界宗教文化》，北京：中國社會科學世界宗教研究所，2001 年第 4 期，頁 9～10。

17. 邢東風：〈《禪者的態度》是甚麼〉，《世界宗教文化》，北京：中國社會科學世界宗教研究所，2002 年第 3 期，頁 56。

18. 邢東風：〈中國禪宗的地方性──從胡適的禪史研究說起〉，《佛學研究》，北京：中國佛教文化研究所，2005 年/00 期，頁 294～324。

19. 邢東風：〈南宗禪的地方性〉，《世界宗教文化》，北京：中國社會科學世界宗教研究所，2005 年第 1 期，頁 17～27。

20. 何格恩：〈惠能傳質疑〉，《嶺南學報》第 4 卷 2 期，廣州：嶺南大學，1935 年，頁 41～56。

21. 吳立民：〈論祖師禪〉，《中國禪學》第 1 卷，北京：中華書局，2002 年，頁 1～11。

22. 吳言生：〈生活禪的思想淵源〉，《中國禪學》第 1 卷，北京：中華書局，2002 年，頁 402～410。

23. 吳明：〈從佛教體用義之衡定看唐、牟之分判儒佛〉，香港：《新亞學報》第 28 卷，上編，2010 年，頁 89～109。

24. 李小白：〈禪宗文獻整理與明代禪風之關聯──以宗寶本《壇經》為個案，長安：《古籍整理研究學刊》，東北師範大學古籍整理研究所，2016 年 3 月第 2 期，頁 71～75。

25. 李潤生：〈轉識成智困難的辨解〉，香港：《法相學會集刊》第 6 期，2008 年，頁 1～46。

26. 李潤生：〈唐、牟二師對禪學開顯的處理述異〉，香港：《新亞學報》第 28 卷，上編，2010 年，頁 67～88。

27. 宋道發：〈中國禪宗的正統史觀述略〉，宜州：《河池學院學報》，第 27 卷第 4 期，2007 年 8 月，頁 31～34。

28. 林有能：〈中國禪宗六祖慧能研究表微〉，廣東：《學術研究》，2006 年第 11 期，頁 96～99。

29. 哈磊：〈宋代目錄書所收禪宗典籍〉，成都：《四川師範大學學報》：社會科學版，2010 年，第 3 期，頁 43～48。

30. 陸揚：〈《文化與歷史的追索·中國佛教文學中祖師形象的演變──以道安、慧能和孫悟安為中心：余英時教授八秩壽慶論文集》，臺北：聯經書

局，2009 年，頁 621～656。

31. 陸揚：〈陳寅恪文史之學——從 1932 年清華大學國文入學試題談起〉，濟南：山東大學，《文史哲》（雙月刊）2015 年第 3 期，頁 33～49＋165～166。

32. 麻天祥：〈胡適對禪宗研究的貢獻〉，《中國禪學》第 1 卷，北京：中華書局，2002 年，頁 425～430。

33. 淨因：〈惠能之南禪——佛教思想發展史上的第二次回歸〉（上）北京：《法音》，2002 年第 2 期總第 211 期，頁 3～13。

34. 淨因：〈惠能之南禪——佛教思想發展史上的第二次回歸〉（下）北京：《法音》，2002 年第 3 期總第 211 期，頁 10～13。

35. 陳沛然：〈《勝鬘經》之空不空如來藏〉，臺北：《鵝湖月刊》，1995 年 3 月，第 237 期，頁 2～8。

36. 黃連忠：〈禪宗佛性本體論的特質與根本見地關係之探討〉，南投：《正觀雜誌》第 16 期，2001 年 3 月 25 日，頁 29～75。

37. 黃夏年：〈禪宗研究一百年〉，《中國禪學》第 1 卷，北京：中華書局，2002 年，頁 450～473。

38. 溫玉成：〈禪宗北宗初探〉，《世界宗教研究》，北京：中國社會科學世界宗教研究所，1983 年第 2 期，頁 23～36。

39. 溫玉成：〈記新出土的荷澤大師神會塔銘〉，《世界宗教研究》，北京：中國社會科學世界宗教研究所，1984 年第 2 期，頁 78～79。

40. 溫玉成：〈禪宗北宗續探〉，《世界宗教研究》，北京：中國社會科學世界宗教研究所，1985 年第 2 期，72～90。

41. 葛兆光：〈禪思想史的大變局——中唐馬祖禪考〉，北京：《中國文化》第 7 期，1992 年 7 月，頁 27～47。

42. 葛兆光：〈從中唐思想史看洪州宗的意義〉，杭州：《杭州師範學院學報》，1994 年第 5 期，頁 1～12。

43. 葛兆光：〈仍在胡適的延長線上：有關中國學界中古禪史研究之反思〉，香港：《嶺南學報》第 7 輯，2017 年 5 月，頁 3～32。

44. 楊維中〈從南宗與北宗心性思想的差別看禪宗的正式形成〉，《中國禪學》第 1 卷，北京：中華書局，2002 年，頁 115～126。

45. 褚瀟白：〈「禪學研究」與「禪宗體修」——走出「胡適禪學案」的困境〉，北京：《法音》，2008 年第 4 期，頁 34～37。

46. 楊惠南：〈禪史與禪思〉（一），臺北：《鵝湖月刊》，1985 年 5 月第 119 期，頁 1～12。

47. 楊惠南：〈禪史與禪思〉（二），臺北：《鵝湖月刊》，1985 年 7 月第 121 期，頁 19～26。

48. 楊惠南：〈禪史與禪思〉（三），臺北：《鵝湖月刊》，1985 年 8 月第 122 期，頁 33～40。

49. 楊富學、王書慶：〈東山法門及其對敦煌禪修的影響〉，《中國禪學》第 2 卷，北京：中華書局，2003 年，頁 67～76。

50. 蒙文通：〈中國禪學考〉，《內學》第 1 期，1924 年 12 月。現收載於《古學甄微》，頁 383～400。

51. 潘桂明：〈臨濟宗思想初探〉，北京：《世界宗教研究》，1983 年第 3 期。

52. 潘桂明：〈道生、惠能「頓悟」說的歧異〉，北京：《世界宗教研究》，1989 年第 2 期。

53. 樓宇烈：〈胡適禪宗史研究平議〉，北京：《北京大學學報》，1987 年第 3 期。

54. 戴傳江：〈論《壇經》禪學思想對般若與佛性的會通〉，成都：《宗教學研究》，2004 年第 1 期，頁 158～161。

55. 魏道儒：〈關於宋代文字禪的幾個問題〉，《中國禪學》第 1 卷，北京：中華書局，2002 年 6 月，頁 22～31。

（三）佛教思想回顧研究

1. 方立天：〈中國大陸佛教研究的回顧與展望〉，北京：《世界宗教研究》，北京：中國社會科學世界宗教研究所，2001 年第 4 期。

2. 陳兵：〈中國 20 世紀佛學研究的成果〉，成都：《宗教學研究》，1999 年第 3 期。

3. 楊曾文：〈日本學者對中國禪宗文獻的研究和整理〉，《世界宗教研究》，北京：中國社會科學世界宗教研究所，1987 年第 1 期。

4. 董群：〈五十年來的惠能研究──對以大陸學界為主的考察〉，《中國宗教研究年鑑 1997～1998》，北京：宗教文化出版社，2000 年。

5. 謝重光：〈20 世紀國內對隋唐五代佛教宗派及其思想學說研究之回顧〉，汕頭：《汕頭大學學報》，1999 年第 4 期。

6. 藍吉富：〈現代中國佛教的反傳統傾向〉，《世界宗教研究》，北京：中國社會科學世界宗教研究所，1990 年第 2 期。

（四）佛教心學與性學研究

1. 巨贊、呂澂：〈探討中國佛學有關心性問題的書札〉，北京：《現代佛學》，1962 年第 5 期。

2. 呂澂：〈試論中國佛學有關心性的基本思想〉，北京：《現代佛學》，1962 年第 5 期。

3. 洪修平：〈人心、佛性與解脫──中國禪宗心性論探源〉，南京：《南京大學學報》，1989 年第 1 期。

4. 蒙培元：〈禪宗心性論試析〉，北京：《中國社會科學院研究生院學報》，1989 年第 3 期，頁 60～67。

（五）佛教史研究

1. 吳汝鈞：〈「佛學研究方法論」自序〉，臺北：《鵝湖月刊》，1983 年 6 月第 96 期，頁 21～24。

2. 哈磊：〈格義之學的興衰及其佛學背景的演變〉，成都：《四川大學學報》（哲學社會科學版），2017 年第 1 期，總第 208 期，頁 31～38。

3. 徐文明：〈《付法藏經》與前二十四祖〉，《中國禪學》第 2 卷，北京：中華書局，2003 年 5 月，頁 60～66。

4. 張子開：〈敦煌寫本《歷代法寶記》研究述評〉，北京：《中國史研究動態》，2000 年第 2 期，頁 11～19。

5. 郭朋：〈從宋僧契嵩看佛教儒化〉，濟南：《孔子研究》，1986 年第 1 期，頁 109～112。

6. 華方田：〈中國佛教宗派——三論宗〉，北京：《佛教文化》，2005 年第 2 期，總第 76 期，頁 13～20。

7. 湯用彤：〈論中國佛教無十宗〉，北京：《哲學研究》，1962 年第 3 期，頁 49～56。

8. 葛兆光：〈是非與真偽之間關於《大乘起信論》爭辯的隨想〉，北京：《讀書》，1992 年第 1 期，頁 70～77。

9. 葛兆光：〈佛教研究方法談（一）關於佛教研究的歷史與方法〉，北京：《世界宗教文化》，2004 年 2 月，頁 4～5。

10. 葛兆光：〈佛教研究方法談（二）佛教研究的一般途徑（上）〉，北京：《世界宗教文化》，2004 年 3 月，頁 8～10。

11. 葛兆光：〈佛教研究方法談（三）佛教研究的一般途徑（中）〉，北京：《世界宗教文化》，2004 年 5 月，頁 17～18。

12. 葛兆光：〈佛教研究方法談（四）佛教研究的問題點以及相關課題〉，北京：《世界宗教文化》，2005 年 1 月，頁 8～9。

13. 趙建永：〈湯用彤與中國現代佛教史研究〉，北京：《歷史研究》，2014 年第 1 期，頁 129～143 及頁 192。

14. 楊祖漢：〈比較牟宗三先生對天台圓教及郭象玄學的詮釋〉，香港：《新亞學報》第 28 卷，上編，2010 年，頁 203～221。

15. 鄧國光：〈「體用」：從佛學判教到經學義理〉，《亞洲禪學研討會論文集》，香港：中國文化研究院，2013 年，頁 407～416。

16. 霍韜晦：〈絕對與圓融〔上〕——中國佛教思想的特質〉，臺北：《鵝湖月刊》，1982 年 10 月第 88 期，頁 24～30。

17. 霍韜晦：〈絕對與圓融〔中〕——中國佛教思想的特質〉，臺北：《鵝湖月刊》，1982 年 12 月第 90 期，頁 16～26。

18. 霍韜晦：〈絕對與圓融〔下〕——中國佛教思想的特質〉，臺北：《鵝湖月刊》，1983 年 1 月第 91 期，頁 28～38。

（六）其他

1. 牟宗三、徐復觀、張君勱、唐君毅：〈「為中國文化敬告世界人士宣言」——我們對中國學術研究及中國文化與世界文化前途之共同認識〉，香港：《民主評論》第 9 卷，第 1 期，1958 年，頁 2～21。

2. 蒲向明：〈論《玉堂閒話》的思想內容和藝術特色〉，石家莊：《社會科學論壇》（學術研究卷），2008 年第 1 期，頁 86～91。

3. 蒲向明：〈校訂和注疏《玉堂閒話》的幾個問題〉，內蒙古自治區呼和浩特市：《前沿》，2008 年第 1 期，頁 221～224。

六、宗教期刊（大陸、臺灣、香港）（按出版年代排序）

（一）大陸

1. 濮一乘主編：《佛學叢報》，上海：上海有正書局出版，1912 年～1914 年。

2. 支那內學主編：《內學》，1921 年～1928 年。

3. 《佛學半月刊》，上海：上海佛學書局，1921 年～1944 年。

4. 《佛化新青年》，漢口：佛化新青年月刊社，1923 年～1924 年。

5. 《世界佛教居士林刊》，上海：世界佛教居士林，1923 年～1937 年。

6. 太虛主編：《海潮音》，上海：海潮音社，1925～1947 年。

7. 《現代佛教》原名《現代僧伽月刊》，1928～1933。

8. 謝畏因編輯：《威音》，威音雜誌社，1930 年～1937 年。

9. 《四川佛教月刊》，成都：佛化旬刊，1932 年～1941 年。

10. 《微妙聲》：出版者不詳，1936 年～1937 年。

11. 《人海燈》，香港：嶺東佛學院，1937 年～？。

12. 《獅子吼月刊》，桂林：廣西省佛教會，1940 年～1941 年。

13. 《弘化月刊》，上海：出版者不詳，1941 年～？。

14. 《佛學月刊》，北京，1942 年～1943 年。

15. 《文教叢刊》，四川：四川內江東方文教研究院，1945 年～？。

16. 學誠法師主編：《法音》，北京：中國佛教協會，1950 年～今。

17. 《現代佛學》，天津：天津古籍出版社，1950 年～1964 年。

18. 中國社會科學院世界宗研究所主辦：《世界宗教研究》，北京：中國社會科學出版社，1979 年～今。http://iwr.cass.cn/zjyj/

19. 賴永海主編：《禪學研究》（1～10 輯），南京：江蘇古籍出版社，1992 年～2013 年。

20. 吳言生主編：《中國禪學》（5 卷），北京：中國社會科學出版社，2001 年。

21. 釋妙峰主編：《曹溪禪研究》（1～3 輯），北京：中國社會科學出版社，2002 年～2003 年。

22. 吳言生主編：《中國禪學》（1～4 卷），北京：中華書局，2002 年～2006 年。

23. 濟群主編:《閩南佛學》(1～2 輯),長沙:岳麓書社,2002 年～2004 年。

24. 濟群主編:《閩南佛學》(3～8 輯),北京:宗教文化出版社,2005 年～2012 年。

25. 龔雋、林鎮國、姚治華主編:《漢語佛學評論》(1～2 輯),上海:上海古籍出版社,2009 年～2011 年。

26. 黃夏年主編:《中國禪學》(1～4 卷),鄭州:大象出版社,2012 年。

(二)臺灣

1. 《人生雜誌》,新北:法鼓文化出版,1949 年～今。
   https://www.ddc.com.tw/search_list.php

2. 《人間佛教學報‧藝文》,高雄:佛光山人間佛教研究院,2016 年～今。
   http://www.fgsihb.org/art.asp

3. 《千佛山雜誌》,新北:千佛山白雲出版社,2006 年～今。
   http://www.chiefsun.org.tw/zh-tw/6_magzine/1_list.php

4. 《中佛青雜誌》,臺北:中華佛教青年會,1997 年～今。
   http://www.cyba.org.tw/magazine.php

5. 《內觀通訊》,臺北:財團法人台灣內觀禪修基金會。
   https://www.tw.dhamma.org/zh-tw/

6. 《正觀雜誌》,南投:正觀雜誌社,1997 年～今。
   http://www.tt034.org.tw/index.php?temp=mag&lang=cht#.WqJkxUxuK70

7. 《佛光學報》,高雄:佛光山人間佛教研究院,2014 年～今。
   http://www.fgsihb.org/article.asp?at_type=1&sp=1

8. 《佛學研究中心學報》,臺北:臺灣大學文學院佛學研究中心,1996 年～2005 年。2006 年後改名為《臺大佛學研究》。
   http://homepage.ntu.edu.tw/~ntubudda/tjbs/6.tables_of_contents.html

9. 《佛教圖書館館刊》,1995 年～今。http://www.gaya.org.tw/journal/

10. 《佛陀教育雜誌》,臺北:華藏淨學會,2000 年～今。
    http://www.amtb.tw/magazin/magazin.asp

11. 《妙林》,高市:妙林雜誌社,1989 年～今。
    http://www.yht.org.tw/yhm04-6.html

12. 《東方宗教研究》,臺北:國立藝術學院傳統藝術研究中心,1987 年～1996 年。http://buddhism.lib.ntu.edu.tw

13. 《法鼓雜誌》,新北:法鼓山文化中心出版,1989 年～今。
    https://www.ddm.org.tw/maze/old.asp

14. 《華崗佛學學報》,臺北:中華佛學研究所,1968 年～1985 年,1987 年更名為《中華佛學學報》。
    http://www.chibs.edu.tw/ch_html/index_ch00_0702.html

15. 《中華佛學學報》,臺北:中華佛學研究所,1987 年～2013 年。
    http://buddhism.lib.ntu.edu.tw/

16. 《普門學報》,高雄:佛光山人間佛教研究院,2001 年～今。

http://www.fgsihb.org/article.asp?at_type=2&sp=1
17. 《圓光禪學學報》，桃園：圓光佛教究所，1993 年～今。
http://www.ykbi.edu.tw/modules/journal/journal_p2.php
18. 《慧炬雜誌》（前名《慧炬月刊》），臺北：慧炬雜誌社，1952 年～今。
http://www.towisdom.org.tw/03-mag.asp
19. 《慈濟月刊》，臺北：慈濟傳播人文志業基金會，1967 年～今。
http://web.tzuchiculture.org.tw/
20. 《內明》（已停刊）
21. 《蓮花會刊》（已停刊）

（三）香港

1. 《人間佛教期刊》，沙田：香港中文大學「人間佛教研究中心」出版，2011年～今。http://www.cuhk.edu.hk/arts/cshb/publication.html
2. 《巴利文翻譯組學報》，香港：志蓮淨苑文化部出版，2008 年～今。
http://www.chilin.edu.hk/edu/book_detail.asp?id=111
3. 《法相學會集刊》，香港：香港佛教法相學會出版，1968 年～今。
http://www.dhalbi.org/dhalbi/html_t/publish/publish_main.php?p_id=1
4. 《法相季刊》，香港：香港佛教法相學會出版，2016 年～今。
http://www.dhalbi.org/dhalbi/html_t/publish/publish_main2.php?p_id=2
5. 《法燈月報》，香港：法住機構出版，1996 年（電子版）～今。
http://www.dbi.org.hk/web/fd.htm#.WqJ-bUxuK70
6. 《香港佛教月刊》，香港：香港佛教聯合會出版，1960 年～今。
http://www.hkbuddhist.org/zh/page.php?p=booklet&cid=7&scid=6&kid=2
7. 《溫暖人間》，香港：佛教溫暖人間慈善基金有限公司出版，1999 年～今。
http://www.buddhistcompassion.org/
8. 《雷音》，香港：香港佛教青年協會出版，1968 年～今。
https://www.bya.org.hk/quarterly/old_luiyan.htm
9. 《慧燈》，香港：香港佛教慜生講堂出版，1995 年～今。
http://www.buddhistmansanghall.hk/public_html/index-4.html

七、譯著及外文

1. 〔加〕卜正民著、張華譯：《為權力祈禱：佛教與晚中國士紳社會的形成》，南京：江蘇人民出版社，2008 年。
2. 冉雲華著、岑溢成譯：〈「佛學研究方法論」序〉，臺北：《鵝湖月刊》，1983年 6 月第 96 期，頁 25～26。
3. 〔日〕伊吹敦著、王迪譯：〈關於《曹溪大師傳》的編輯過程及其意義〉，《中國禪學》第 2 卷，北京：中華書局，2003 年，頁 77～96。
4. 吳經熊著、吳怡譯：《禪學的黃金時代》，臺北：臺灣商務印書館股份有限公司，1969 年。

5. 余英時著、程嫩生、羅群等譯：《人文與理性的中國》（何俊編《余英時英文論著漢譯集》，上海：上海古籍出版社，2007 年。

6. 〔法〕伯蘭特·佛爾著、江海怒譯：《正統性的意欲：北宗禪之批判系譜》，上海：上海古籍出版社，2010 年。

7. 〔日〕忽滑谷快天著、朱謙之譯：《中國禪學思想史》，上海：上海古籍出版社，1994 年。

8. 〔日〕阿部肇一著、關世謙譯：《中國禪宗史：南宗禪成立以後的政治社會史的考證》，臺北：東大圖書股份有限公司，1988 年。

9. 〔日〕忽滑谷快天著、郭敏俊譯《禪學思想史》，臺北：大千出版社，2003 年。

10. 〔美〕彼得.N.格里高瑞著、馮煥珍、龔雋、秦瑜、唐笑芝等譯：《頓與漸：中國思想中覺悟的不同法門》，上海：上海古籍出版社，2010 年。

11. 〔美〕馬克瑞著、韓傳強譯：《北宗禪與早期禪宗的形成》，上海：上海古籍出版社，2015 年。

12. 〔日〕柳田聖山著、吳汝鈞譯：《中國禪思想史》，臺北：臺灣商務印書館，1982 年。

13. 〔日〕荒木見悟著、杜勤、舒志田等譯：《佛教與儒教》，鄭州：中州古籍出版社，2005 年。

14. 〔日〕荒木見悟著、廖肇亨譯：《明末清初的思想與佛教》，上海：上海古籍出版社，2005 年。

15. 馮友蘭著、涂又光譯：《中國哲學簡史》（1947 年美國賓夕法尼亞大學講稿），北京：北京大學出版社，1996 年。

16. 〔日〕鈴木大拙著、孟祥林譯：《禪學隨筆禪學大師》，臺北：志文出版社，1961 年。

17. 〔日〕鈴木大拙著、佛洛姆等、孟祥林譯：《禪心理分析》，臺北：志文出版社，1971 年。

18. 〔日〕鈴木大拙著、劉大悲譯：《禪與生活》，臺北：志文出版社，1973 年。

19. 〔日〕鈴木大拙著、徐進夫譯：《鈴木大拙禪論集：歷史發展》，臺北：志文出版社，1975 年。

20. 藍吉富主編：《世界佛學名著譯叢》，臺北：華宇出版社，1985 年。

21. 釋聖嚴著、關世謙譯：《明末中國佛學之研究》（1975 年日本立正大學博士論文），臺北：臺灣學生書局，1988 年。

22. 〔日〕鐮田茂雄著、戴燕譯：〈禪思想的形成和發展〉，北京：《中國文化》第 6 期，1992 年第 1 期，頁 69～74。

23. 〔日〕鐮田茂雄著、楊曾文譯：〈宗密的三教觀——以《原人論》為中心〉，北京：《世界宗教研究》1996 年第 2 期，頁 6～10。

24. Carson Chang（張君勱）、Hsieh Yu-wei（謝幼偉）、Hsu Foo-kwan（徐復

觀）、Mou Chung-san（牟宗三）and Tang Chun-i（唐君毅）: "A Manifesto on the Reappraisal of Chinese Culture- Our Joint Understanding of the Sinological Study Relating to World Cultural Outlook', source: "Chinese Culture" Volume III No.1, October, 1960, pp 1-71, published by Institute of Chinese Culture.

25. Chi-Chiang Huang（黃啟江）, Experiment in Syncretism : Chi Sung and 11th Century Chinese Buddhism, (Phd Disseration, 1986, University of Arizona).

26. Daisetz Teitaro Suzuki（鈴木大拙）, 'Zen: A Reply to Hu Shih", source: "Philosophy East and West", Volume.3, No.1 April,1953, pp. 25-46, published by: University of Hawaii Press. https://www.jstor.org/stable/1397362?seq=1# metadata_info_tab_contents

27. Hu Shih（胡適）, 'Chan (Zen) Buddhism in China Its History and Method', source: "Philosophy East and West", Volume 3, No.1 (April,1953), pp.3-24, published by : University of Hawaii Press. https://www.jstor.org/stable/13973 61?seq=1#metadata_info_tab_contents

28. John J. Jorgensen, " Inventing Hui-neng, the sixth Patriarch : Hagiography and biography in early Chan, Leide; Boston : Brill, c2005.

八、電子工具書資料

1. 中國哲學書電子化計劃 https://ctext.org/zh
2. 佛光山大辭典 http://etext.fgs.org.tw/search02.aspx
3. 佛光山電子大藏經 http://etext.fgs.org.tw/search01.aspx?index=2
4. 佛教藏經目錄數位資料庫 http://jinglu.cbeta.org/
5. CBETA 漢文大藏經　電子佛典集成 http://tripitaka.cbeta.org/

九、電子檔資料庫

1. 敦煌學研究院　敦煌學信息資料庫 http://dh.dha.ac.cn/AllResource
2. IDP INTERNATIONAL DUNHUANG PROJECT 國際敦煌學項目 http://idp.bl.uk/

附錄一：《六祖壇經》各種版本流傳簡圖

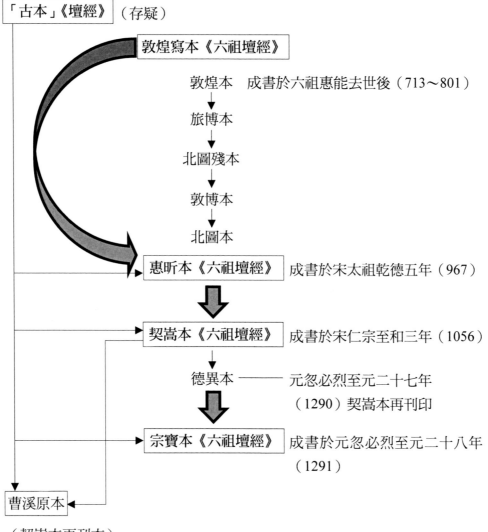

「古本」《壇經》（存疑）

敦煌寫本《六祖壇經》

敦煌本　成書於六祖惠能去世後（713～801）

旅博本

北圖殘本

敦博本

北圖本

惠昕本《六祖壇經》　成書於宋太祖乾德五年（967）

契嵩本《六祖壇經》　成書於宋仁宗至和三年（1056）

德異本 ——— 元忽必烈至元二十七年
（1290）契嵩本再刊印

宗寶本《六祖壇經》　成書於元忽必烈至元二十八年
（1291）

曹溪原本

（契嵩本再刊本）

刊印於明憲宗成化七年（1471）

（註：按本文的資料及論據，如果「古本壇經」一旦被發現，它的思想路線有可能與敦煌寫本譜系不相連，此圖簡略顯示，以備作日後考證。）

附錄二：「宗寶本」「自性」關係表

序號	「宗寶本」《六祖壇經》經文	羅時憲先生簡析「自性」、（「本性」、「性」）與「阿賴耶識」及「真如」關係
1	菩提自性本來清淨。〈行由品第一〉	此條「自性」是「真如」。
2	弟子自心常生智慧，不離自性，即是福田。〈行由品第一〉	此條「自性」兼指「真如」及「阿賴耶識」。
3	自性若迷，福何可救。〈行由品第一〉	此條「自性」兼指「真如」及「阿賴耶識」。
4	祖已知神秀入門未得，不見自性。〈行由品第一〉	此條「自性」兼指「真如」及「阿賴耶識」。
5	祖曰：汝作此偈，未見本性。……無上菩提須得言下識自本心，見自本性，不生不滅。於一切時念念自見，萬法無滯，一真一切真，萬境自如如。如如心即是真實。若如是見，即是無上菩提之自性也。〈行由品第一〉	此條「本性」是「真如」。
6	復兩日，有一童子於碓坊過，唱誦其偈。惠能一聞，便知此偈未見本性。〈行由品第一〉	此條「本性」是「真如」。
7	祖見眾人驚怪，恐人損害，遂將鞋擦了偈，曰：「亦未見性。」〈行由品第一〉	此條「性」是「真如」。
8	祖以袈裟遮圍，不令人見，為說《金剛經》，至「應無所住而生其心」。惠能言下大悟一切法不離自性。〈行由品第一〉	此條「自性」兼指「真如」及「阿賴耶識」。
9	何期自性本自清淨！〈行由品第一〉	此條「自性」是「真如」。

10	何期自性本不生滅！〈行由品第一〉	此條「自性」是「真如」。
11	何期自性本自具足！〈行由品第一〉	此條「自性」兼指「真如」及「阿賴耶識」。
12	何期自性本無動搖！〈行由品第一〉	此條「自性」是「真如」。
13	何期自性能生萬法！〈行由品第一〉	此條「自性」是「阿賴耶識」。
14	祖知悟本性，謂惠能曰：「不識本心，學法無益。若識自本心，見自本性，即名丈夫、天人師，佛。」〈行由品第一〉	此條「本性」是「真如」。
15	今已得悟，祇合自性自度。〈行由品第一〉	此條「自性」兼指「真如」及「阿賴耶識」。
16	菩提般若之智，世人本自有之。只緣心迷，不能自悟。須假大善知識，示導見性。〈般若品第二〉	此條「自性」是「真如」。
17	世人終日口念般若，不識自性般若，猶如說食不飽，口但說空，萬劫不得見性，終無有益。〈般若品第二〉	此條「自性」是「真如」。
18	本性是佛，離性無別佛。〈般若品第二〉	此條「本性」是「真如」。
19	世人妙性本空，無有一法可得；自性真空亦復如是。……善知識，世界虛空能含萬物色像；日月星宿，山河大地……惡人善人……總在空中。世人性空亦復如是。善知識，自性能含萬法是大。萬法在諸人性中。〈般若品第二〉	此條「性」是「真如」，「自性」指「阿賴耶識」。
20	一切般若智皆從自性而生，不從外入。〈般若品第二〉	此條「自性」指「阿賴耶識」。
21	我此法門，從一般若，生八萬四千智慧。何以故？為世人有八萬四千塵勞。若無塵勞，智慧常現，不離自性。悟此法者，即是無念，無憶無著，不起誑妄；用自真如性，以智慧觀照；於一切法不取不捨；即是見性成佛道。〈般若品第二〉	此條「自性」兼指「真如」及「阿賴耶識」。
22	持誦《金剛般若經》，即得見性。〈般若品第二〉	此條「自性」是「真如」。
23	……故知本性自有般若之智……譬如雨水，不從天有……眾生本性般若之智亦復如是。〈般若品第二〉	此條「自性」指「阿賴耶識」。
24	迷心外見，修行覓佛，未悟自性，即是小根。若開悟頓教，不執外修，但於自常起正見，煩惱塵勞常不能染，即是見性。〈般若品第二〉	此條「自性」兼指「真如」及「阿賴耶識」。

25	……故知萬法盡自心。何不從自心中頓見真如本性……善知識，我於忍和尚處，一聞言下便悟，見真如本性。是以將此教法流行，令學道者頓悟菩提，各自觀心，自見本性。若自不悟，須覓大善知識，解最上乘法者，直示正路。……有大因緣，所謂化導，令得見性……若識自性，一悟即至佛地。〈般若品第二〉	此條「自性」是「真如」。
26	唯傳見性法，出世破邪宗。……只此見性門，愚人不可悉。……菩提本自性，起心即是妄。……欲擬化他人，自須有方便；勿令彼有疑，即是自性現。〈般若品第二〉	此條「性」是「真如」，「自性」兼指「真如」及「阿賴耶識」。
27	見性是功，平等是德。念念無滯，常見本性，真實妙用，名為功德。……自性建立萬法是功，心體離念是德。不離自性是功德。〈疑問品第三〉	此條「性」、「本性」是「真如」，「自性」兼指「真如」及「阿賴耶識」。
28	吾我不斷，即自無功；自性虛妄不實，即自無德。〈疑問品第三〉	此條「自性」指「阿賴耶識」。
29	自修性是功，自修身是德。功德須自性內見，不是布施供養之所求也。〈疑問品第三〉	此條「自性」兼指「真如」及「阿賴耶識」。
30	凡愚不了自性，不識身中淨土，願東願西。……念念自性，常行平直，到如彈指，便覩彌陀。〈疑問品第三〉	此條「自性」指「阿賴耶識」。
31	心是地，性是王。王居心地上。性在王在，性去王無。性在身心存，性去身心壞。佛向性中作，莫向身外求。自性迷即是眾生，自性覺即是佛。……自性內照，三毒即除，地獄等罪一時消滅，內外明徹，不異西方。……大眾聞說，了然見性。……但心清淨，即是自性西方。〈疑問品第三〉	此條「性」及「自性」都指「阿賴耶識」。
32	師復曰：「善知識，總須依偈修行，見取自性，真成佛道。」〈疑問品第三〉	此條「自性」兼指「真如」及「阿賴耶識」。
33	迷人漸修，悟人頓契。自識本心，自見本性即無差別。〈定慧品第四〉	此條「自性」是「真如」。
34	無住者，人之本性，於世間善惡好醜，乃至冤之與親，言語觸刺欺爭之時，並將為空，不思酬害；念念之中不思前境。……〈定慧品第四〉	此條「自性」是「真如」。
35	自性本無一法可得。〈定慧品第四〉	此條「自性」是「真如」。

36	念者念真如本性。真如即是念之體，念即是真如之用。真如自性起念，非眼、耳、鼻、舌能念。真如有性，所以起念。真如若無，眼、耳、色當時即壞。善知識，真如自性起念，六根雖有見聞覺知，不染萬境，而真性常自在。……〈定慧品第四〉	此條「本性」及「自性」是「真如」。
37	人性本淨，由妄念故蓋覆真如。但無妄念，性自清淨。起心著淨，卻起淨妄。……淨無形相，卻立淨相，言是工夫。作此見者障自本性，卻被淨縛。……不見人之是非善惡過患，即是自性不動。……〈定慧品第四〉	此條「性」及「本性」是「真如」，「自性」指「阿賴耶識」。
38	外於一切善惡境界心念不起，名為坐；內見自性不動，名為禪。〈坐禪品第五〉	此條「自性」指「阿賴耶識」。
39	本性自淨自定，只為見境思境即亂。若見諸境心不亂者，是真如也。……於念念中自見本性清淨，自修自行，自成佛道。〈坐禪品第五〉	此條「自性」是「真如」。
40	今可各各胡跪，先為傳自性五分法身香……自性心礙，常以智慧觀照自性，不造諸惡……名慧香。〈懺悔品第六〉	此條「自性」兼指「真如」及「阿賴耶識」。
41	既懺悔已，與善知識發四弘誓願。……自心眾生無邊誓願度，自心煩惱無邊誓願斷，自性法門無盡誓願學，自性無上佛道誓願成。……善知識，心中眾生。所謂邪迷心詿妄心，不善心，嫉妒心，惡毒心。如是等心，盡是眾生。各須自性自度，是名真度。……又煩惱無邊誓願斷，將自性般若智，除卻虛妄思想心是也。又法門無盡誓願學，須自見性，常行正法，是名真學。〈懺悔品第六〉	此條「自性」是「阿賴耶識」，「性」是「真如」。
42	善知識。今發四弘願了，更與善知識，授無相三歸依戒。善知識，歸依覺，兩足尊。歸依正，離欲尊。歸依淨，眾中尊。……勸善知識，歸依自性三寶。佛者，覺也。法者，正也。僧者，淨也。自心歸依覺，邪迷不生。少欲知足，能離財色。名兩足尊。自心歸依正，念念無邪見，以無邪見故。即無人我貢高，貪愛執著，名離欲尊。自心歸依淨，一切塵勞愛欲境界，自性皆不染著，名眾中尊。若修此行，是自歸依。……今既自悟，各須歸依自心三寶，內調心性，外敬他人，是自歸依也。〈懺悔品第六〉	此條「自性」指「阿賴耶識」。

43	善知識，既歸依自三寶竟，各各志心。吾與說一體三身自性佛，令汝等見三身，了然自悟自性。……色身是舍宅，不可言歸。向者三身佛，在自性中，世人總有，為自心迷，不見內性。……汝等聽說，令汝等於自身中，見自性有三身佛。此三身佛，從自性生，不從外得。〈懺悔品第六〉	此條「自性」兼指「真如」及「阿賴耶識」。
44	何名清淨法身佛？世人性本清淨，萬法從自性生。思量一切惡事，即生惡行，思量一切善事。即生善行。如是諸法在自性中，如天常清，日月常明，為浮雲蓋覆，上明下暗。忽遇風吹雲散，上下俱明，萬象皆現……若遇善知識，聞真正法。自除迷妄，內外明徹。於自性中萬法皆現，見性之人，亦復如是。此名清淨法身佛。〈懺悔品第六〉	此條「自性」是「阿賴耶識」，「性」是「真如」。
45	善知識，自心歸依自性，是歸依真佛。自歸依者，除卻自性中不善心，嫉妒心，諂曲心，吾我心，誑妄心，輕人心，慢他心，邪見心，貢高心。及一切時中不善之行。〈懺悔品第六〉	此條「自性」是「阿賴耶識」。
46	何名圓滿報身？譬如一燈能除千年闇，一智能滅萬年愚，莫思向前已過。不可得。常思於後，念念圓明，自見本性。善惡雖殊，本性無二。無二之性，名為實性。於實性中，不染善惡，此名圓滿報身佛。〈懺悔品第六〉	（此條羅時憲先生的〈《六祖壇經》管見〉中並未列出，本文補上相關經文，補充「自性」內容的完整性。）
47	何名千百億化身？若不思萬法，性本如空。一念思量，名為變化。思量惡事，化為地獄；思量善事，化為天堂。毒害化為龍蛇，慈悲化為菩薩，智慧化為上界，愚癡化為下方。自性變化甚多。迷人不能省覺，念念起惡，常行惡道。迴一念善，智慧即生，此名自性化身佛。〈懺悔品第六〉	此條「自性」是「阿賴耶識」。
48	自悟自修自性功德，是真歸依。〈懺悔品第六〉	此條「自性」是「阿賴耶識」。
49	但悟自性三身，即識自性佛。〈懺悔品第六〉	此條「自性」兼指「真如」及「阿賴耶識」。
50	自性具三身，發明成四智。〈機緣品第七〉	此條「自性」兼指「真如」及「阿賴耶識」。
51	學道之人，一切善念惡念，應當盡除。無名可名，名於自性。無二之性，是名實性。於實性上建立一切教門……〈頓漸品第八〉	此條「自性」兼指「真如」及「阿賴耶識」。

52	吾今教汝說法，不失本宗。先須舉三科法門，動用三十六對，出沒即離兩邊。說一切法，莫離自性。〈付囑品第十〉	此條「自性」兼指「真如」及「阿賴耶識」。
53	自性能含萬法，名含藏識。若起思量，即是轉識。生六識，出六門，見六塵，如是一十八界，皆從自性起用。自性若邪，起十八邪。自性若正，起十八正。若惡用即眾生用，善用即佛用，用由何等，由自性有。〈付囑品第十〉	此條「自性」是「阿賴耶識」。
54	自性若悟，眾生是佛。自性若迷，佛是眾生。自性平等，眾生是佛。〈付囑品第十〉	此條前兩「自性」兼指「真如」及「阿賴耶識」。後「自性」是「阿賴耶識」。
55	性中邪見三毒生，即是魔王來住舍……法身報身及化身，三身本來是一身。若向性中能自見，即是成佛菩提因。……性使化身行正道，當來圓滿真無窮。……性中各自離五欲，見性剎那即是真。今生若遇頓教門，忽悟自性見世尊。……不見自性外覓佛，起心總是大癡人。〈付囑品第十〉	此條「自性」兼指「真如」及「阿賴耶識」。
56	但識自本心，見自本性。無動無靜，無生無滅，無去無來，無是無非，無住無往。〈付囑品第十〉	此條「自性」是「真如」。

資料來源：羅時憲：〈《六祖壇經》管見〉，《學術論文集》，《羅時憲全集》第 11 卷，香港：佛教志蓮圖書館：羅時憲弘法基金有限公司，1998 年，頁 105～120。

後　記

　　這篇論文得以以書的形式出版，得感謝李學銘老師一直以來的勉勵及對論文的多次建議、修訂。這種提携後輩的心懷及一絲不苟的嚴謹態度，學生由衷感激及敬佩。李老師對本書的〈序言〉是一篇珍貴的文章，它記下了新亞研究所昔日的傳統學風和教導者廣大的胸襟及非凡的見地。同時還引述何炳棣先生之說，強調有研治文化思想史的人，固然不可沒有「哲思」，但也不該忽略歷史文化知識。

　　本書的論述重點在於中國禪宗思想遭變的「變」，在「變」中以《六祖壇經》作為依據，也是以「心性」作為定位，才容易發現思想的歷史軌跡及進程。書中記下了一些看法，對自己的學習階段做了一個學術記錄。在學術某一層次上，存有不同的看法是常識，在不同中保留了討論的空間。這空間容得下古今天下人的不同見解，才是最寶貴的學術交流。

　　本書從思想史的角度，探究禪宗法脈的傳承。中國禪宗思想離不開生活，禪宗著重實踐。從生活實踐中，可體悟何謂「禪」。這種體悟，是自證的。而經典、文獻的記載，則是他證的，但法脈的傳承所涉及的，又豈止在於個人的知見上？因此在討論法脈的傳承，無可避免會引述經典、文獻作為根據。

　　最後，我要感謝父母養育之恩，他們讓我能完成自己想要完成的事情，千言萬語，無法表達我對他們感激之情。願此書的出版，記下了我對他們深切的思念。